孙冶方文集

第10卷

社会主义经济论大纲
（1972—1983年）

孙冶方 ◎ 著

知识产权出版社
全国百佳图书出版单位

图书在版编目（CIP）数据

孙冶方文集．第10卷/孙冶方著．—北京：知识产权出版社，2018.1
ISBN 978-7-5130-5210-8

Ⅰ．①孙… Ⅱ．①孙… Ⅲ．①经济学—文集 Ⅳ．①F0-53

中国版本图书馆CIP数据核字（2017）第257212号

内容提要

《孙冶方文集》（10卷本）收集孙冶方1925年至1983年间的各类作品356篇（部）。他的作品有着鲜明的时代特点，真实地反映了作者尊重规律、追求真理的研究轨迹，也真实地反映了他一以贯之的执着精神和宁折不弯的人格魅力。

读者可以从《孙冶方文集》中看到我国经济学界一代宗师孙冶方屡经磨难的艰苦历程，了解孙冶方的学术观点和理论勇气，了解我国社会主义政治经济学各个历史阶段的发展印迹，并从中受到启迪。

项目负责：蔡　虹　　　　　　　　　本卷责编：李　瑾
套书责编：石红华　蔡　虹　　　　　责任出版：刘译文

孙冶方文集（第10卷）

孙冶方　著

出版发行：知识产权出版社有限责任公司	网　　址：http://www.ipph.cn
社　　址：北京市海淀区气象路50号院	邮　　编：100081
责编电话：010-82000860转8324	责编邮箱：caihongbj@163.com
发行电话：010-82000860转8101/8102	发行传真：010-82000893/82005070/82000270
印　　刷：三河市国英印务有限公司	经　　销：各大网上书店、新华书店及相关专业书店
开　　本：720mm×1000mm　1/16	印　　张：26.25
版　　次：2018年1月第1版	印　　次：2018年1月第1次印刷
字　　数：330千字	总 定 价：1680.00元（全套共10卷）
ISBN 978-7-5130-5210-8	

出版权专有　侵权必究
如有印装质量问题，本社负责调换。

《孙冶方文集》 编辑委员会名单

主　　任：张卓元
成　　员：(以姓氏笔画为序)
　　　　　王迎新　吕民生　李　昭　旷建伟
　　　　　沈国弟　张建清　武克钢　范世涛
　　　　　周　济　冒天启　薛小和

孙冶方(1908—1983)

1982年9月孙冶方(右1)抱病出席中共十二大

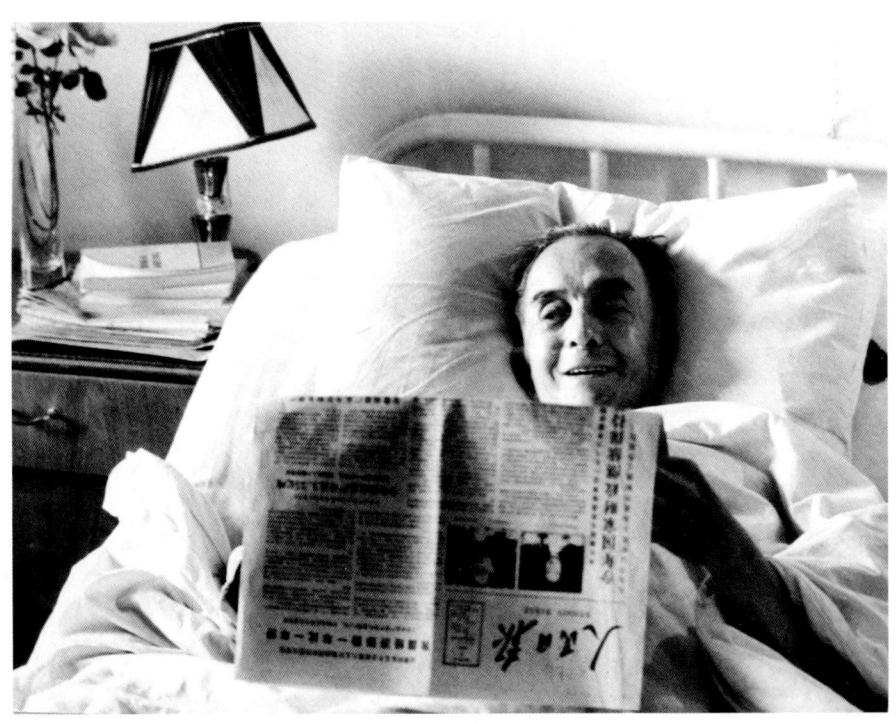

1982年11月孙冶方在北京医院

(以上照片由孙冶方亲属提供)

我的遗言

我死后,我的眼角膜尸体交医院作医学解剖,不举行遗体告别仪式,不留骨灰,不开追悼会。但不反对经济所的老同事对我的经济学观点,举行一次评论会或批判会。对于大家认为正确的观点,希望广为宣传,但同时对于那些偏内的,以至错误的观点,也希望不客气地加以批判,以免贻误社会。

　　此致

中国科学院经济研究所党委会
北京医院党委会
我的老伴洪克平及家属

孙冶方
1982.12.9.

1982年12月9日孙冶方手书《我的遗言》

（以上手稿照片由孙冶方亲属提供）

人民出版社 1985 年 1 月出版

广东经济出版社 1998 年 9 月出版

编者说明

孙冶方是我国著名经济学家，15岁起就从事革命活动，在长达60年的革命生涯中，为宣传马克思主义政治经济学呕心沥血、奋斗终生，在经济学界和社会大众中享有崇高声誉。

2018年是孙冶方诞辰110周年。为缅怀先贤足迹，激励后人理论创新，2016年年初，孙冶方经济科学基金会与知识产权出版社相约，共同编辑出版《孙冶方文集》（以下简称《文集》），是为纪念。

孙冶方一生勤于思考，治学严谨。纵观现存的各类作品，字里行间无不充满了理论探索与实践创新。1979年人民出版社出版《社会主义经济的若干理论问题》；1982年出版《社会主义经济的若干理论问题》续集；1984年山西人民出版社出版《孙冶方选集》，中国展望出版社出版《孙冶方社会主义流通论》；1985年人民出版社出版《社会主义经济论稿》，中国社会科学出版社出版《关于中国社会及其革命性质的若干理论问题》。1998年为了纪念孙冶方诞辰90周年，孙冶方经济科学基金会委托山西经济出版社在上述作品基础上，出版了5卷本《孙冶方全集》（以下简称《全集》）。2008年，孙冶方经济科学基金会与无锡市玉祁镇孙冶方纪念馆合作，将在整理孙冶方文献资料时新发现的多篇文章、译著合并，内部出版了《全集（补遗）》。

如今呈现在读者面前的《文集》（10卷本），是在《全集》和《全集（补遗）》基础上再次整理编辑而成，是两年来紧张工作的成果，也是改革开放以来孙冶方作品收集整理工作的继续。

《文集》能够顺利出版，得益于多方面的共同努力。一是浙江财经大学孙冶方经济科学奖文献馆利用文献数据库及全国的图书馆网络检索文献（特别是1949年以前公开发表或出版的作品）获得资料。二是孙冶方亲属较为全面地整理了20世纪80年代保存至今的孙冶方文稿原件、打印件、书信及手稿等。三是《文集》编辑委员会在孙冶方曾经生活并工作过的上海、江苏、浙江和无锡等地，以及国家统计局、中国科学院哲学社会科学部（现中国社会科学院）、中国社会科学院经济研究所等单位寻访时获得了十分宝贵的文献、书信和报告若干。四是《文集》编辑委员会成员个人提供报告、书信等重要资料。

有关《文集》编辑整理时遵循的原则以及不同情况的处理作如下说明。

一、《全集》和《全集（补遗）》收录作品分别为111篇（部）和24篇。《文集》增加新近收集到作者1925年至1983年间的作品221篇，计有理论文章59篇、译作11篇、报告65篇、书信86封，其中148篇是首次公开出版。

二、《文集》编辑过程中，发现《全集》和《全集（补遗）》存在一些差错，主要是有的作品标题中的个别用字以及发表的时间、刊登的期刊、卷次和脚注等有误或不完善，一并予以修改和补充。

三、《文集》每卷卷首增加了该卷相应时间段作者的照片及作品影印件。《社会主义经济论稿》《社会主义经济论大纲》及《孙冶方大事记》（补充修订后）仍置于《文集》最后两卷。

四、孙冶方（薛萼果）因为工作和生活的需要，有过多个曾用名和笔名。经考证确认的就有孙勉之、孙一洲、孙宝山、孙宜（毅）刚、叶非木、勉之、叶舟、亨利、宋亮、席矩、倪江、方青等。新出现的笔名"席矩"是根据冯和法的回忆文章，及在不同刊物发表文章的考证确认;"倪江"则根据作者相关记录和文章内容确定。文献检索发现,个别笔名可能和他人同名,为避免误收同名作者作品,需要经过编委会集体讨论、仔细甄别、慎重确认后方予收入。其他笔名文章参照《全集》和《全集(补遗)》所用笔名,由编委会认真讨论后收入。

20世纪30年代发表于《中国农村》《中国农村经济研究会会报》上的少数文章,虽无作者署名,经反复考证后确认系孙冶方执笔,在注释中已予以说明,有关考证将另文发表,不在此赘述。

编者说明

五、《文集》作品以发表、出版或写作的时间为序。对于没有标明详细时间的作品,如缺少月份,则按照通行的做法,置于全年的最后。这样编排,目的是客观地反映孙冶方在各个年代工作和生活时的原貌。

六、对于新收录的作品,尽可能保持原有作品的风貌,仅对个别之处进行了删减或修订;一些书信、报告,原件中没有标题,编辑时增加了现在的标题;个别文献原件页码不全;有的字迹缺失或无法辨认时以空格表示,这些情况在注释中都分别进行了说明。

七、一些早年作品经不同出版社再次出版时,由作者重新审阅并增加了当时新版本的参考文献,因此出现30年代写的文章,参考了70年代出版的文献的情况,现统一注释为"参见……"。

八、根据作者的日记和工作笔记等线索查找,许多文章、书信、报告、谈话等至今仍没有收集到;一些笔名文章虽已找到,但由于可参考查证的资料十分有限,目前无法确认作者而暂不能收入。

综上所述,新出版的《文集》中仍然可能有某些不足甚或错误之处,敬请读者批评指正。

最后,我们要特别感谢在《文集》编辑出版过程中,提供了支持与帮助的单位和个人。可以说，没有这些单位和个人的无私支持和鼎力相助，《文集》以全新的面貌如期出版也就没有可能。这些单位是：中国社会科学院办公厅档案处，中国社会科学院经济研究所及经济史研究室、图书馆，国家统计局资料中心编研处，无锡市档案馆，无锡市博物院，无锡市史志办公室，无锡市玉祁镇孙冶方纪念馆，上海市档案馆，中共上海市委党史研究室，江苏省档案馆，中共江苏省委党史研究室，浙江省档案馆，浙江财经大学孙冶方经济科学奖文献馆，等等。个人有：中国社会科学院副院长蔡昉、中国社会科学院经济研究所所长高培勇、国家统计局办公室主任曾玉平、上海市现代管理研究中心主任陈加英、南京大学商学院院长沈坤荣，以及沙尚之、汪静、沈树正、马骏、崔建华、李晶、刘胜文、王大庆、郑泽清、谢黎萍、陈晓明、吴斌、徐洁、江剑萍、周建军、陈彤光、吴佳佳、殷语、朱昱鹏、谈菁、杜松等。此外，知识产权出版社的蔡虹、石红华及各位编辑，孙冶方经济科学基金会办公室的周小和、王昊、李建、王莉4位同志，为《文集》的最终出版付出了辛勤的劳动和大量的心血，在此一并致以感谢！

《孙冶方文集》编辑委员会

2017年10月30日

序

张卓元

孙冶方是我国当代卓越的马克思主义经济学家。他一生论述甚丰，20世纪五六十年代因提出把计划和统计放在价值规律基础上、千规律万规律价值规律第一条等，在经济学界起到振聋发聩的作用，产生了很大的社会影响。1998年，应山西经济出版社之约，我们编辑出版了《孙冶方全集》5卷本，主要收集中华人民共和国成立后孙冶方撰写的文章、研究报告、调查报告、政策建议等。此后，通过孙冶方亲属阅读整理他的日记、手稿、旧作等，发现有相当数量的文稿没有收入全集。为纪念我们敬仰的孙冶方诞辰110周年，我们又对孙冶方一生的作品，主要是经济学作品，进行查找和核实，以《孙冶方全集》为基础，把大量新发现的孙冶方遗作补充进去，按时序排列，形成现在的《孙冶方文集》10卷本，由知识产权出版社2018年年初出版。

重新出版《孙冶方文集》10卷本，不只是为了纪念孙冶方诞辰110周年，对于更好地了解孙冶方对马克思主义经济学的贡献，对于深入研究当代中国经济学思想史，对于认真吸收中国老一辈经济学家的理论精华，更好地构建中国特色社会主义政治经济学，都是很有意义的。

在《孙冶方文集》出版之际，我作为孙冶方经济理论的追随者和学生，作为文集编委会成员之一，在编辑过程中看到不少过去没有看到的文章、资料，学习到许多东西。下面拟就以下三个问题，简要谈谈个人的看法。

一、孙冶方是怎样治所的

孙冶方1957年年末到中国科学院经济研究所任所长，1964年年底接受批判被剥夺领导职务。他一到所，特别重视和强调经济理论研究要很好地联系实际，要从实际出发寻找研究课题，深入实际调查研究。他专门写报告要求对经济所实行双重领导，即由中国科学院和国家计委领导。后经周恩来总理和李富春副总理批准实行双重领导，他本人列席国家计委党组会议，接受国家计委分派的任务。为了便于研究人员到经济部门做调查研究，他把经济所从海淀区中关村搬到财经部门集中的西城区三里河。他接受李先念等领导同志交办的任务，亲自率领一批研究人员到上海第一机床厂等企业进行调查。他关于固定资产管理体制改革（反对复制古董）和加强经济核算包括资金核算的研究报告，就是深入调查研究后写出的。他在调查过程中，还同李立三、李人俊、汪道涵、马天水、顾树桢等中央经济部门和地方工作的同志多次深谈，征求他们的意见。在孙冶方的带动下，在经济所逐渐形成了调查研究的风气。还有，从上个世纪50年代末到60年代初，孙冶方和薛暮桥、于光远一块发起，针对农村"一平二调"和"大跃进"带来的国民经济断崖式下滑和比例失调等问题，组织经济理论工作者和实际工作者，讨论了社会主义商品生产、价值规律、按劳分配、社会主义再生产、经济核算、经济效果等问题，对全国的经济理论研究工作起到了引航的作用。

其次，大力倡导标新立异，向传统的经济理论挑战，扭转从书本到书本、从概念到概念、搞规律排队和只限于解释当前政策的教条主义学风。他自己带头创新理论（后面有专门论述），给经济所带来一股清新的研究风气。他还邀请当时苏联的统计局综合平衡司司长索包里作报告，他对传统的社会主义经济理论和体制持批评态度,主张生产价格论、强调资金核算的重要性等,使我们这些听众大开眼界。与此同时,他对当时广为流行的苏联科学院院士斯特鲁米林关于没有价格与价值的背离就没有价格政策的观点(上个世纪五六十年代国内有从事实际工作的同志很欣赏这一观点),不以为然,认为正确的价格政策恰恰是力求使价格与价值一致,只有这样,才是真正尊重价值规律。

再次,以任务带学科带队伍。孙冶方于1960年年初起,接受中宣部布置的写社会主义政治经济学的任务(薛暮桥、于光远也各负责写一本),于是组织全所研究现实经济问题的骨干力量,写《社会主义经济论》,他本人提出与众不同的按马克思《资本论》过程法(即资本的生产过程、资本的流通过程、资本主义生产的总过程,把资本和资本主义改为社会主义即可)展开,以最小的劳动消耗取得最大的有用效果为红线进行写作。在这个过程中,带出了一批年轻的经济学家,他们在中国改革开放后分别成为一些科研单位的骨干。

二、孙冶方治学是如何标新立异的

孙冶方提倡标新立异,他是以身作则的。他发表在《经济研究》1956年第6期的《把计划和统计放在价值规律基础上》一文,就是真正的标新立异,在经济学界引起轰动。他到经济研究所后,提出了一系列崭新的观点和主张,包括:恩格斯1844年在《德法年鉴》上提出的"价值是生产费用对效用的关系"并不是错误的、后来被恩格斯本人抛弃的观点,而是正确的、对准确理解马克思劳动价值论有重要意义的观点;主张以生产价格作为社会主义国家定价的基础;流通部门是很敏感的,国民经济中许多问题,都会在流通过程中首先表现出来,批判部分学界鼓吹的"无流通论";财经体制的核心问题是作为独立核算单位的企业的权力、责任和它们同国家的关系问题,而不是有人常说的中央和地方的关系问题;凡是在原有资金价值量范围内的生产,是简单再生产,是属于企业(指国有企业)可以自主决定的权利,因此折旧基金应留给企业支配使用,而现实中要求折旧基金上缴的固定资产管理体制会导致出现复制古董的怪异现象;利润是反映企业技术水平高低、经营管理好坏的综合指标,高于社会平均资金利润率的是先进企业,低于社会平均资金利润率的是落后企业;用最小的劳动消耗取得最大的有用效果应作为社会主义政治经济学的红线贯穿始终;千规律,万规律,价值规律第一条;等等。

  孙冶方在经济理论上标新立异,不是偶而突发的奇思异想,而是经过长时期调查研究深思熟虑后得出的。关于固定资产管理体制和重视利润的主张,就是经过大量实地调查研究和总结国内外经验教训后提出的。关于价值理论则除了调查研究、实际工作体会外,还大量引经据典,与不同观点商榷。他在1959年第9期《经济研究》发表的《论价值》一文,长达三万多字,系统地表达了他对价值和价值规律的独特观点。还有,我们常常看到孙冶方特别喜欢引用马克思在《资本论》第三卷中的一段话,马克思说,"在资本主义生产方式消灭以后,但社会生产依然存在的情况下,价值决定仍会在下述意义上起支配作用:劳动时间的调节和社会劳动在各类不同生产之间的分配,最后,与此有关的簿记,将比以前任何时候都更重要。"(《马克思恩格斯全集》第25卷,北京,人民出版社,1974年,第963页)据我体会,马克思这段话说的价值决定,正是价值规律的核心,也是孙冶方反复强调的价值规律的内涵。因此他坚信价值规律在资本主义生产方式消灭以后,在社会主义社会经济活动中,仍然起支配作用。

三、孙冶方经济理论的现实意义

孙冶方经济理论的核心，如果用一句话来概括，就是千规律，万规律，价值规律第一条。这是在一次批判他的座谈会上，当批判他的人质问他国民经济综合平衡依据的是什么规律时他脱口而出的，他在1978年10月还专门以此为题写了一篇文章，发表在《光明日报》上。孙冶方在文中写道，"我这句话虽然是在激动中脱口而出的，然而这是符合我多少年来长期坚持的思想的。"我认为，这就是孙冶方的主要经济理论观点。孙冶方一辈子强调价值规律，并不是有人想象的那样现在已经过时了，恰恰相反，在我们努力发展社会主义市场经济的今天，仍然具有重要现实意义。

第一，马克思主义经济学原理历来认为，价值规律是商品经济和市场经济的基本规律，是支配市场经济活动的最根本的法则。现在我们正在社会主义条件下发展市场经济，就要按市场经济规律办事，就是要按价值规律办事。如果我们在经济活动中违背价值规律，必然会受到这样那样的惩罚，如效率低下、竞争力下降甚至亏损破产等。相反，如果我们在经济活动中尊重价值规律，按价值规律办事，努力降低个别社会劳动消耗，提高产品技术含量和品质，就能在市场竞争中处于强势，不断发展壮大自己。当然，我们也要看到，孙冶方对价值规律如何调节社会生产和流通，它的机理是什么，并没有作出有说服力的说明，而这是在中国改革开放中，通过市场机制即放开市场和价格才实现这种调节的。

第二，在孙冶方的论述中，价值由社会必要劳动时间决定的规律，其含义是比较广泛的，既包括个别商品的价值由社会必要劳动时间决定，也包括在社会总劳动时间中，要把必要的比例量用在不同各类的商品上，也就是我们今天常说的，在资源配置中起决定性作用。孙冶方常常引述马克思关于价值决定在未来社会对社会劳动在不同各类生产之间的分配仍起支配作用，也是这个意思。当前我国深化经济体制改革，就是要紧紧围绕使市场在资源配置中起决定性作用来进行，实质上正是要更好地让价值规律调节资源的配置。

第三，价格政策应很好地尊重价值规律。孙冶方一贯反对实行价格与价值背离的政策，要求不断缩小工农产品价格剪刀差，国家定价应以价值和价值的转化形态生产价格为基础，否则难以正确评价经济活动的效果，难以评价企业的真实业绩。这点至今仍有现实意义。现在占全社会商品和服务97%的价格已放开由市场调节，也就是价值规律调节，在公平竞争的市场环境不断完善的条件下，价格将越来越贴近价值而波动。剩下的3%由政府定价，主要限定在重要公用事业、公益性服务、网络型自然垄断环节，也要尊重价值规律，但不是由价值规律自发调节。这说明，孙冶方当年的设想，在社会主义市场经济条件下正在逐步成为现实。

第四，从政治经济学发展史来看，改革开放前，经济学家们在创建社会主义政治经济学体系时，总离不开规律排队，而且总是把社会主义基本经济规律、有计划发展规律放在首位，贬低和排斥价值规律的作用。1982年，还有一些经济学家拿社会主义基本经济规律和有计划发展规律起主要作用来反对社会主义经济也是一种商品经济。可是，在半个多世纪前，孙冶方就已经提出，无论在国民经济中，还是在社会主义政治经济学中，价值规律是首要规律。他关于撰写《社会主义经济论》要以最小的劳动消耗取得最大的有用效果作为红线，也是他关于千规律万规律价值规律第一条在构建社会主义政治经济学中的具体应用。因为在孙冶方看来，价值由社会必要劳动时间决定的规律，体现的正是生产费用对效用的关系，如果生产没有社会使用价值的东西，其劳动消耗是白费的，不是社会必要的，不能形成价值，所以他一直认为恩格斯关于价值是生产费用对效用的关系是完全正确的命题。因此我认为，孙冶方经济理论的核心——价值理论，对于今天构建中国特色社会主义政治经济学，是值得大家重视的。这也是孙冶方经济理论重要现实意义之所在。

2017 年 10 月

孙冶方：以自己的生命敲击改革开放大门的先驱

——《孙冶方文集》序

冒天启

孙冶方（1908—1983），江苏无锡人，是中国经济学界几代人都敬仰的一位颇具盛名的马克思主义经济学家。在他长达半个多世纪的经济学理论研究活动中，始终坚持立足中国国情，独立思考，按照价值规律内因论和商品生产外因论的经济学思想，是中国经济学界对自然经济论进行批判的先行者，是对传统经济体制实行改革的最早倡导者，是创建社会主义经济学新体系的积极探索者。

孙冶方在上个世纪20年代初，去莫斯科中山大学学习，毕业后在莫斯科东方劳动者共产主义大学担任政治经济学讲课翻译，在那里学习、工作了四年零九个月；回国后长期从事经济理论研究、宣传和教学，并担任实际经济工作的领导。生前曾任中国社会科学院顾问，经济研究所所长、名誉所长，国务院经济研究中心顾问，国务院学位评议组成员，政协第五届全国委员会委员，中共中央顾问委员会委员等职。孙冶方病逝前，为表彰他对马克思主义经济学的重大贡献，中国社会科学院党委授予他为模范共产党员；学界老一辈经济学家也在1983年6月13日联合发起成立了孙冶方经济科学奖励基金委员会，以纪念这位经济学界的泰斗。媒体公认，孙冶方经济学思想，对中国的改革开放具有"破茧"的功能，他以自己的生命在敲击着改革开放的大门，2008年12月7日，被媒体评选为中国"30年最具贡献的十位经济学家"。

孙冶方一生治学严谨、惜字如金，在同辈的经济学家中，其著述不算最多，甚至没有过专著，但他的文章却篇篇都针砭时弊，影响深远。1984年，山西人民出版社根据他在病逝前亲自审定的篇目，出版过一部《孙冶方选集》；1998年，为了纪念他诞辰90周年，孙冶方经济科学基金会委托山西经济出版社出版了5卷本《孙冶方全集》；2008年，孙冶方经济科学基金会与无锡市玉祁孙冶方纪念馆在整理孙冶方文献资料时，发现《孙冶方全集》漏选了孙冶方的不少文章、译著，因此，内部出版了《孙冶方全集（补遗）》。2016年，应知识产权出版社邀约，经多方反复彻查文献、严格审定，以一部全新的10卷本《孙冶方文集》典籍问世。

孙冶方是老一辈的马克思主义经济学家，社会在变迁、知识在更新，为让新一代学子对孙冶方的经济学思想有个初步的了解，我们在这里简述他的成长经历、理论贡献以作为《孙冶方文集》新版之序。

一、成长经历

孙冶方，1908年10月24日出生在江苏省无锡县玉祁镇。原名薛萼果，字勉之，党内用名宋亮。从小家境贫穷，父亲背债做过纱厂的小职员。1921年秋，13岁的孙冶方才进无锡县立第一高小做寄宿生。孙冶方在校时，接受进步思想，1923年年初加入社会主义青年团，1924年经中共上海区委批准正式转为中共党员。不久，无锡地下党组织成立，孙冶方被选举为第一任中共无锡党支部书记，同年加入国民党。1925年11月，按照上级组织的安

排,他去莫斯科中山大学学习,同去的有60多人,其中有张闻天、杨尚昆、乌兰夫,还有王明、蒋经国等。在那里经过两年比较系统的马克思列宁主义学习,1927年夏毕业,分配到莫斯科东方劳动者共产主义大学担任政治经济学讲课翻译。1927年11月,东大中国留学生合并到中大,孙冶方也随之返回中大继续担任讲课翻译。这一时期,有两件事对他影响较大,一是王明的宗派斗争。20年代赴苏的中国留学生中,既有后来成为党和国家卓越领导人的邓小平、叶剑英、杨尚昆等同志;也有后来堕落判逃的王明、张国焘等人。当时,王明在共产国际的支持下,把持了对中国留学生的领导权,大肆进行宗派主义活动,对不赞成他们意见的同志搞残酷斗争,捏造各种罪名进行打击。1927年夏,在一次讨论中大学期工作总结报告并对报告的决议案投票表决时,支持王明的共有28人,1人弃权,绝大多数同志都表示反对,其中有孙冶方的入党介绍人董亦湘。孙冶方没有参加这次会议,但平时与董亦湘及投反对票的同志来往较多。那时,由于孙冶方已担任了讲课翻译,经济收入较高,大家让他掏钱请客聚餐,王明根据这次"聚餐",凭空捏造了"江浙同乡会"的案件,把他们作为反革命分子进行斗争。1928年,尽管经过由周恩来参加的中央专案组的重新审查,宣布"江浙同乡会"是莫须有的罪名,但王明却又利用联共清党,给反对他的同志扣上"托派"的罪名继续加以迫害,他们断定孙冶方也有"托派"嫌疑,无端地给了他"严重警告"处分。这件冤假错案,给孙冶方后来的党内生活带来不小影响。二是布哈林对列宁新经济政策的理论解释,给孙冶方后来从事社会主义经济理论研究,认识不发达国家社会主义建设道路,产生了潜移默化的影响。

1930年9月,孙冶方回国。在上海从事党的地下工作,先任上海人力车夫罢工委员会主席,后又任人力车夫总工会筹委会主席,年底,调任沪东区工商联筹委会主席。1931年年初,孙冶方在英租界被捕，但敌人没有任何证据断定他是共产党员，以为是"乡下佬"，因此在捕房里关了七天就释放了。出狱后，孙冶方向党中央递交书面报告，希望恢复组织关系，同时还积极参加抗日救亡活动。但王明宗派集团把持着中央领导权，对孙冶方的"书面报告"置之不理，孙冶方被排斥在党外7年之久。这期间，孙冶方在逆境中一直坚持斗争，以他对马克思主义理论和党的土地革命路线的透彻理解，与陈翰笙、薛暮桥、钱俊瑞等发起成立中国农村经济研究会，开设新知书店、中国经济资料室，发行《中国农村》月刊，深入工厂、农村，以大量的调查材料，论证中国社会的半封建半殖民地性质，批判王明和"托派"夸大中国社会资本主义性质，反对党的土地革命路线的"左"倾观点。1934年6月，面对国民党反动派的迫害，孙冶方不得不绕道香港去了日本，在东京替商务印书馆翻译卢森贝的《政治经济学思想史》。1935年9月回国，继续从事《中国农村》的编辑工作。

孙冶方：以自己的生命敲击改革开放大门的先驱

1937年5月，孙冶方恢复了党籍，调任中共江苏省文化工作委员会书记。1940年9月，孙冶方根据组织决定去延安，途经重庆时，向周恩来汇报了工作，周恩来根据当时形势，指示他去苏北新四军或华中局工作。1941年6月，孙冶方到了苏北根据地，先在华中局宣传部任宣教科科长，后又去华中局党校教学并兼任教育科科长。临去党校前，刘少奇找他谈话指出：党校教学要理论联系实际。7月13日，孙冶方以"宋亮"为笔名给刘少奇写信，请教如何看待党内存在的轻视理论的倾向。当天，刘少奇回信，就党内轻视理论的倾向作了分析，这就是"文化大革命"中曾一度成为"众矢之的"的《答宋亮同志》的信。1942年华中局党校成立校委会，孙冶方为校委员会委员，仍兼教育科长。1943年4月，新四军军部转移到淮南以后，孙冶方即被派到淮南路西地委任宣传部长。1947年5、6月间，孙冶方奉命到胶东向华东财办领导汇报工作，时值国民党军队正向滨海地区进攻，因此上级决定"驻鲁办事处"撤销,干部撤退到胶东,孙冶方被留在华东财办工作,11月任华东财办秘书长兼山东省政府实业厅副厅长,直到解放战争胜利结束。

1949年江南解放后,孙冶方随三野进上海,任上海市军管会重工业处处长,并负责接管了国民党政府的资源委员会,后任华东工业部副部长兼任上海财经学院院长。1955年年初,孙冶方调北京任国家统计局副局长,主要负责国民经济平衡统计表的编制,还有关于国民收入计算、计划统计指标体系、方法等工作。1956年7、8月间,他去苏联统计局考察,联系中国经济建设中已经出现的问题,深感我国经济管理体制和一些经济政策存在着严重的弊病,1956年11月,他写了著名的论文《把计划和统计放在价值规律的基础上》,批评斯大林把价值规律和国民经济计划管理对立起来的观点,指出:国民经济有计划按比例发展必须建立在价值规律的基础上才能实现。同期,他还写了另一篇有名的文章——《从总产值谈起》,批判总产值指标妨碍对企业进行科学管理,指出:利润指标是考核企业经营管理好坏的综合指标。

孙冶方于1957年底被调至中国科学院经济研究所任代所长。1958年6月21日,中央工业部电话通知孙冶方:中央监委已经批准了中央工业部对他有关历史问题的审查结论,同时恢复了1931年到1937年这一段党龄。这令孙冶方极为振奋。孙冶方虽然弃官从文,但在新的岗位上,仍以高度的敬业精神,花很大的力气疏通经济理论研究和实际工作结合的渠道,力主由国家实际经济部门主管经济研究所的研究工作。孙冶方大力组织研究人员认真读书,并引导人们把实践中存在的、有待于解决的问题提高到理论上加以研究。他身体力行,多次深入农村、工厂,写了大量的研究报告和文章,探讨社会主义经济理论,并逐步形成了以自然经济论为批判对象,以价值规律内因论和商品生产外因论为基础的理论体系,积极倡导经济体制改革。1959年7、8月,他在青岛撰写了《论价值》一文,发表在《经济研究》1959年第9期,系统陈述了自己的理论和改革主张。从1960年年底开始,他组织经济研究所的一些同志,着手编写《社会主义经济论》,系统清算阻碍社会主义经济理论发展的各种有害倾向。由于众所周知的原因,1964年开始,他在经济学界受到了围攻。1966年6月,《红旗》杂志公开点名在全国范围内开展了对孙冶方的大批判。从1968年4月5日被捕入狱,直到1975年4月10日出狱,孙冶方在特殊的环境中,用默记的方法,对《社会主义经济论》22章183节在脑海中过了85遍,坚持每月一次。1972年2月,他以给"外调"人员写材料为名,写了长篇文章《我与经济学界一些人的争论》,驳斥了康生、陈伯达一伙反马克思主义的谬论。1975年4月10日踏出狱门对工宣队的第一句话就是:我是一不改志、二不改行、三不改变自己的观点!回家后即着手《社会主义经济论》的写作。打倒"四人帮"后,孙冶方极为昂奋地参加了揭批"四人帮"的理论斗争以及考察出国访问。那时,国内各个部门都组团去东欧国家学习,曾有团组去匈牙利,接待方坦然地说,我们是按照你们国家孙冶方的经济学思想改革的!1979年8月,孙冶方肝癌已到晚期。在这种情况下,经济研究所加强了写作组的力量,为抢救学术遗产,由孙冶方在病床上口授录音,然后由写作组整理,前后约一年时间,完成了《社会主义经济论》大纲20余章。从这以后,孙冶方更拼命工作,3年时间,先后写出了22篇论文,对经济建设和改革中的紧迫问题,系统发表了自己的观点,同时还参加文艺、历史等方面的社会活动。1982年9月,孙冶方参加了党的十二大,并当选为中共中央顾问委员会委员。1983年2月22日下午5时,这位拼搏了一生的老布尔什维克,带着铮铮铁骨,离开了我们,时年75岁。

孙冶方:以自己的生命敲击改革开放大门的先驱

二、理论贡献

在中华人民共和国成立前的 30 至 40 年代，孙冶方发表过的论文，主要是联系中国实际，以大量第一手调查材料，论证中国社会的半封建半殖民地性质，但他的经济思想最有历史学术价值的部分是在共和国成立后的 50 年代中期到 70 年代末 80 年代初期形成的。在左的路线统治全党和社会的环境下，孙冶方大胆探索符合中国国情的社会主义经济理论新体系，勇敢倡导改革集权的计划经济模式。他的经济学思想可以归纳为一句话：价值规律内因论和商品生产外因论，在这个大题目下，他经常论述的经济思想主要是：

（1）用最小的劳动消耗取得最大的有用效果即"最小最大"。孙冶方自 50 年代中期以来，联系社会主义经济建设中的弊端，反复论述"最小最大"，并由此付出了血的代价。但"最小最大"的发明者，从经济思想发展史上看，实际上并不是孙冶方。早在 1817 年，李嘉图的《政治经济学及赋税原理》出版，1821 年，这部书的第三版广为流行，书中写道：国家财富的增加可以通过两种方式：一种是用更多的投入来维持生产性的劳动……；另一种是不增加任何劳动量，而使等量劳动的生产效率增大……这两种增加财富的方法中，第二种方法自然是更可取的。当时，有一位匿名作者按照李嘉图的这个思想写了《国民困难的原因及其解决办法》的小册子，其中说道：一个国家只有在劳动 6 小时而不是劳动 12 小时的时候，才是真正富裕的，财富就是可以自由支配的时间。马克思对这个思想极为赞赏，说："这不失为一个精彩的命题。"同时还把李嘉图的上述说法概括为：在尽量少的劳动时间里创造出尽量丰富的物质财富。同时还强调：这在一切社会形态中都是适用的。但时间过了 100 多年，孙冶方把这个朴素的思想用中国化了的经济学语言,作了广泛宣传。他在多篇文章中都讲:要用最小的劳动消耗去取得最大的有用效果,这是一切经济问题的秘密,人类生活的好坏,从根本上说取决于劳动效率的高低,要以更少的劳动投入获得更多的有用产品;或者说,要减少生产每一单位产品所需要的劳动量。研究一定的劳动时间内生产了多少产品,是劳动生产率范畴问题;研究单位产品中包含有多少劳动时间即劳动耗费,是价值范畴问题。用最小的劳动耗费取得最大的有用效果,就是一个把个别的、局部的劳动还原为大多数的、社会平均必要的劳动耗费的复杂经济运行过程。孙冶方指出:在社会主义条件下,商品的内在矛盾即商品二重性和生产商品劳动二重性仍然存在,经济学要以"最小最大"为红线,去研究解决这些矛盾的途径,提高劳动生产率,发展社会主义经济。

孙冶方:以自己的生命敲击改革开放大门的先驱

孙冶方用"最小最大"总结社会主义建设的教训,批评在"政治挂帅"下高消耗、低效益的顽症;用"最小最大"判断社会主义公有制,批评自然经济论和"大锅饭"的体制;用"最小最大"批评"权力经济学",重新编写中国的理论经济学,因而使这个古老而朴素的经济学常识在新的历史条件下放出了新的理论光彩。实践证明,孙冶方的"最小最大"理论中所包含的一切思想都是正确的,因此,经济学界公认:"最小最大"是孙冶方公式。

(2)价值理论。孙冶方在这个重大理论问题上与众不同,他坦诚地承认:我的价值论源自恩格斯,但有自己独立的"逻辑上的一贯性和系统性"。1843年,恩格斯在《政治经济学批判大纲》中说:"价值是生产费用对效用的关系。价值首先是用来解决某种物品是否应该生产的问题,即这种物品的效用是否能抵偿生产费用的问题。只有这个问题解决之后才谈得上运用价值来交换的问题。如果两种物品的生产费用相等,那么效用就是确定它们的比较价值的决定因素。"恩格斯接着还说:在未来社会中,"价值这个概念实际上就会愈来愈只用于解决生产的问题,而这也是它真正的活动范围"。马克思对恩格斯的这个理论十分赞赏。1868年1月8日,他给恩格斯的信中说:由于我采取了抽象的研究方法,直接的价值规定,在现实社会中,实际作用是很小的,甚至是找不到的。(价值)"通过价格的变动来实现,那么事情就始终像你在《德法年鉴》中已经十分正确地说过的那样。"所谓"十分正确地说过",就是指恩格斯发表在《德法年鉴》上的《政治经济学批判大纲》中"价值是生产费用对效用的关系"的说法。恩格斯在1895年逝世前半年再版《反杜林论》时,将这一观点与《资本论》一、二、三卷联系起来,重申(价值是生产费用对效用的关系)观点,"我在1844年已经说过了。但是,可以看到,这一见解的科学论证,只是由于马克思的《资本论》方才成为可能。"恩格斯在病逝前重申自己对价值概念的论述,足见这一思想的极端重要性。后来,恩格斯的这一理论,在欧洲工人运动中得到了广泛传播!孙冶方联系中国经济建设的实践,对恩格斯的价值理论做了充分的发挥,坚持认为:价值是生产费用对效用的关系,并由此形成了自己一套严密的价值理论体系,他曾对批判者戏言说:你们如果击破了我的要害——价值论,那么我的这个理论体系就摧枯拉朽了!他认为,价值规律是任何社会化大生产都不能取消的自然规律。他一再强调,价值并不仅仅是商品经济所特有的范畴,它是社会化大生产的产物,反映着社会化生产过程中的各种社会经济关系,就这一点来说,它对资本主义和共产主义都是共同的。但是在资本主义条件下,价值是通过交换价值表现出来的;而在共产主义条件下(包括社会主义全民所有制内部),价值却可以通过统计、会计具体地捉摸到。因而在量的意义上,价值就是物化在产品中的社会必要劳动。价值和交换价值是完全不同的两个范畴。价值由包含在商品或产品中的劳动量决定。但是，在商品经济特别是资本主义商品经济条件下，供求却始终是不平衡的。尽管每一物品或每一定量某种商品中包含着生产它所必需的社会劳动，但如果它的产量供应超过了当时的社会需要，那么一部分社会劳动还是会浪费掉的。因此，效用通过社会必要劳动的形成来最终影响价值的变化，离开了一定使用价值的质和量，就无从谈论"必要"还是"不必要"。社会主义建设效益差、浪费大，就是因为我们缺乏价值观念，不对生产费用和效用进行比较造成的。孙冶方认为，价值规律是价值存在和运动的规律，它是任何社会化大生产都不能取消的自然规律，社会主义经济作为社会化生产，它同样也存在着价值规律发生作用的机制。因此，孙冶方是价值规律内因论者，它反对斯大林的价值规律外因论，对斯大林的自然经济论和"大锅饭"体制，进行了尖锐而辛辣的批评。

（3）企业扩权理论。孙冶方强调，企业是独立的经济核算单位，要正确处理国家集中领导和企业独立经营的关系。孙冶方在我国最早提出了在全民所有制条件下，国家所有权和企业经营权分离的理论，他认为，在私有制条件下，谁具有生产资料的占有、使用和支配的权力，谁就是事实上的所有者。然而"在全民所有制之下，占有、使用和支配是一个主体，而所有权是另一个主体。国营企业，只是根据它们的活动目的和财产的用途对固定给他们的国家财产行使占有、使用和支配之权。而这些财产的所有者是国家。社会主义国家和企业的关系，并不像自然经济论所认为的那样，是上层建筑、法律关系，而是一种非常重要的经济关系。孙冶方在特定历史条件下针对集权计划经济，独创地提出了划分国家和企业权限的"杠杠"，他认为，经营管理体制中"大权"和"小权""死"和"活"的界限是简单再生产和扩大再生产的界限，属于简单再生产范围以内的事是企业应该自己管的"小权"，国家多加干涉，就会管死，束缚企业从事生产经营的积极性和主动性；属于扩大再生产范围以内的事是国家应该抓的"大权"，国家必须严格行使权力，不管或管而不严，就会大乱。而区分简单再生产和扩大再生产的唯一界限是企业资金价值量，凡是不要求国家追加投资的，在原有资金价值量范围以内的生产，都是简单再生产；而要求追加新投资，这超出了企业原有资金价值量范围，因而是扩大再生产。孙冶方按照上述"杠杠"，激烈地批评了固定资产管理体制，要求把折旧基金原则上全部交给企业，由企业自主去搞挖潜、革新和改造。

(4) 利润理论。孙冶方认为，利润是考核企业经营好坏的综合指标。利润是物质生产部门职工为社会扩大再生产和社会公共需要而创造的一部分物质财富，无论是社会总产品，还是个别企业总产品，$c+v$ 即成本越低越好，与此相应，m 即剩余劳动就会增多。在价格合理的条件下，降低成本和增加利润完全是同义语，它们都是企业技术水平高低、经营管理好坏的综合指标，抓住了利润指标，就如同抓住了"牛鼻子"一样，许多问题就会迎刃而解。孙冶方认为，价格不合理，就会扭曲利润的作用，比如工农产品的"剪刀差"，如果国家对农产品收购价格压得过低，按价格计算的国民收入实际上就把农民所创造的价值，算在了工业品价格上。孙冶方尖锐批评了斯大林通过"剪刀差"、向农民筹集国家工业化资金的超经济剥夺。不合理的价格，成了价值的"哈哈镜"，使得计划、投资和分配，失去了判断尺度，因此，他极力主张按资金利润率调整不合理的价格。

(5) 流通理论。孙冶方认为，流通是社会再生产的物质代谢过程，社会分工使生产实现了专业化，但要使各个生产部门的再生产能正常进行下去，他们必须以产品交换为媒介发生经济联系，实现生产的物质补偿和替换。因此，流通是社会化大生产不可缺少的环节。孙冶方还认为，在社会主义条件下，由于全民所有制外部还存在着商品生产和交换，因此，全民所有制企业之间的产品流通和不同所有制性质企业之间的商品流通同时并存。要使社会主义流通（产品、商品）成为有计划的经济过程，孙冶方认为，我们必须研究流通中的各种具体问题，包括：流通渠道、购销形式、网点设置等。孙冶方一再强调，马克思《资本论》第二卷中所论述的许多问题，比如加速资金周转等，只要剔除资本主义的特殊属性，作为社会化生产的规定，对社会主义经济依然适用，因此，他在提出生产中的"最小最大"的同时，亦主张流通中也要研究以最少的垫支资金取得最大的有用效果的问题，因为等量资金的周转速度不同，获得的有用效果也是不等的。

（6）70年代末，孙冶方把批判的矛头直接指向了斯大林和《苏联社会主义经济问题》。

他批判斯大林对生产关系的定义，认为在生产关系之外去孤立地研究所有制是有害的。所有制是一种财产关系亦即法律用语，经济学在研究特定社会进行生产和交换并相应进行产品分配的条件和形式时，应该讲清楚：第一，用哪个阶级所有的生产资料来进行生产，生产出来的产品又归哪个阶级占有；第二，交换的产品是哪个阶级生产的，又为哪个阶级占有；第三，被分配的产品是哪个阶级生产，又归哪个阶级所占有，从而用什么形式按什么比例分配。我们在所有制上曾经搞"穷过渡"的做法，其理论根源就是斯大林把所有制形式从生产关系中独立出来简单地看作是一种"归属"关系，用政治运动来不断调整财产归属，结果把基于经济的所有制，变成了基于权利的所有制。实践证明，实现了国家"占有"，未必就是实现了社会主义的公有制，腐败官员在这个所谓的"公有制"经济中攫取"公款"和"公物"，可能比资本家在自己开设的商号里支取款项还随便。这样的公有制，"实质上是一种挂着社会主义公有制招牌的封建主义的特权所有制"。所以，所有制只能从财产的现实形态即生产关系的总和上来把握，从生产、交换、分配的各个环节来进行具体分析，而不能将它看作是一种简单的、孤立的财产归属!

他批判斯大林对生产力的定义,认为把劳动对象从生产力因素中排除掉也是有害的。

孙冶方是我国经济学界对自然经济论的最早批判者。自然经济论渊源甚深,毒害甚广,它依附在马克思主义的名义下,把社会主义和商品货币关系对立起来,把计划经济和实物经济混同起来,使社会主义制度的优越性难以发挥出来。孙冶方几十年来,以反自然经济论为大旗,揭露了自然经济论对实际工作的影响,他指出:自然经济论没有经济效益观点,借口政治账掩盖经济建设中的高消耗;没有生产经营观点,企业按上级定下来的指标进行生产,造成产销脱节;没有等价交换观点,把价值看作是使用价值的计量单位,用"剪刀差"向农民征收"贡税";没有流通观点,不准生产资料进入流通,用调拨代替了交换;没有资金核算观点,实行资金供给制,培植了败家子作风;没有固定资产的磨损观点,人为压低折旧率,迫使企业搞"古董复制",冻结了技术进步。孙冶方指出:按照自然经济论办事,就像原始公社首脑指挥生产一样,企业的一切活动都由集中的计划统一支配,生产什么,生产多少,生产者和消费者相互供应什么,都统一按实物计划规定。在我国经济理论界,就一个、两个或者更多一些的观点,就个别的、局部的观点去批判自然经济论,并不乏其人;但是,还没有哪位经济学家能像孙冶方这样全面、深入、系统地对自然经济论进行批判。

孙冶方是我国经济学界对传统经济体制实行改革的最早倡导者。我国从苏联移植过来的斯大林模式,实际上是以自然经济论为基础,由国家对社会的全部经济活动实行高度的集权管理,物资被统调统拨、资金被统收统支、人力被统包统配、产品被统购统销、计划被层层下达、干部被层层任免。60年代后,一些社会主义国家开始对集权计划经济体制进行"改革",就连苏联也进行了所谓的"完善"工作。但在我国,却在反对修正主义的口号下把斯大林以自然经济论为基础的集权模式看作是唯一的社会主义固定模式,对改革观点进行批判。孙冶方从50年代中期开始,逆潮流而进,以价值规律内因论为基础,以扩大企业经营管理权为突破口,要求正确处理国家和企业的经济关系,改革计划管理体制,改革物资流通体制,改革企业固定资产管理体制以及对价格、利润、统计等各方面进行改革。孙冶方为倡导体制改革而付出的努力,将永远激励着后继者。

孙冶方:以自己的生命敲击改革开放大门的先驱

孙冶方是我国经济学界创建社会主义经济学新体系的积极探索者。50年代中期,孙冶方就认为:从苏联舶来的经济理论不符合中国国情,它充满着唯意志论和形而上学。他在50年代末着手编写的《社会主义经济论》,就是为着取代那些陈腐的老框框。当然,社会主义还在实践,还不能产生出成熟的经济学体系,但是,孙冶方坚持联系生产力来研究社会主义生产关系,运用马克思主义的抽象法,以社会主义全民所有制的产品为出发点,把以最少的社会劳动消耗有计划地生产最多的满足社会需要的产品为贯穿整个体系的红线,把对价值范畴的分析贯穿于各章,分析生产过程、流通过程、社会再生产过程,从而揭示社会主义经济发展的内在规律,对这种旨在把社会主义经济学从唯意志论的毒害下解救出来的新体系,不能不看作是社会主义政治经济学发展中的一次大胆尝试和探索。同时,孙冶方在撰写《社会主义经济论》时,既坚持独立思考,又提倡集思广益,为我国经济学界培养出了一支具有深厚经济学理论功底的经济学家队伍,成为改革开放中的一支生力军!

孙冶方是我国学术思想界坚持理论联系实际,为真理而勇于献身的光辉典范。在他从事理论工作的60个春秋里,非常重视实践,经常深入工厂、农村做国情、田地调查,从中提出重大的研究课题,并寻求解决问题的答案。但他绝不把实践中的材料按政治气候和政策要求简单地加以堆砌和描述，而是力求准确完整地按照马克思经济理论基本方法加以研究，掌握社会主义经济的客观规律；同时他也非常重视理论，他深知中国革命和建设的理论准备不足，因此下大力气研究马克思主义经济理论，敢于从"俄文版的马克思主义"中剔出假货，剔出不符合中国国情的"条条"，按中国国情去检验、评审"舶来品"的真伪和适用性，在批判和独立思考中形成自己的经济思想体系。他非常憎恨文化专制主义，同时也非常讨厌那种摸风向、探气候的风派理论工作者。孙冶方无论是从政做官，还是弃官从文，都有着一种强烈的专业精神，不为权、不畏权，独立思考，探求真理，始终表现出一个科学工作者的铮铮铁骨。但是，孙冶方在学术讨论中，却平等待人，虚怀若谷，热情欢迎来自各方面的批评和商榷意见，公开检讨并放弃那些被实践证明是错误的或自己认为应该补正的学术观点。孙冶方这种强烈的人文关怀精神，开放求是、吸纳灼见的治学态度，坚持来自实践而被认准的观点且又坦然放弃被实践证明不大适宜的观点，在学界表现出的铮铮风骨，是经济科学发展的宝贵财富。

三、理论的历史局限性

按照历史唯物主义的观点，人总是环境的产物。因此，我们坦诚地认为，孙冶方的经济理论体系中也还存在着某些历史的局限性，这主要指他的商品生产外因论。孙冶方依照马克思关于"只有独立的互不依赖的私人劳动的产品，才作为商品互相对立"的论述，指出：等价交换基础上所有权的转移，是商品交换的本质。他由此推论说：（社会主义）国营企业之间的经济往来在本质上已经不是商品交换的性质了，……因为国营企业都属于一个所有者，属于全体人民，属于全社会，它们之间的交换并不引起所有权的转移问题,而只有核算问题。但由于国营企业还要与集体经济发生往来,个人消费品也作为商品存在,这作为一种外在的因素,使营企业之间的往来不得不带有一定的商品性。孙冶方的这种商品生产外因论,基本上延续了斯大林在《苏联社会主义经济问题》一书中的观点,即由两种所有制的存在来看待商品生产。孙冶方在上个世纪60年代曾批评说:现在有一种我认为不正确的经济学思想,那就是把商品货币关系引进全民所有制内部关系中来,以市场竞争规律,以交换价值规律来解释和指导社会主义计划经济。而在80年代初,他再一次批评说:经济学界的一些同志,在这个问题上是从一个极端走向另一个极端,先是根本否认价值规律在全民所有制内的调节作用,尔后承认了这种作用,但却又把商品货币关系也引进了全民所有制,由此派生出,在企业管理体制上,尽管主张所有权和经营权分离,扩大企业权限,但所有制/产权改革,却没有进入孙冶方的研究视野;在计划管理体制上,尽管孙冶方主张旧的计划体制要推倒重建,但他要把计划建立在对价值、对社会必要劳动进行计算的基础上,实践证明,这是很难做到的。这说明,孙冶方用价值规律内因论批判斯大林的价值规律外因论时,却依然受着斯大林商品生产外因论的困扰。孙冶方经济思想的进步性和局限性兼容在他的总体理论框架中,这真实地反映了一位真诚的经济学家对历史的抗争和历史对他的束缚。

进入90年代,我们党明确了社会经济转型的目标是建立社会主义市场经济体制。在市场化改革日益深入的大背景下,我们静下心来重温孙冶方经济思想,心情非常复杂。对照当今在发展着的市场化改革中出现的各种新问题,对照当今变化着的经济理论界和不断提出的新观点,对照我们的新宪法和党的各种文件,其所蕴含的经济理论、经济思想都远远超出了孙冶方经济理论的基本框架。但是,联系当今经济建设的实践,我们仍然能看到孙冶

孙冶方:以自己的生命敲击改革开放大门的先驱

方某些经济思想所闪烁的光辉和科学预见,比如,价格体制的改革、国有经济及国有资产的管理等。

孙冶方经济思想和改革主张,是在上个世纪50年代中期至70年代末期形成的,那是一个令中国知识界心悸而沉郁的年代,孙冶方独树一帜,为在中国宣传和发展马克思主义经济学进行了艰苦的斗争,他的许多理论活动在当时的历史和社会背景下都具有开拓性,从而在中国社会主义经济学思想发展史上写下了光辉的一篇。孙冶方以自己创造性的经济学理论研究,为学界开辟了一条经济学发展的道路;以崇高的人德,为经济学人树立了光辉的榜样。

我们仅以《孙冶方文集》的出版,纪念中国经济学界的这位泰斗!

2017年6月29日定稿

孙治方

文 集

社会主义经济论大纲

孙冶方

目 录

1 导　言 *1*
  1.1　政治经济学的研究对象　1
  1.2　什么是生产关系　2
  1.3　生产关系包括哪些组成部分　2
  1.4　恩格斯关于生产关系的定义为何没有"所有制形式"这一条　4
  1.5　斯大林定义的社会背景　6
  1.6　什么是生产力　7
  1.7　关于生产力定义问题争论之一——生产力二因素和三因素的争论　8
  1.8　关于生产力定义问题争论之二——生产力中人的因素和物的因素的划分　10
  1.9　关于生产力定义问题争论之三——生产力有没有内部矛盾　11
  1.10　科学是生产力，然而不是生产力中的独立因素　11
  1.11　社会主义政治经济学研究生产关系是为了什么　12
  1.12　政治经济学的重要性　14

1.13 社会主义生产方式产生的特点　16

1.14 关于贯穿全书的红线问题——政治经济学与政治学　19

1.15 政治经济学和哲学　22

1.16 政治经济学和历史学　25

1.17 政治经济学与部门经济学　26

1.18 政治经济学和自然科学　26

1.19 政治经济学的方法　27

1.20 关于抠概念　31

第一编　生产过程

2　产品和商品　39

2.1 社会主义政治经济学可否像马克思从商品出发写《资本论》那样，从产品和商品讲起　39

2.2 马克思《资本论》如何从商品开始研究资本主义经济　39

2.3 商品矛盾的历史发展　41

2.4 社会主义政治经济学能否从产品和商品分析起　42

2.5 商品和产品的区别　46

2.6 社会主义全民所有制企业之间的交换本质上是产品交换　48

2.7 社会主义产品的两因素：使用价值和价值　49

2.8 生产产品的劳动的二重性：具体劳动和抽象劳动　51

2.9 个别劳动或局部劳动和社会劳动　54

2.10 国营企业和职工之间的交换，具有商品交换的性质　55

2.11 国营企业和集体所有制企业之间的交换以及诸集体企业

　　　　相互之间的交换　57

　2.12　集市贸易　58

　2.13　小结　58

3　价值和价值规律　60

　3.1　社会主义全民所有制和共产主义社会有没有价值这个范畴？价值规律是一切经济规律中最基本的规律　60

　3.2　马克思关于价值规律的学说　61

　3.3　为什么要从社会主义全民所有制经济和共产主义社会是否存在价值和价值规律分析起　63

　3.4　斯大林关于价值规律的观点　65

　3.5　"自然经济论者"认为全民所有制内部不再存在"价值"和"价值规律"　66

　3.6　如何理解资本主义是为"价值"生产，而社会主义是为使用价值生产　68

　3.7　没有价值观念，就不能真正节约劳动　69

　3.8　价值反映生产关系，使用价值只反映技术定额　70

　3.9　价值规律在社会主义以至共产主义社会中仍然起作用，其作用的方式则不同　72

　3.10　级差地租或级差收益　73

　3.11　小结　74

4　货币与劳动券　75

　4.1　货币是商品价值的最发达的形态，是一般等价物　75

　4.2　"人民币"是劳动券，而不是货币　76

　4.3　作为劳动券的人民币的职能　78

　4.4　人民币在对外经济关系中是货币（黄金）的代表　80

5 价格和价格政策 82

    5.1 前言 82

    5.2 不同的价值理论产生了不同的价格形成理论 83

    5.3 为什么在斯大林和毛泽东提出要尊重价值规律和等价交换原则之后，经济学界否认等价交换原则的意见仍然很流行，认为等价交换不可能，有以下几种理由 84

    5.4 何谓比价 86

    5.5 按价格背离价值的原则定价的所谓价格政策的种种理由 87

    5.6 关键在于工农产品要等价交换 90

    5.7 工农业产品比价的问题 91

    5.8 对批判者的反驳 92

    5.9 用直接税代替价格杠杆可以不影响财政收入，也不增加农民的负担 94

    5.10 提高农产品价格是不是必然要提高职工生活费，降低他们的生活水平 95

    5.11 "一目了然的事"变得很不了然 96

    5.12 价格与价值相符的价格政策是最正确的政策 96

    5.13 稳定物价 97

6 劳动和劳动调配 99

    6.1 社会主义"各尽所能" 99

    6.2 安排就业是劳动调配的一项首要任务 100

    6.3 节约劳动时间和劳动时间在国民经济各部门之间的合理分配 101

    6.4 农业机械化也要求变农村人口为城市人口 104

6.5 劳动资料有限和大量劳动力需要安排就业的矛盾及解决办法 105

6.6 执行两条腿走路的方针要掌握好限度，防止极端化 106

6.7 必须把增加产量的技术革命放在优先地位 108

6.8 宁可暂时缩短劳动日也要提高劳动生产率 109

6.9 必须进一步把节制生育的工作抓紧抓好 110

6.10 健全劳动力分配机构，做好劳动力分配的组织工作 112

7 劳动报酬 114

7.1 按劳分配的概念 114

7.2 分配的重要性，分配变质会使整个生产关系变质 115

7.3 论"按劳分配"或"按劳给酬"是"资产阶级权利" 116

7.4 当前我国劳动报酬方面存在的几个问题 118

7.5 劳动报酬形式——计时工资和辅助工资 120

7.6 劳动报酬形式——计件工资和定额管理 121

7.7 奖金和利润分成 122

7.8 按劳分配和政治思想工作 122

8 企业和企业管理 124

8.1 前言 124

8.2 企业管理的基本原则 126

8.3 企业是自负盈亏的独立经济核算单位 127

8.4 固定资金核算的重要性 128

8.5 旧的固定资金管理制度的特点之一 129

8.6 旧的固定资金管理制度的特点之二 130

8.7 旧的固定资金管理制度的特点之三 131

- 8.8 旧的固定资金管理制度的其他特点 *132*
- 8.9 固定资金管理的正确办法 *132*
- 8.10 流动资金的管理 *133*
- 8.11 经济管理中的大权与小权的划分 *133*
- 8.12 本章小结 *135*

9 生产价格 *137*

- 9.1 概述马克思关于生产价格的理论 *137*
- 9.2 作为体现社会主义经济过程的范畴的生产价格 *138*
- 9.3 生产价格理论是从社会主义实际经济生活中提出来的 *139*
- 9.4 对反对社会主义社会有生产价格的第一个理由的剖析 *141*
- 9.5 对反对社会主义社会有生产价格的第二个理由的剖析 *143*
- 9.6 对反对社会主义社会有生产价格的第三个理由的剖析 *145*
- 9.7 小结 *146*

第二编　流通过程

10 流通概论 *149*

- 10.1 社会主义政治经济学中的"无流通论" *151*
- 10.2 生产与交换、交换与流通、流通一般、流通对生产的作用 *156*
- 10.3 流通领域的劳动、流通费用 *161*
- 10.4 流通规模、流通时间 *163*

10.5 研究流通过程的目的，研究对象 *165*

11 企业"资金"的循环 *167*

   11.1 前言 *167*

   11.2 社会主义企业的"资金" *168*

   11.3 社会主义企业"资金"的循环 *170*

   11.4 影响企业"资金"循环的障碍 *174*

12 企业"资金"的周转 *177*

   12.1 前言 *177*

   12.2 企业"资金"的周转 *177*

   12.3 固定资金的周转和管理 *181*

   12.4 流动资金的周转和管理 *184*

13 全民所有制企业相互间的交换 *186*

   13.1 全民所有制企业相互间交换的经济内容 *186*

   13.2 组织全民所有制企业间产品交换的教训 *187*

   13.3 合理组织好全民所有制企业间产品交换的途径 *189*

14 集体所有制各经济单位之间的商品流通 *191*

   14.1 集体所有制各经济单位之间的商品交换形式及社会性质 *191*

   14.2 集体所有制经济单位之间商品交换的地位和作用 *192*

   14.3 解放思想，努力发展集体经济之间的商品交换 *193*

15 全民（和集体）所有制对居民的交换 *196*

   15.1 全民（和集体）所有制对居民交换的经济内容 *196*

   15.2 商业的主要职能是把产品运送给消费者 *198*

   15.3 商业购销活动对生产有巨大影响作用 *200*

   15.4 降低流通费用，提高经济效果 *202*

16 集市贸易 *205*

   16.1 集市贸易存在的必然性和它的经济内容 *205*

   16.2 集市贸易的历史地位和作用 *206*

   16.3 总结历史教训,加强对集市贸易的领导管理 *208*

17 银 行 *211*

第三编 社会再生产总过程

18 地区布局 *215*

   18.1 搞好地区布局的意义 *215*

   18.2 搞好地区布局的原则 *216*

   18.3 搞好我国地区布局的几个特殊问题 *219*

19 国民经济各部门之间的关系 *222*

   19.1 农、轻、重比例关系是两大部类比例关系的具体化 *222*

   19.2 农业是发展国民经济的基础 *223*

   19.3 工业是国民经济的主导 *225*

   19.4 农、轻、重协调发展是国民经济按比例发展的关键 *227*

   19.5 能源 *228*

   19.6 交通运输要成为真正的先行部门 *229*

20 对外贸易 *231*

   20.1 发展外贸大有必要 *231*

   20.2 关键在于搞好扩大出口 *234*

   20.3 搞好进口,也很重要 *238*

   20.4 对外贸易价格问题 *242*

21 财政、物资、信贷、外汇和它们之间的综合平衡 *247*

第四编 消 费

22 消 费 *251*

23 经济管理体制改革 *252*

24 结束语 *253*

25 附录——社会主义政治经济学的历史 *255*

孙冶方大事记 *256*

孙冶方

1 导言

本导言主要讨论政治经济学的对象、方法和社会主义生产关系产生的特点等问题。这些都不属于对社会主义经济过程本身的分析研究。

政治经济学是社会科学中争论最多的一门学科。原因是：它不仅直接涉及不同社会集团的物质利益，而且由于实践经验不足，认识不够，因此，这门学科更需要贯彻执行"百家争鸣"的方针。

1.1 政治经济学的研究对象

政治经济学的研究对象是人们在生产过程中的相互关系，即生产关系。研究生产关系必须密切联系生产力和上层建筑，这是大家公认的。但是实际上有不同的理解，并且存在着这样一些错误倾向：

有的经济学家认为，经济管理体制仅仅是国家法制问题，或者是生产力组织学的研究对象，把它排除在政治经济学的大门之外。而有些社会主义政治经济学著作又被写成几乎像政治工作纲要。这两种似乎相反的做法有时甚至出自同一个经济学家。

有的经济学家远离生产力来研究生产关系，可是又否认价值范畴，把国民经济各部门之间的联系仅仅看作使用价值的关系，即技术定额的关系，把政治经济学变成了道道地地的"生产力学"。

1.2 什么是生产关系

许多资产阶级经济学者都从孤立的个人出发来研究经济现象。如同马克思所说的那样,连斯密和李嘉图也免不了玩弄"鲁滨逊故事"。❶

马克思和恩格斯批判了这种思想,强调指出人是最名副其实的社会动物,是一切动物中最社会化的动物。❷

在经济学界,从孤立的个人出发,从个人的主观愿望出发来考察社会主义经济现象的"鲁滨逊故事"并不罕见。例如,有人以封建士大夫的清高思想来设想社会主义的经济生活,反对任何交换,讳言商品,讳言价值和价值规律,幻想倒退到陶渊明式的桃花源生活中去。这是一种对文明的反对。同时,又有人把资产阶级社会中彼此孤立、相互竞争的商品生产者理想化。

人们并不是各自孤立地进行生产,而是结合在一定的关系中进行生产的(商品交换仅仅是这种结合的一种形式)。人们在生产中所结成的这种关系就是生产关系。马克思的《〈政治经济学批判〉序言》对生产关系的作用做了经典性的阐述。后来,恩格斯在《反杜林论》中对生产关系包括哪些内容又做了全面的表述。

1.3 生产关系包括哪些组成部分

恩格斯在《反杜林论》中指出,政治经济学是"一门研究人

---

❶ 马克思:《〈政治经济学批判〉导言》,见《马克思恩格斯选集》,第 2 卷,第 87 页,北京,人民出版社,1972。

❷ 参阅恩格斯:《自然辩证法》,见《马克思恩格斯选集》,第 3 卷,第 510 页,北京,人民出版社,1972。

类各种社会进行生产和交换并相应地进行产品分配的条件和形式的科学"❶。这就是说，恩格斯认为，政治经济学所研究的生产关系应该包括生产、交换和分配三个方面。由于交换和分配都是社会再生产过程中的环节，所以，交换和分配过程中人与人之间的关系又与直接生产过程中人与人之间的关系并立，统称为生产关系。

斯大林在《苏联社会主义经济问题》一书中对生产关系提出了另外一个定义："政治经济学的对象是人们的生产关系，即经济关系。这里包括：（1）生产资料的所有制形式；（2）由此产生的各种社会集团在生产中的地位以及它们的相互关系，或如马克思所说的'互相交换其活动'；（3）完全以它们为转移的产品分配形式。这一切共同构成政治经济学的对象。"❷

这两个定义有两个不同点：第一，恩格斯的定义中没有"所有制形式"；第二，斯大林否认独立于直接生产过程之外的交换，即流通。我们先从两个定义中的第二个不同点谈起。

马克思和恩格斯都很重视交换和交换的总和——流通。他们在《共产党宣言》中，甚至把交换方式同生产方式相并列，作为决定每一个时代的社会结构的重要因素。

杜林也否认独立于生产过程之外的交换过程。恩格斯在《反杜林论》中批判杜林的时候说："生产和交换是两种不同的职能。"又说："这两种社会职能的每一种都处于多半是特殊的外界作用的影响之下，所以都有多半是它自己的特殊的规律。"❸

恩格斯认为杜林之所以否认独立于生产过程之外的交换过程

---

❶ 恩格斯：《反杜林论》，见《马克思恩格斯选集》，第3卷，第189页，北京，人民出版社，1972。

❷ 斯大林：《苏联社会主义经济问题》，见《斯大林选集》，下卷，第594—595页，北京，人民出版社，1979。

❸ 恩格斯：《反杜林论》，见《马克思恩格斯选集》，第3卷，第186页，北京，人民出版社，1972。

或流通过程,"……只不过是证明,他不知道或不懂得正是流通在最近50年来所经历的巨大发展"❶。

如果说,恩格斯写《反杜林论》以前的50年流通中所经历的变化是巨大的,那么,在社会主义社会建立了全民所有制经济和集体所有制经济以后,流通过程所经历的变化就更大了。

社会主义经济是社会化程度更高的经济,它要求有更发达、更大规模、更灵活的流通。但是,在社会主义"无流通论"的影响下,调拨或配给制代替了流通,造成了产、供、销脱节,"货不对路",使社会再生产不能顺畅进行。这种情况与斯大林定义中否定流通的思想影响,不能说没有关系。

刘少奇同志是很重视流通问题的研究的。他在总结三年经济困难时期的瞎指挥和"共产风"的教训的时候,曾经指出,流通是最敏感的环节,经济生活中一切问题都会在流通过程中反映出来。因此,他曾指示原中国科学院经济研究所不仅要同国家计委挂钩,而且要同国务院财贸办公室挂钩。

1.4 恩格斯关于生产关系的定义为何没有"所有制形式"这一条

马克思指出,财产关系(或译作所有制关系,即所有制形式)只是生产关系的法律用语,它的内容是由生产关系决定的。

恩格斯的上述定义已经包含了所有制这个法律用语中所包含的全部经济内容。正是在这个意义上,马克思说:"给资产阶级的所有权下定义不外是把资产阶级生产的全部社会关系描述一

---

❶ 恩格斯:《反杜林论》,见《马克思恩格斯选集》,第3卷,第193页,北京,人民出版社,1972。

番。"❶ 斯大林把所有制形式独立出来，同生产和分配关系并列，这就意味着脱离生产关系去研究所有制问题。这样做，"不过是形而上学的或法学的幻想"❷。

这种幻想在现实生活中已经有所表现。

第一个例子：

郭沫若在论证中国古代史分期的标志时就认为，如果从生产关系角度着眼，奴隶社会和封建社会是容易混淆的；如果从所有制角度着眼，问题便容易弄清楚。他从《春秋》中发现了"初税亩"三个字，就认为这是井田制即公田制转向私田制的证据，是中国转向封建社会的证明。

斯拉夫公社、印度公社、俄国的村社等历史事实告诉我们，在土地公有制下，既可以是奴隶制社会，也可以是封建制社会。可见离开生产关系去谈所有制是不能说明问题的。

第二个例子：

古今中外，有各种各样的"社会主义"，如何判别真假？孤立地从所有制形式上看是分别不清的，因为都实行公有制；但从生产关系的总和看就可以区别得一清二楚。离开生产关系，也不能对假社会主义做出正确说明，而只会陷入形而上学的或法学的幻想。

前些年，被"四人帮"严密控制的一些地区、部门和单位，从形式上看，"公有制"未变，可是只要从生产、交换和分配过程中人们的相互关系剖析，就可以看出它们的假社会主义真封建主义的本质，这种"公有制"实际上是挂着社会主义招牌的封建所有制。

---

❶ 马克思：《政治经济学的形而上学》，见《马克思恩格斯选集》，第1卷，第144页，北京，人民出版社，1972。
❷ 马克思：《致巴·瓦·安年柯夫（1846年12月28日）》，见《马克思恩格斯选集》，第4卷，第324页，北京，人民出版社，1972。

多年来,斯大林的这种传统观点几乎统治着整个经济学界,并对实践造成了危害。例如,在我国农业等的社会主义改造中,三步并做一步走,以及后来的"穷过渡",造成生产力的巨大破坏。为了压制不同意见,又引起阶级斗争的扩大化。这种认为公有制规模越大——不管生产力水平和实际生产关系如何——社会主义就越完善,只要在所有制的法律规定上不断升级,就可以飞速奔向共产主义"天堂"的观点,是一种形而上学或法学的幻想。

总之,斯大林的定义不是从恩格斯的定义前进一步,而是后退了两步。

1.5 斯大林定义的社会背景

斯大林的生产关系定义,排除了交换,排除了独立的流通过程。这是把社会主义看作自给自足经济的"自然经济观"的表现。

斯大林的这种观点不仅有其思想渊源,也有其深刻的社会根源。

交换和它的总和——流通同社会主义不相容的观点,曾经长时期在社会主义政治经济学中占统治地位。波格丹诺夫20世纪20年代的著作《经济学大纲》宣称,社会主义的基础,"不是交换,而是自然自足的经济"。[1]列宁不断同这种观点做斗争,但它仍然不断改头换面地出现。斯大林没有新中国成立完全摆脱它的影响,最突出的表现就是,他的生产关系定义对流通的否定和把所有制(如马克思所说这只是生产关系的法律用语)当作生产关

---

[1] 蒲格达诺夫(波格丹诺夫):《经济学大纲》(施存统译),第562页,新青年社,1927。

系的基础。苏联实践中生产资料的实物配给制，正是在斯大林否定交换的思想指导下搞出来的。

这种思想上的自然经济观和实践中的实物配给制是有它的深远的社会历史背景的。第一，十月革命前，俄国是一个资本主义商品经济不发达、小农的宗法制经济占相当优势的国家。小农经济是半自给性的或自给自足的自然经济。这种自然经济的隔离状态，使小农，特别是在商品交换中大批破产的农民，对流通产生恐惧的心理，幻想过一种没有交换的田园诗式的生活。第二，十月革命后，由于战争的破坏，苏联出现了经济实物化过程。1918年下半年起，为了保证抵抗外国干涉战争的需要和以消费品供应后方工人，苏联开始实行"战时共产主义政策"。这一政策进一步加速了经济关系的实物化，并使人们产生了一种通过平均财富、禁止交换的措施实现社会主义的幻想。后来，虽然采取新经济政策，纠正了这一错误，但社会主义"无流通论"观点时隐时现。

我国原是一个半封建半殖民地国家，商品经济很不发达，自给自足的自然经济占绝对优势，正是"无流通论"的肥沃土壤。在长期的革命战争中，根据地的革命队伍实行"供给制"；中华人民共和国成立30年来，实行实物配给制，更使"无流通论"易于流行，以至于让斯大林的这种自然经济观在理论上几乎占据着统治地位。在中国，还存在几千年的士大夫的清高思想，重农轻商——过去把商人列入四民之末。在社会主义时代，又把社会主义的商品货币关系与资本主义的商品货币关系画等号。这是自然经济观在中国的第三个社会历史背景。

1.6 什么是生产力

政治经济学的研究对象是生产关系，但是要联系着生产力来研究。因此，生产力应该放在政治经济学的研究范围之内。

在马克思主义经典著作中，生产力这一概念，包括两种含义：一是指生产水平、效率；二是指生产力诸因素。二者是不可分的。

在"文化大革命"以前，关于生产力定义问题，在经济学界曾经发生三场争论。后面的三节将对此略加评述，以表明本书对政治经济学研究生产力问题的看法。

1.7 关于生产力定义问题争论之一——生产力二因素和三因素的争论

马克思说："劳动过程的简单要素是：有目的的活动或劳动本身，劳动对象和劳动资料。"❶ 在作者看来，劳动过程无非就是生产力的运行过程。马克思是主张生产力三因素的。但是，在中华人民共和国成立初期的一场争论中，三因素论的观点却被诬为"反马克思主义"。其原因是斯大林讲过："用来生产物质资料的生产工具，以及有一定的生产经验和劳动技能来使用生产工具、实现物质资料生产的人——所有这些因素共同构成社会的生产力。"❷ 后来，他又在《苏联社会主义经济问题》中进一步解释了为什么把原材料排除在外而主张生产力二因素的观点。

其实，生产力二因素论的观点是错误的。首先，生产工具确实十分重要，但是，没有原材料，生产工具也是制造不出来的。正如马克思所说，史前时期是"按照制造工具和武器的材料，划

---

❶ 马克思：《资本论》，第1卷，第202页，北京，人民出版社，1975。
❷ 斯大林：《论辩证唯物主义和历史唯物主义》，见《斯大林选集》，下卷，第442页，北京，人民出版社，1979。

分为石器时代、青铜时代和铁器时代的"。❶ 在这里，划分历史时期的，与其说是工具的不同，还不如说是制造工具的原材料的不同。其次，劳动生产率是离不开自然条件的，富有的劳动对象往往构成生产力发展的自然基础。如我们说中华民族地大物博，帝国主义国家掠夺殖民地的自然资源来发展自己的生产力，都是指劳动对象。再次，根据资本主义生产发展史，采用不同的原材料往往会出现不同的生产效率。如由于美国南北战争，使英国失去了优质美棉，不得不采用劣质的印度和埃及的棉花，结果大大影响了纺织业。最后，当前工业革命的重要内容之一是劳动对象的革命，如合成材料的出现，直接影响生产力的发展，说明原材料问题十分重要。二因素论的观点阻碍了人们去研究原材料对生产发展的影响。

最近有同志说，生产有三个要素，而生产力只有二要素，这如同战斗是人、武器，加上敌人三个要素组成，而战斗力仅仅是人和武器两个要素组成，不能把战斗对象——敌人算作自己的战斗力因素。这个理由不能成立。因为：

第一，生产和战斗，从而生产力和战斗力是性质根本不同的两种事物，二者不可类比。战斗的目的是要消灭敌人，消灭战斗对象；生产的目的不是要消灭劳动对象，而是要把劳动对象加工成另一个产品。

第二，即以战斗力而论，没有实践经验的部队，即没有同战斗对象较量过的部队，战斗力也一定不如同样素质但有实践经验的部队。在这个意义上说，战斗对象也是形成战斗力的一个因素。

---

❶ 马克思：《资本论》，第 1 卷，第 204 页，北京，人民出版社，1975。

1.8 关于生产力定义问题争论之二——生产力中人的因素和物的因素的划分

1958年，本书作者曾经提出经济学要研究经济建设中人的因素和物的因素的关系问题。❶ 有的经济学家批判说，政治经济学的研究对象是人与人的关系，把人与物的关系说成是政治经济学的研究对象是反马克思主义的。其实，从发挥人在生产过程中的能动作用的观点出发，把生产力的三个因素分为人的因素和物的因素两大类，这正是马克思的提法。马克思说，这两类因素"结合的特殊方式和方法，使社会结构区分为各个不同的经济时期"❷。

人类社会发展的历史证明，生产力中人和物结合的不同方式和方法，形成了不同的社会结构。社会主义社会应该自觉地不断改进、调整人和物的结合方式，以促进生产力的发展。

不错，政治经济学是研究人与人的关系的，但不要忘记，这里所说的人与人的关系，是指物质财富生产过程中的相互关系即经济关系。"这些关系总是同物结合着，并且作为物出现"。❸ 因此，政治经济学不能离开物，包括人们之间的物质利益，来空谈人与人的关系。

当然，这里所说的"物"，不是自然物，而是劳动生产物；"人"，不是自然人，而是社会的人。这里所说的人和物的关系，实际上是指活劳动和物化劳动的关系问题，是 $v + m$ 和 c 的关系问题。

---

❶ 孙冶方：《社会主义经济的若干理论问题》，第42页，北京，人民出版社，1979。

❷ 马克思：《资本论》，第2卷，第44页，北京，人民出版社，1975。

❸ 恩格斯：《卡尔·马克思〈政治经济学批判〉》，见《马克思恩格斯选集》，第2卷，第123页，北京，人民出版社，1972。

1.9 关于生产力定义问题争论之三——生产力有没有内部矛盾

20世纪60年代,平心同志正确地提出政治经济学也要研究生产力,生产力的发展并不完全依赖于生产关系的反作用,它也有自己的运动规律,而这个规律是由生产力内部矛盾决定的。他坚持生产力三因素观点,坚持人的因素和物的因素相结合的观点。但因为这些观点触犯了那股把"生产关系绝对化,生产力简单化"的"左"倾错误思潮,因此,被诬为"生产力论"。

生产力内部确实存在着矛盾,生产力中人的因素和物的因素就是一对矛盾。但要揭示这个矛盾的运动规律,不能离开一定的生产关系。生产力总是在一定的生产关系下存在和发展,只有在生产力和生产关系的矛盾运动中才能正确揭示生产力发展的动力。讲生产力"自行增值"不妥,离开生产关系来谈论"生产力组织学"也是不妥的。

1.10 科学是生产力,然而不是生产力中的独立因素

生产发展史表明:生产力是随着科学技术的发展而不断发展的。马克思说,"生产力里面当然包括科学在内"❶。"大工业把巨大的自然力和自然科学并入生产过程,必然大大提高劳动生产率"❷。因此,科学是生产力。

科学作为生产力,表现在它能引起生产力三个要素的重大变

---

❶ 马克思:《政治经济学批判大纲(草稿)》,第3分册,第350页,北京,人民出版社,1963。

❷ 马克思:《资本论》,第1卷,第424页,北京,人民出版社,1975。

化。首先，从劳动者来说，劳动力是人生产某种使用价值时运用的体力和智力的总和。体力有限，但智力却能在对文化知识、生产技能、科学技术的学习和生产经验的积累中不断增强起来，从而能更有效地改造自然。其次，从生产工具来说，任何一种新的工具的出现，都是科学技术发展的产物。正如马克思所说，铁路、火车头、电报等"都是物化的智力"❶。由于机器使用而带来的社会劳动生产力，"是科学的力量"❷。再次，从原材料来说，新原材料、能源的发现，也离不开科学技术。如当代新型合成材料的出现而引起的劳动对象的革命，就是高分子化学发展的结果。此外，科学技术的发展，会引起管理水平的提高，工艺的改善，使人和物的因素更有效地结合起来。

尽管如此，科学却不能构成生产力中的独立要素。因为科学技术只有通过劳动者技能的提高、生产工具的改善、原材料范围的扩大和品质的改进，以及上述生产力三个因素的有效结合，才能转化为社会生产力。离开生产力三要素，它只是"知识的形态"上的生产力，即潜在的生产力。

"四人帮"否认科学是生产力，胡说承认科学是生产力就会贬低人的因素的作用。其实，这正是前面所说的那种"生产关系绝对化，生产力简单化"的"左"倾观点的恶性膨胀。

1.11 社会主义政治经济学研究生产关系是为了什么

社会主义政治经济学研究生产关系是为了寻找社会主义生产

---

❶ 马克思：《政治经济学批判大纲（草稿）》，第 3 分册，第 358 页，北京，人民出版社，1963。

❷ 马克思：《政治经济学批判大纲（草稿）》，第 3 分册，第 369 页，北京，人民出版社，1963。

关系运动的规律，以推动生产力的迅速发展。

马克思说："社会关系和生产力密切相联。随着新生产力的获得，人们改变自己的生产方式，随着生产方式即保证自己生活的方式的改变，人们也就会改变自己的一切社会关系。"❶ 政治经济学研究生产关系，就是为了弄清楚一定的生产关系是在什么样的生产力发展水平下产生并为生产力的进一步发展开辟了广阔场所；弄清楚一定的生产力发展又怎样超过了已经形成的生产关系，从而找出变革生产关系的途径。

社会生产关系的变革不能诉之于"道德"观念。

社会主义生产关系是在无产阶级夺取政权后逐步建立起来的，它有一个从不完善到完善的发展过程。毛泽东同志说："社会主义生产关系已经建立起来，它是和生产力的发展相适应的；但是，它又还很不完善，这些不完善的方面和生产力的发展又是相矛盾的。"❷ 社会主义政治经济学要弄清楚社会主义的生产关系中哪些部分还不适应生产力的发展，需要自觉调整；哪些部分适应生产力的发展，需要进一步巩固。

研究资本主义政治经济学的目的是证明资本主义的必然灭亡，从而为了号召无产阶级起来革命，推翻资本主义生产关系（或社会）；研究社会主义政治经济学是为了建设，为了发展生产（即生产力）。

研究社会主义生产关系，如果忘记了研究的目的是推动生产力的发展，这就是忘记了根本。在"左"倾思想的干扰下，所谓社会主义政治经济学，总是把生产关系仅仅归结为占有关系，最多再加入被歪曲过的按劳分配。由于它的研究离开了生产力，结

1 导言

---

❶ 马克思：《政治经济学的形而上学》，见《马克思恩格斯选集》，第 1 卷，第 108 页，北京，人民出版社，1972。

❷ 毛泽东：《关于正确处理人民内部矛盾的问题》，见《毛泽东选集》，第 5 卷，第 374 页，北京，人民出版社，1977。

果堕落为"长官意志"的注释学。

1.12　政治经济学的重要性

政治经济学在马克思主义三个组成部分中占着特殊的重要地位。

列宁说，政治经济学是马克思主义的主要内容，"是马克思理论最深刻、最全面、最详细的证明和运用"❶。

恩格斯说，无产阶级政党的"全部理论内容是从研究政治经济学产生的"❷；"一切社会变迁和政治变革的终极原因"，"不应当在有关的时代的哲学中去寻找，而应当在有关的时代的经济学中去寻找"❸。

马克思认为，向公众提供他的《资本论》便可以"把党提到尽可能高的水平"❹；同时，他还把《资本论》的出版看作是"向资产者（包括土地所有者在内）脑袋发射的最厉害的炮弹"❺。

正是根据以上理由，刘少奇同志在 20 世纪 60 年代初指出：政治经济学是党纲的理论基础。

政治经济学也是各门社会科学的基础理论。如同数理化是自

---

❶　列宁：《卡尔·马克思》，见《列宁选集》，中文 2 版，第 2 卷，第 588 页，北京，人民出版社，1972。

❷　恩格斯：《卡尔·马克思〈政治经济学批判〉》，见《马克思恩格斯选集》，第 2 卷，第 116 页，北京，人民出版社，1972。

❸　恩格斯：《反杜林论》，见《马克思恩格斯选集》，第 3 卷，第 307 页，北京，人民出版社，1972。

❹　马克思：《致路德维希·库格曼（1867 年 10 月 11 日）》，见《马克思恩格斯〈资本论〉书信集》，第 234 页，北京，人民出版社，1976。

❺　马克思：《致约翰·菲力浦·贝克尔（1867 年 4 月 17 日）》，见《马克思恩格斯〈资本论〉书信集》，第 209 页，北京，人民出版社，1976。

然科学的基础理论一样,政治经济学就是社会科学的基础理论。[1]

政治经济学的重要性最终是由这门学科所研究的对象即生产关系在一切社会关系中所占的地位决定的。在社会生活中,生产关系是"决定其余一切关系的基本的原始的关系"[2]。因此,研究生产关系运动规律的政治经济学同研究其他社会关系运动规律的各种社会科学相比,就不能不具有基础性。

马克思花了近40年写作《资本论》,恩格斯在马克思逝世后放弃了自己原来的写作计划,而替马克思整理出版了《资本论》,也说明政治经济学的重要性。

为了实现四个现代化,我们要重视对政治经济学的学习和研究,要读《资本论》。虽然《资本论》主要是研究资本主义社会的生产关系的,但是,马克思通过分析,指出了在这个社会的废墟上将出现的新社会的轮廓,这是一。第二,《资本论》给我们提供了解剖现代的社会化大生产的一个基本模式。社会主义生产方式比资本主义生产方式规模更大,更社会化,它和资本主义生产方式相比,除了不同的阶级特性以外,在社会化大生产这一点上是有共性的;但是同封建社会的庄园经济和小农经济却很少有共性。

在小生产汪洋大海包围中存在和发展的中国共产党,本来就存在着对马列主义重视不够的狭隘经验主义倾向。反王明教条主义虽有其积极意义,但又助长了不重视理论特别是经济理论的倾

---

[1] 这个说法是西北大学一位教授1977年冬在兰州召开的西北地区经济学研究规划座谈会上提出的。在那次会上,我引以上恩格斯的话来说明政治经济学的重要性,于是这位教授就提出了政治经济学是一切社会科学的基础理论的说法。我当时赞同了这个说法。但是后来有同志读了这次座谈会的记录后给我来信提出了不同意见,认为根据恩格斯的原话,一切社会科学的基础是哲学而不是政治经济学,认为我们是断章取义地摘录了恩格斯的话。关于这个问题我们将在下面《政治经济学与哲学》中详细讲——作者。

[2] 列宁:《什么是"人民之友"以及他们如何攻击社会民主主义者?》,见《列宁选集》,第1卷,第6页,北京,人民出版社,1972。

向。这种不良倾向被林彪、"四人帮"推到了极端。林彪胡说"《资本论》只能解决资本主义社会的基本规律问题",并以走"捷径"为借口反对读《资本论》。"四人帮"爪牙把给大学经济系学生开设《资本论》课程斥作"讲授'马尾巴的功能'"而横加取消。某些人竟然认为,"经济工作无非就是打打算盘、算算账而已,何必还要办经济院校呢?"

我们必须纠正不重视马列主义理论特别是经济理论的倾向,要宣传政治经济学的重要性。

1.13 社会主义生产方式产生的特点

社会主义生产方式的产生,和资本主义生产方式及以往一切生产方式的产生不同,是先有政治制度的变革,然后才有生产关系的变革。资本主义经济的最简单的细胞——商品,在原始公社解体时期就已经产生。资本对雇佣劳动的关系,在封建社会后期已经有相当的发展。而社会主义经济却不可能在资本主义社会中存在。社会主义公有制与资本主义私有制本质不同,它不能在私有制社会中产生,只能在无产阶级夺取政权以后才能产生。列宁指出,社会主义革命和资产阶级革命的区别在于:在资产阶级革命时,现成的资本主义的生产关系形式已经具备了,这种革命只有一个任务,就是"扫除、摒弃并破坏旧社会的一切桎梏"。社会主义革命则不同,它要在资本主义社会化大生产的物质基础上创造新的生产关系;在落后国家,甚至还要创造作为社会主义的物质基础。因此,"由于历史进程的曲折而不得不开始社会主义革命的那个国家愈落后,它由旧的资本主义关系过渡到社会主义关系就愈困难"。[1]

---

[1] 列宁:《关于战争与和平的报告》,见《列宁选集》,第3卷,第454页,北京,人民出版社,1972。

"对于无产阶级革命，夺取政权却只是革命的开始，并且政权是用作改造旧经济和组织新经济的杠杆"。❶ 但是，国民经济的社会主义改造，只是社会主义生产关系产生的前提，而不是这种生产关系本身的运动。所以，它与其说是社会主义政治经济学的研究对象，毋宁说是资本主义政治经济学的研究对象。对于资本主义制度必然为社会主义制度所取代的客观规律性，马克思已经在《资本论》中做过透彻的分析。我们现在需要加以补充的，只是由于帝国主义阶段无产阶级革命首先在资本主义只有中等发展程度，乃至初等发展程度的国家取得胜利带来的若干新的特点。除此而外，就是属于政治学（阶级关系和阶级斗争、革命政党的战略战术等）和历史学（国民经济史）的问题了。因此，关于社会主义改造问题，我们只在《导言》中做一总的交代，在正文中不再加以分析研究了。

各国社会主义改造的具体方式，因革命前的历史条件，主要是社会经济形态和生产力发展水平以及因此而引起的革命的战略战术的不同而有所不同。例如，十月革命时，苏维埃俄国对地主、资本家的财产，不论它是属于本国资本家的，还是属于外国资本家的，一律采取没收的政策。但是在中国民主革命胜利之后，除了对于地主富农❷的土地采取没收或征收的政策以外，对于帝国主义资本，对于本国的官僚垄断资本和民族资本的改造，

---

❶ 斯大林：《论列宁主义的几个问题》，见《斯大林全集》，第8卷，第21—22页，北京，人民出版社，1954。

❷ 在中国民主革命阶段中，对于富农的土地采取没收的政策，在原则上是对的。因为中国的富农对农民的剥削是带有封建性的。它和资本主义国家的农业资本家是属于两个类型的剥削者。（这问题作者在抗日战争前发表的《财政资本统治下的殖民地半殖民地的生产关系》一文已有详细论证）但是把剥削的雇佣劳动占总劳动的25%及其以上即算作富农，是值得研究的。因为如果25%的收入是剥削他人的劳动，那么75%还是靠自己的劳动。就是说，他基本上还是劳动者而不是剥削者。更何况，在农业生产中还有一个季节性（农忙）的问题。因此，根据这个标准划的富农恐怕是扩大了中国的富农阶级。

采取了分别对待的政策:

1. 对于日、德、意三国资本,作为反法西斯战争中的敌国财产,在抗日战争期间和抗日战争胜利后就在老解放区采取了没收的政策。

2. 对于美国资本,由于当时美国政府站在国民党一边参与了中国内战,人民政府在解放战争期间和解放战争胜利时也采取了没收的政策。

3. 对于英、法、比、荷、丹麦等第二次世界大战中的同盟国的资本,在解放战争胜利后,由人民政府用征用办法,收归国营。

4. 对于国民党买办官僚资本(包括国民党政府在抗战胜利后接管的日、德、意三国的资本和汉奸的财产),在解放战争期间和解放战争胜利后,也一律由人民政府接管。

以上四种资本都是在民主革命阶段由人民民主政府没收接管的。但是由于这个人民民主政府是由工人阶级(通过共产党)领导的人民民主专政,它为解放战争在全国胜利之后、民主革命阶段转入社会主义革命阶段做好了准备。所以这些资本在被人民政府接管的当时就带有社会主义改造的性质了。

5. 民族资本的改造。民族资产阶级是无产阶级在反帝反封建反官僚买办资产阶级革命中的同盟军,在解放战争取得胜利后一个时期内,人民政府允许民族资本经营的企业继续存在,并且鼓励它们发展生产,仅仅通过加工订货和银行贷款等手段加以限制。直到革命进一步深入,由民主革命阶段转入社会主义革命的时候,才通过公私合营等办法,对民族资本企业进行社会主义改造。这个政策总的来说,是符合党的新民主主义时期的政治纲领的。但是如果在具体政策上再放宽一些,保持公私合营形式的时间再推迟一些(例如推迟到第二个五年计划末期),对于调动私营工商业者的积极性、发展生产是不是会更有利一些。现在看来，作为历史经验教训，还是可以研究的。

6. 农业改造，即农民个体经济的合作化。小农个体经济必须走合作化的道路是不成问题的。但是如同前面已经说过的那样，步子太快了一些，违背了毛泽东自己说的通过典型示范和自愿的原则。如果经过三年恢复和三个五年计划即18年的时间来基本完成农业合作化的任务，对于农业生产的恢复和发展肯定要有利一些。

7. 手工业的改造。

8. 小商小贩的改造。

个体小手工业和小商小贩的合作化也是必经之路，但是如同我国农业合作化那样，步子也快了一些，发生了对发展生产和满足城乡人民的需求不利的后果。

1.14　关于贯穿全书的红线问题——政治经济学与政治学

20世纪60年代初，《社会主义经济论》编写小组的同志们在起草《〈社会主义经济论〉初稿的讨论意见和二稿的初步设想》时，曾经讨论过这样一个问题：《社会主义经济论》以至于一切社会主义政治经济学著作应该贯彻始终的中心思想或"红线"是什么？如果说，"科学研究的区分，就是根据科学对象所具有的特殊的矛盾性"❶，那么，《社会主义经济论》或一切社会主义政治经济学的特殊矛盾是什么？有的同志认为这条红线应该是社会主义社会的基本矛盾，即社会主义社会上层建筑和经济基础、生产关系和生产力的矛盾。有的同志认为这条红线应该是阶级斗争。

编者认为，这两种意见都不全面，都没有说透问题的本质。

---

❶ 毛泽东：《矛盾论》，见《毛泽东选集》，1—4卷合订本，第284页，北京，人民出版社，1966。

社会主义政治经济学必须探讨社会主义社会生产关系和生产力的矛盾以及上层建筑和经济基础的矛盾,并试图解决这些矛盾。这是不成问题的。因为正如本文 1.11 中说过的那样,这正是社会主义政治经济学研究生产关系的目的。在论述存在阶级斗争的社会阶段的经济学问题时,也离不开阶级斗争的思想。这也是不成问题的。但是,社会主义政治经济学在探讨这些问题的时候,如何有别于专论阶级斗争的政治课本和专门论述历史唯物论的哲学课本呢?答复是很明白的:社会主义政治经济学必须从经济的角度来论证社会基本矛盾和阶级斗争。什么是经济角度呢?归根到底,就是要讲究以最小的费用取得最大的效果。批判者认为,政治经济学讲"最小—最大"就是政治不挂帅的表现,是否定阶级斗争的证据。这是对政治的莫大曲解。列宁说"政治是经济的集中表现"❶。这意思无非是说,政治要从长远的和全局的角度来反映经济利益,是更能反映经济利益的;而不是抛开了经济来谈政治。

恩格斯在批评那种不适当地强调政治、离开了经济来谈政治的主观主义唯心论哲学观点的时候,曾经说过:"任何政治斗争都是阶级斗争,而任何争取解放的阶级斗争,尽管它必然地具有政治的形式(因为任何阶级斗争都是政治斗争),归根到底都是围绕着经济解放进行的……国家,政治制度是从属的东西,而市民社会,经济关系的领域是决定性的因素。从传统的观点看来(这种观点也是黑格尔所尊崇的),国家是决定性的因素,市民社会是被国家决定的因素。"❷

正是毛泽东本人在《论联合政府》中说过:"中国一切政党

---

❶ 列宁:《再论工会、目前局势及托洛茨基和布哈林的错误》,见《列宁选集》,中文2版,第4卷,第441页,北京,人民出版社,1972。

❷ 恩格斯:《路德维希·费尔巴哈和德国古典哲学的终结》,见《马克思恩格斯选集》,第4卷,第247页,北京,人民出版社,1972。

的政策及其实践在中国人民中所表现的作用的好坏、大小，归根到底，看它对于中国人民的生产力的发展是否有帮助及其帮助之大小，看它是束缚生产力的，还是解放生产力的。"❶ 林彪、"四人帮"一伙横行的十年动乱时期，空谈政治不讲经济，给中国国民经济带来巨大的损害。从这一点说，他们是地地道道的托洛茨基主义者。实践已经证明，这样的政治挂帅已经彻底破产了。因为他们的政治或政策不仅是束缚生产力，而且是直接破坏生产力的。

什么叫解放生产力呢？那就是要讲经济效果，就是要以最小的费用取得最大的效果。人们可以从两个方面来达到这个目的：一是通过技术革新和技术发明的途径；另一个就是通过自觉地合理地安排社会主义的生产关系以及建立与这种生产关系相适应的上层建筑来达到这个目的（不用说这样的生产关系和上层建筑也能为技术革新和技术发明创造条件）。社会主义政治经济学的任务就是要探索社会主义生产关系的客观规律，来实现这个"最小—最大"。

因为我在讲政治经济学的时候强调了经济核算、经济效果问题，强调政治经济学要讲"最小—最大"，有一位批判者曾经说，我的政治经济学不是政治经济学，而是经济政治学，意思是说，我的政治经济学不是政治挂帅而是经济挂帅。我倒很乐意接受这顶帽子。因为经济政治学，即经济政策学，虽然不是严格意义上的政治经济学（即人们有时称之为理论经济学的），而是政治经济学的具体运用，多少近于部门经济学（或具体经济学）的范围，然而这总是一门极有用的学问。我们怕的就是为政治而讲政治的政治政治学。对于这种为政治而政治的政治政治学，有一个现成的名称，那就是政客学。

---

❶ 毛泽东：《论联合政府》，见《毛泽东选集》，1—4 卷合订本，第 980 页，北京，人民出版社，1966。

1.15 政治经济学和哲学

前面在"政治经济学的重要性"一节中引证了恩格斯关于无产阶级政党的全部理论内容来自政治经济学这句话,做出了"政治经济学是社会科学的基础理论"这个论断。但是有的同志认为,根据恩格斯的原话,应该得出不同的结论:社会科学的基础理论是哲学而不是政治经济学。认为我是断章取义地摘取了恩格斯的话,是曲解恩格斯。因此,我把恩格斯的原话比较完整地引证如下:

> "……德国无产阶级的政党出现了。它的全部理论内容是从研究政治经济学产生的,它一出现,科学的、独立的、德国的经济学也就产生了。这种德国的经济学本质上是建立在唯物主义历史观的基础上的……"

是的,既然唯物主义历史观(即哲学)是政治经济学的基础,那么一切社会科学的基础的基础应该是哲学而不是政治经济学了。而且我们还可以补充说,恩格斯曾经说过,如果没有德国的哲学,特别是黑格尔哲学,就不可能创立马克思的科学社会主义。❶ 但是,恩格斯这些颂扬哲学的话,如何和同一个恩格斯所说,无产阶级政党的全部理论内容来自政治经济学,以及社会变革的终极原因不应当在有关时代的哲学中去寻找,而应当在有关

---

❶ 参阅恩格斯:《〈德国农民战争〉序言》,见《马克思恩格斯选集》,第2卷,第300页,北京,人民出版社,1972。

时代的经济学❶中去寻找等说法相一致呢？

我认为这两种说法完全协调，并不矛盾。因为，当恩格斯说政治经济学建立在唯物主义历史观基础上的时候，指的是马克思主义政治经济学的宇宙观，是这个政治经济学的哲学思想。但是当恩格斯说党的全部理论内容来自政治经济学以及社会变革的终极原因不应当到哲学中去寻找，而应当到经济学中去寻找的时候，他指的是：政治经济学（广义的）是研究各种社会经济形态发展的基本规律的。正是政治经济学而不是哲学或别的学科，通过对于历史上各种社会经济形态的客观发展规律的分析研究，论证了人类社会的发展必然是从原始共产主义部落社会开始，经过奴隶社会、封建社会、资本主义社会，走向社会主义社会和共产主义社会。正因为如此，所以，过去人们也把广义政治经济学称作社会经济形态发展史。

正是政治经济学而不是哲学或别的学科，通过对各阶级在社会上的不同的经济地位（生产关系）的分析，科学地论证了资本主义的掘墓人和社会主义社会的建设者是同农民结成牢固联盟的工人阶级而不是别的阶级，因此领导这个伟大的社会变革的政党是无产阶级的政党而不是别的政党。这也就是恩格斯所说党的全部理论来源来自政治经济学的理由。

不论你研究的是哪一门社会科学，如果你不学一点政治经济学，对社会发展的基本规律毫无知识，那么你对于自己研究的那

1 导言

---

❶ 附带说明，有同志提出，恩格斯这句话的译文不正确，这里"经济学"一词应译作"经济"。这个意见有一定理由，因为德文中"OKONOMIE"一词既可以译作"经济"，也可以译作"经济学"，从上下文来看，两种译法都有理由。但是，即使恩格斯的原意是"经济"而不是"经济学"，那么，经济本身作为客观的自在之物，是不会说话的，只有通过人对这一客观自在之物的认识过程才能告诉我们，它是什么。既然是通过了主观认识过程得来的关于"经济"这一客观事物的知识，那也就是"学"了，因此译作"经济学"也无不可——作者。

门学科也是研究不好的。

把政治经济学放在历史唯物主义哲学基础上，同研究社会发展基本规律的政治经济学作为一切社会科学的基础理论并不矛盾。人们都承认数、理、化是一切自然科学的基础理论；但是任何一门自然科学，包括数、理、化在内，都要把马克思主义的辩证唯物主义作为自己的宇宙观，作为自己的哲学基础，这是不相矛盾的。

要懂得经济必须学点哲学，列宁深刻地指出："不钻研和不理解黑格尔的全部逻辑学，就不能完全理解马克思的《资本论》。"❶《资本论》问世100多年来，社会经济发生了巨大变化，要发展马克思主义政治经济学，概括出新的科学结论，同样需要唯物辩证法的指导。只有马克思主义哲学才能给我们提供正确的世界观和方法论，使我们对经济关系有正确的认识手段。

但是同样，如果只研究哲学，不研究政治经济学，如果对社会主义经济过程不做具体的分析研究，不按照客观经济规律办事，而是妄图凭几条哲学格言治天下，解决国民经济中的一切问题，那是必然会碰钉子，损害社会主义建设事业的。我们在中华人民共和国成立以来30年间，吃的空谈哲学格言的苦头还不够吗！

我们还不要忘记，毛泽东说过，世界上的知识只有两大类：自然科学和社会科学，哲学不过是这两门知识的概括和总结❷。从这个意义上说，自然科学和社会科学又成了哲学的基础了。

最后，还必须指出，科学是没有高矮之分的。我们说政治经济学是一切社会科学的基础理论，并不表示政治经济学就比别的

---

❶ 列宁：《哲学笔记》，见《列宁全集》，第38卷，第191页，北京，人民出版社，1959。

❷ 参阅毛泽东：《整顿党的作风》，见《毛泽东选集》，1—4卷合订本，第773—774页，北京，人民出版社，1966。

学科高出了一头，而只是说它是研究其他学科的必修课，或基础知识而已。而哲学虽然是在一切自然科学和社会科学的基础上做出的概括和总结，但是它对一切科学都起着方法论和宇宙观的指导作用。

我们再重复说一句，各门科学只有研究对象的不同、分工的不同，没有高矮之分。

1.16 政治经济学和历史学

"政治经济学本质上是一门历史的科学"❶。那么政治经济学同历史学又有什么区别呢？区别是这样的：政治经济学研究的只是一切社会发展的一般的或基本的规律；而历史学则是根据这些基本规律来研究某一民族（通史）、某一朝代（断代史）、某一行业（专业史）、某一学科（如经济思想史、自然科学史）等的具体历史。

正因为政治经济学是研究社会形态发展的一般规律的，历史学家研究具体的历史必须依据这些规律。所以，我们仅仅从这意义上说，政治经济学是包括历史学在内的一切社会科学的理论基础。但是，政治经济学是从哪里得出社会形态发展的一般规律的呢？如果政治经济学不研究具体的历史过程，能够找到社会发展的基本规律吗？当然不能。在这个意义上说，研究具体历史过程的历史学又是政治经济学的基础了。

马克思研究了以英国为代表的资本主义社会的经济过程、资本主义社会的发生历史以及全部资产阶级政治经济学思想史，才写出了资本主义政治经济学的经典著作《资本论》。他又和恩格斯一起，研究了人类的史前社会，古代希腊、罗马的奴隶社会和

---

❶ 恩格斯：《反杜林论》，见《马克思恩格斯选集》，第3卷，第186页，北京，人民出版社，1972。

欧洲及东方的封建社会，为广义政治经济学奠定了基础。科学社会主义的奠基人对历史科学有广博而深邃的研究。没有这种研究作为基础，不可能产生马克思主义的政治经济学，也不可能产生马克思主义的哲学。而马克思、恩格斯对历史的研究，又是以马克思主义的辩证唯物论和历史唯物论的哲学思想为指导的，或者也可以说是建立在这种哲学思想的基础上的。

1.17 政治经济学与部门经济学

除了政治经济学以外，经济科学中还有工业经济学、农业经济学、贸易经济学、财政学等许多部门经济学，门类繁多。学科不断分化，这是科学进步的一种表现。我们在这方面还有不少空白学科，必须大力填补。

曾经有一种意见认为，政治经济学是对经济现象性质的分析，它的对象是生产关系；而部门经济学是具体分析和研究经济过程中的数量问题，它的对象是生产力。前者是科研部门的任务，后者是业务部门的任务。这种看法值得商榷。我认为，政治经济学是密切联系生产力研究生产关系的一般发展规律，而部门经济学是研究某一经济领域生产关系发展的特殊规律，或者是经济领域同其他领域之间的边缘科学（如技术经济学）。

政治经济学是部门经济学的理论基础，研究部门经济学必须以政治经济学为理论基础。政治经济学应吸取和概括部门经济学的成果。正像哲学研究要同具体科学的研究相结合一样，政治经济学的研究要同部门经济学的研究相结合，才能深入。

1.18 政治经济学和自然科学

任何生产关系总是建立在一定的生产力的基础上的。现代生产广泛运用科学技术的最新成就。质的分析离不开量的分析，而量的分析在经济问题研究中显得特别重要。因此，研究政治经济学必须具备现代科学技术知识，特别是数学知识，才能深入分析经济过程，具体揭示生产关系与生产力相互关系的丰富内容。

懂得数学，不仅是了解现代生产所必需，而且是经济科学本身的现代化、精密化所必需的。和资本主义政治经济学不同，研究社会主义政治经济学，不仅要了解社会经济形态发展的一般规律，而且要探索社会主义经济中的许多具体的宏观问题和微观问题。而要解决社会主义大生产中这些极其错综纷繁的具体经济问题，不借助于高等数学是根本办不到的。比如说，某种产品或某几种产品的价格变动，对于这些产品以及其他产品的生产、销售和财务状况会产生哪些连锁反应；又比如，增加某种产品的生产，对于原材料供应、市场销售、劳动力需求等又会产生哪些连锁反应。对此，都应当有精密的计算。这些，不应用现代数学方法，是难以解决的。可是我国老一代的经济科学研究工作者多数缺乏高等数学的素养，对于现代科学技术所知也不多。因此，必须对新一代经济理论工作者加强这方面的训练。老一代的经济理论工作者，包括我自己，也应当根据不同情况补课。

另一方面，从事技术工作的也必须懂得一些经济学，这样才能在考虑各种措施、技术方案时具有经济眼光，不至于只从技术的新旧上着眼，而不考虑如何取得最大的经济效果。

1.19 政治经济学的方法

《社会主义经济论》所遵循的方法就是《资本论》的方法，也就是辩证唯物论和历史唯物论。这是原则，是作者的愿望，至于在实际上运用这个方法是否运用得好，那就要请读者批判了。

同样，笔者也遵循马克思的教导，使《社会主义经济论》的

叙述方法同研究方法有所区别。马克思《资本论》第1卷第2版跋告诉我们：

"当然，在形式上，叙述方法必须与研究方法不同。研究必须充分地占有材料，分析它的各种发展形式，探寻这些形式的内在联系。只有这项工作完成以后，现实的运动才能适当地叙述出来。这点一旦做到，材料的生命一旦观念地反映出来，呈现在我们面前的就好像是一个先验的结构了。"❶

对于马克思上面这段话，在原则上大家是没有争论的。但是在具体运用于编写社会主义政治经济学的时候，不同意见就出现了。因为我们的研究对象，首先是摆在我们面前的、具体的，包括全民所有制、集体所有制、个体所有制三种经济成分的中国社会主义社会。不用说，我们在研究过程中，还要参考其他社会主义国家的材料，特别是列宁创建的世界上第一个社会主义国家苏联半个多世纪以来的演变经过。所以这是一个够复杂的研究对象。

我们在对这个对象进行考察研究的时候，当然不能把社会主义经济的这三种经济成分割裂开来，孤立地考察、研究其中的一种。我们要在这三种经济的相互关系中来考察和研究这个具体、复杂的综合体。不仅如此，我们还要在这个综合体同全世界其他国家的经济交往中，在它的历史发展中（即社会主义改造以前以至解放以前的历史发展中）来进行研究。如果我们在考察研究的时候，不这样做，那就是脱离了实际。

但是在叙述我们研究结果的时候，我们就必须采取另一种方法，采取马克思所提倡的抽象法。我们不能从具体的总体入手，而必须从这个总体的最本质的细胞形态入手，而把其他非本质的东西暂时放在一旁。因为"具体之所以具体，因为它是许多规定

---

❶ 马克思：《资本论》，第1卷，第23—24页，北京，人民出版社，1975。

的综合，因而是多样性的统一。因此它在思维中表现为综合的过程，表现为结果，而不是表现为起点，虽然它是现实中的起点，因而也是直观和表象的起点"。❶

例如，像我们上面所说的那样，社会主义社会是全民、集体、个体三种所有制的综合体，但是，我们的分析不是先从这三种所有制的相互关联的这个总体入手，而是先从全民所有制分析起。而且在开始分析的时候，不仅把全民所有制经济同其他两种所有制经济的相互关系舍弃掉了，而且把社会主义时期按劳分配的关系也舍弃掉了。于是批判者就说了：不从现实的社会主义社会的三种所有制出发，而是从未来的共产主义社会的单一的全民所有制出发——这种研究方法是典型的脱离实际的研究方法。

不错，没有不同的所有制（单一的全民所有制），没有按劳分配的限制，那就不是现实存在的社会主义社会，而是未来的共产主义社会了。但是谁也不能否认，全民所有制经济是社会主义社会的领导成分。而单一的全民所有制经济也是我们所追求的理想社会。按劳分配不过是我们到达理想的共产主义社会途中的过渡阶段，虽然这是必不可少的一个过渡阶段。既然如此，我们在考察、研究这个具体的、存在有多种所有制的社会主义社会的时候，先把这个既是当前的领导成分，又是我们理想的社会经济形态——全民所有制生产关系分析清楚。然后，我们再进一步来分析这个被我们原先放在纯粹形态中进行分析的全民所有制生产关系，在处于多种所有制的相互关系中，在社会主义按劳分配阶段中，它又呈现出一些什么样的变化。

我们所担心的倒不是在分析中把这个全民所有制的生产关系太抽象化了，而是担心抽象得不够。就是说，没有把它原有的最本质的东西分析出来，从而也就不能把它同其他所有制的相互关

---

❶ 马克思：《〈政治经济学批判〉导言》，见《马克思恩格斯选集》，第2卷，第103页，北京，人民出版社，1972。

系以及按劳分配制度给它的限制观察清楚。

在政治经济学的方法论问题上，除了上面讨论的抽象法问题以外，还有一个叙述的次序问题。在20世纪50年代末，我们开始编写《社会主义经济论》的时候，大多数同志主张社会主义政治经济学仍然应该按照客观经济过程来编写，即先分析直接生产过程，然后分析流通过程，最后分析社会生产总过程。我们把这种方法称作"过程法"。也就是马克思《资本论》的编写次序。但是在当时有人认为，沿用《资本论》的叙述方法就是把社会主义经济混同于资本主义经济。于是有同志提出按部门来编写社会主义政治经济学，即按农业、轻工业、重工业、商业等次序来编写。最早参与《社会主义经济论》编写工作的同志认为，如果按照部门来编写，势必前后重复。因为尽管由于部门不同，生产、交换和分配的产品使用价值也不同；但是从生产关系的角度来看，在本质上，问题是相同的。因此我们始终坚持仍然按照直接生产过程、流通过程、全社会的总生产过程这样三大编来表达我们对社会主义经济的研究结果。

现在，社会主义政治经济学要按客观经济过程来分编编写的意见，似乎已经比较普遍地被接受了。但是，打开每一编的内容来看，往往仍然是从规律到规律，从政策到政策，从原则到原则。不过，这些规律、原则和政策是按照直接生产过程、交换过程、全社会的总生产过程这样三大编分别排列而已。正如恩格斯所说的那样，"原则不是研究的出发点，而是它的最终结果"[1]。规律和政策也是如此。因此，我们仍然遵循马克思的教导，从经济形态的细胞——产品和商品分析起。马克思在《资本论》第1卷初版序言中说："分析经济形式，既不能用显微镜，也不能用化学试剂。二者都必须用抽象力来代替。而对资产阶级社会说

---

[1] 恩格斯：《反杜林论》，见《马克思恩格斯选集》，第3卷，第74页，北京，人民出版社，1972。

来，劳动产品的商品形式，或者商品的价值形式，就是经济的细胞形式。在浅薄的人看来，分析这种形式好像是斤斤于一些琐事。这的确是琐事，但这是显微镜下的解剖所要做的那种琐事。"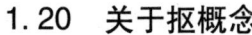

于是批判者说了：马克思上面这段话明明是说的资本主义社会的经济的细胞形态，你把产品和商品也当做社会主义社会的经济的细胞形态，那岂不是混淆了两种不同的社会经济形态了吗！

关于这个问题，我们留在下面第一章来详细说明。

1.20 关于抠概念

自从40年代的反教条主义整风运动以来，"抠概念""从概念到概念"被当作教条主义的代名词而加以贬斥和讨伐。但是概念不清，能搞好学问吗？没有"从概念到概念"，那能有逻辑推理？我们不能笼而统之地反对"抠概念"，反对"从概念到概念"。问题的关键在于我们所用的概念是不是科学地准确地反映了客观事物的本质。首先要搞清楚，我们所使用的概念是唯心主义的、以主观想象为基础的概念，还是唯物主义的、正确反映客观存在的概念。为了搞清这个问题，还得认真地抠一下概念。对于政治经济学这样一门科学，也像对于哲学一样，抠概念特别重要。因为，如果说哲学是研究自然界和人类社会一切事物的最一般的，同时也是最本质的学科，那么，政治经济学是研究人类经济活动的最一般最本质的学科。正因为这样，所以政治经济学也叫理论经济学或抽象经济学，以别于研究具体经济问题的部门经济学或具体经济学。

长期的反对"抠概念"，贬斥"从概念到概念"，发展到"文

① 马克思：《资本论》，第1卷，第8页，北京，人民出版社，1975。

化大革命"时期，就造成了极端的概念混乱和黑白颠倒，把理论上许多最起码的常识问题也搞混乱了。自从揪出"四人帮"以后，被他们颠倒了的某些是非观点重新颠倒过来了（例如，对于张春桥的《破除资产阶级的法权思想》的批判，对于康生批判"唯生产力论"的批判，等等）。但是，还有许多经济学概念至今仍然混淆不清，其中不少是"文化大革命"之前就已经混淆不清的。

例如，因为讳言利润而把利润或收入一律当作积累；把老本（折旧）当作收入；把配给制当作计划分配，甚至当作按需分配；把社会主义的商品、货币、利润混同于资本主义的商品、货币、利润；把基本建设混同于扩大再生产（由于这种混淆，老厂房屋、设备的更新受到了严格限制）；把盲目建设和盲目生产称作重复建设和重复生产，好像每一种产品全国只能建设一个厂，只允许一个厂独家经营，产品只能生产一次。至于如何区分社会主义社会的价值、价格、生产价格等概念范畴和资本主义社会中的同名称概念范畴，更是我们要在正文中详细研究探讨的，不在这里多说了。

我还想在《导言》中补充说一下的是，由于长期反对"抠概念""从概念到概念"，不仅在政治经济学、哲学和其他社会科学中存在概念混淆的情况，在我们日常语言中也存在许多概念不清、用词不当的情况。本来，任何一个民族的语言都是人民大众所创造、经过专家提炼而逐步完善的。人民大众在日常交往中，不断创造出不少新的用语或概念，其中也有一些是不值得提倡的糟粕，必须经过人民大众，特别是文学家和语言学家的不断加工，排除糟粕，把其中的精华吸收到本民族的语言中来。解放后，我们的语言学家和文学家在这方面做过不少工作。在"文化大革命"以前，《中国语文》杂志有专栏评论报刊上用词不当、语法不通的词句。文学评论家在这方面也做了不少工作。例如，诗人张光年1961年在《关于戏剧语言的杂感》一文中就说过,"把生僻的方言、俚语不加挑选地写到剧本里是不足为法的;为了猎奇把类似'搞对象''耍态度'这些劳动人民的语言糟粕拿到舞台上去推广是应当避免的"。

但是语言学家和文学家的这些可贵的工作,在"文化大革命"中却遭受到了林彪、陈伯达、张春桥等人的全面否定。林彪胡说什么"文法呀,措辞呀","我没有那个精力去推敲"❶。陈伯达叫嚣"中国人怎么还学中国语言"。而他自己却结结巴巴地说不了普通话,讲话要让别人"翻译"(笔者的普通话也说不好,文章也不精炼,不生动活泼,但是笔者是很赞成学点语言学,学点文法和修辞的)。张春桥则说:"讲究语法的文章,语法上是通了,但文章没人要看了。语法学家是从来写不出好文章的。"❷ 好像他的文章很通,很受读者欢迎似的。在这批蒙昧主义者的毒害下,在"文化大革命"期间毕业的中小学生,文理不通、用词不当、概念混乱成了普遍现象。因此,我们社会科学各学科的理论工作者不仅应当抠一下社会科学的概念,而且应该关心一下语言的规范化。

最近商务印书馆总编辑陈原在一次报告中提出了"排除语言污染、净化祖国语言"的号召,❸ 这个号召非常及时。

其实,现在我们的语言和文章不仅如张光年所说的那样,不加选择地吸收了一些劳动人民的语言糟粕,而且我们的文人、学者自己也制造了不少混乱不清的概念、名词,污染人民大众的语言。

例如,质和量,本来是哲学上的两个不同的范畴、概念。量

---

❶《语法·修辞·逻辑》,第2分册,《修辞》试用本,第9页,上海人民出版社,1975。
❷《语文学习丛刊》,1978年,第1期,第88页。
❸《光明日报》,1980年12月30日,第2版。

变引起了质变，而质变又促成了量变。这就是哲学上所说的质和量的相互转化。可见质和量是两码事。据我记忆所及，20世纪20年代初，翻译家们因为质和量这两个单音节词读不响亮，于是改成了"质量"和"数量"这两个双音节词。"数量"这个词，意义很明确；但是"质量"这个词，问题就多了。

首先，"质和量"既然是两个不同的范畴、概念，现在合成了一个词，那么到底指的是"质"还是"量"，或者是指"质"和"量"的互变呢？1979年我们国家为了改进产品的质，搞了一个"质量月"运动。事有凑巧，日本在这时候为了改善产品的质，也搞了一个"品质月"活动。因此，当我们的一个访日经济考察团同日本企业家交换"质量月"和"品质月"的经验的时候，日方就指出了"质量月"这个词的不恰当处。中国人的中国语言要由外国人来指正，这也就是否定"抠概念"（或"抠字眼"）得到的报应。

其次，在自然科学中，"质量"这个词是别有一个专门内容的，翻开任何一本辞书，在"质量"这个词条下会告诉我们：这是指量度物体惯性大小的物理量，它的值需要用一个相当复杂的公式来表达。

但是，现在"质量"这个词已经被工农大众广泛使用，甚至在集市上，也可以经常听到买卖双方在指责或夸耀某件商品的"质量"如何如何。在过去，工农大众是不这么说的。他们是说某件商品的质地或品质如何如何。"品质"和"质地"比"质量"精确多了。从这个事例看来，是翻译家、著作家的语言糟粕污染了人民大众的语言。

文人、学者们的概念不清、用字不当影响了人民大众语言的纯洁性的另一个例子，就是"爱人"这个词。据我的记忆所及，"爱人"一词最初出现，是在"五四"以后的进步知识分子中，特别是青年中间。但是最初仅仅是指还在谈恋爱过程中的男女双方，即所谓"情侣"，即现在所说的男朋友和女朋友。可是不久，"爱人"这个词便用来代替"丈夫"和"妻子"这两个词了。于是由原来一个阳性名词和一个阴性名词变成为一个中性名词，"夫妻吵架"可以说成是"两个爱人吵架"了。然而，我们不是用"最可爱的人"来称呼抗美援朝和对越自卫反击战中的解放军战士的吗！怎么把他们同"丈夫"和"妻子"混在一个概念中去了呢！

日常语言中概念混淆的另一个例子，是把"自豪"说成是"骄傲"。"骄傲"是一个贬义词，"自豪"才是褒义词。毛泽东说过，中国共产党历史上几次骄傲招致了几次失败。现在看来，"文化大革命"是其中最惨重的一次（但愿也是最后的一次）。但是，解放以来，却常听到诸如"党和国家的骄傲"，"民族的骄傲"，或"某某人的骄傲"这样的颂词。始作俑者好像又是我们的翻译家，最初出现在外事场合外宾的祝词中。他们常以"你们党和国家可以引以为豪"这类话来赞扬我们的成就。翻译家常把"自豪"翻译成"骄傲"。后来我们自己也这样说了。记得20世纪50年代曾经有一位精通汉语的外宾就对我说过：你们毛主席不是要大家戒骄戒躁吗？你们怎么又骄傲起来了呢？可是近年来报刊文章甚至正式文件中以骄傲代替自豪的话越来越多了，甚至名家文章也这样写了。幸好这种说法还只限于文字上，口语中还不多见，所以工农大众还没有学会以"骄傲"为"自豪"。

我们在上面说过，语言是亿万人民大众创造的。根据"约定俗成"这个原则，一个词既然被群众接受了，我们就得承认它，把新的含义加进去。但是语言学家、文学家以及一切著作家，对于群众中已经流行的、属于糟粕一类的、含义不清甚至概念混淆的"词"，还应该有一个提倡和不提倡的分别。希望我们一切著作家，特别是文学家（因为他们的影响最大）尽量避免这些概念不清的字眼。为此，更希望我们的语文杂志恢复《文章病院》一类的专栏，给这些有问题的词和句治治病（当然我们不是为了去挖苦讥讽中小学生、青年们的文章，这是为鲁迅先生所反对过的。我们也不应该提倡这样做），让我们的民族语言不仅更丰富多彩，而且更规范化。

笔者用了这么多的笔墨来讲"抠概念"的问题，除了想在学术界提倡一下"抠概念"的风气，对于长期以来对"抠概念""从概念到概念"的批判表示一些看法以外，在这里还想表示一点希望，那就是：为了我们政治经济学这门学科的前进，更为了我们这些参加这部稿子编写工作的全体同志的进步，我们热烈希望得到读者的批判意见。但是由于笔者对许多常用的政治经济学概念的解说，跟许多经济学者的解说不尽相同，所以希望读者以我们所用的概念的含义来评价我们的全书。至于我们所给予这些概念的含义是否精确，是否站得住脚，那当然是可以批判的。

第一编　生产过程

孙冶方

2 产品和商品

2.1 社会主义政治经济学可否像马克思从商品出发写《资本论》那样，从产品和商品讲起

这是一个长期争论的问题。早在20世纪50年代末、60年代初，我曾提出从产品和商品出发写社会主义政治经济学。

有些同志反对我的看法，认为这是"生搬硬套"。他们说，资本主义社会是拜物主义社会，人与人的关系变成了物与物的关系，因此要通过对商品的分析来解剖人与人之间的关系；社会主义社会的生产关系是人们自觉安排的，它没有物的掩盖，明朗得像水晶一样，因此不必拐弯抹角地通过对产品和商品的分析来研究生产关系，而应当从所有制开始来研究生产关系。还有些同志认为，从产品和商品分析起会淹没阶级斗争，因而是不可取的。

这些反对意见是相当普遍的。但是，"普遍"的未必就正确。

2.2 马克思《资本论》如何从商品开始研究资本主义经济

为便于说明起见，不妨暂时把社会主义政治经济学为何要从产品和商品分析开始的问题放在一边，而先来讨论马克思到底为何、如何从商品开始分析资本主义生产方式的。

有些同志以"资本主义社会是拜物主义社会，人与人的关系变成了物与物的关系"为根据，解释《资本论》为什么从商品分析起，这不仅把资本主义社会的拜物教只看成是主观认识问题，而且看不到人与人的关系异化为物与物的关系后反过来又统治和支配着人。拜物主义不是认识问题，而是一定经济关系的反映。马克思之所以从商品开始写《资本论》，主要不是由于拜物教，而是由于以下理由：

列宁说："马克思在《资本论》中首先分析资产阶级社会（商品社会）里最简单、最普通、最基本、最常见、最平凡、碰到过亿万次的关系——商品交换。这一分析从这个最简单的现象中（从资产阶级社会的这个'细胞'中）揭示出现代社会的一切矛盾（或一切矛盾的胚芽）。往后的叙述向我们表明这些矛盾和这个社会的发展，在这个社会的各个部分总和中的、从这个社会的开始到终结的发展（既是生长又是运动）。"❶

马克思把对立统一法则用到分析资本主义经济时，他看出这一社会的基本矛盾在于生产的社会性和占有的私人性之间的矛盾。这个矛盾表现于在个别企业中的有组织性和在社会中的生产的无组织性之间的矛盾，这个矛盾的阶级表现则是资产阶级和无产阶级之间的矛盾。但如果不从商品出发，不分析商品二重性的矛盾运动、劳动二重性的矛盾运动、私人劳动和社会劳动的矛盾运动，以及商品相对价值形态和等价形态的矛盾运动等，就不会了解货币的产生及其本质，从而，也就不能分析货币如何转化为资本，劳动力如何转化为商品，剩余价值怎样生产，资本怎样积累，以及剩余价值如何实现、如何分配，等等。这样，当然也就不能很好地分析和阐述资本主义社会基本矛盾的发展和表现。总之，不从商品出发去分析，就不会把资本主义经济关系产生、发

---

❶ 列宁：《谈谈辩证法问题》，见《列宁选集》，中文2版，第2卷，第712—713页，北京，人民出版社，1972。

展和灭亡的辩证关系从理论上分析清楚、表述明白，就不会揭示出资本主义社会整个矛盾运动的规律性。

《资本论》的体系非常完整，逻辑十分严密，其范畴的依次出现和排列都是一环扣一环、由简单到复杂、由低级到高级、由抽象到具体的。只有理解这一点，才能理解从商品出发写《资本论》的方法论意义。

2.3 商品矛盾的历史发展

这一节着重从历史过程角度阐明政治经济学中诸范畴的联系。

马克思的《资本论》，是逻辑过程和历史过程统一的典范。恩格斯说，"历史从哪里开始，思想进程也应当从哪里开始"。❶

任何经济现象都是历史的现象，任何经济范畴都是历史的范畴。从历史发展看，资本主义经济关系本来就表现为一个由低级到高级、由简单到复杂的过程。既然是过程，当然就表现为有先、有后，有产生、发展和灭亡，因此，从理论逻辑上看，也就必然表现为一个同客观历史相符合的、由简单到复杂的抽象思维过程。

价值形态的发展过程反映了社会历史的发展过程。从考察简单价值形态—扩大价值形态——一般价值形态—货币价值形态的整个发展看，这不仅是理论上的逻辑思维过程，而且也反映着一定的历史发展过程。简单价值形态反映的是原始公社末期商品交换还只是偶然发生时的情况；扩大价值形态反映的是原始社会末期第一次社会大分工以后商品交换比较频繁时的情况；一般价值形态和货币形态则反映第二次社会大分工以后，有人专门从事为了

---

❶ 恩格斯：《卡尔·马克思〈政治经济学批判〉》，见《马克思恩格斯选集》，第 2 卷，第 122 页，北京，人民出版社，1972。

交换的商品生产，商品交换日益扩大和发展的情况。列宁说，马克思在分析了生产商品的劳动二重性以后，"就进而分析价值形式和货币"，"研究货币形式的起源，研究交换发展的历史过程，从简单个别的偶然的交换行为起"，"直到一般价值形式……以至货币的价值形式"。这样就既讲了货币的产生，又讲了货币的实质。马克思还"分析了货币的各种职能"。并指出，"这里所做的抽象的、有时好像是纯粹演绎式的叙述，实际上是再现了交换和商品生产发展史的大量实际材料。货币是以商品交换的一定发展高度为前提的，货币的各种形式——如单纯的商品等价物，或者流通手段，或者支付手段，贮藏货币或世界货币——按着其中这种或那种职能的不同作用范围和相对占优势的情况，表示着社会生产过程的极不相同的发展阶段"。

总之，马克思分析商品矛盾的发展，完全体现了逻辑过程和历史过程的一致。

因此，一个有趣的问题是，商品在社会主义改造完成、私有制变成公有制后，是不是消失了，变成"产品"了？下面的叙述要回答这个问题。

2.4 社会主义政治经济学能否从产品和商品分析起

在以上分析了《资本论》为何、如何从商品分析开始之后，现在就回过头来看看社会主义政治经济学能不能从产品和商品分析开始？

首先，来分析反对者所谓"消除了商品拜物教"的理由能否成立。

固然，社会主义的生产关系是人们自觉安排的，但由于人们对客观经济过程、经济现象、经济规律的认识难免有误差、片面之处，所以，自觉安排不一定都符合客观实际。再说在社会主经济关系中，也有各种各样的人民内部的矛盾，也有个人利益、集体利益和国家利益（全民）之间的矛盾，而这些矛盾的认识与解决也都是相当复杂的，因此说，社会主义的经济关系像水晶一样明朗，一目了然，那是不对的，站不住脚的。

其次，再看社会主义政治经济学能不能从所有制开始。值得注意的是：

（1）"所有制"这个概念本来就是生产关系的法律用语。它既可以作为上层建筑理解，又可以作为经济关系理解。这种概念的含混性表明，从"所有制"开始写社会主义政治经济学是很容易造成混乱的。

（2）退一步说，即使"所有制"被当作经济关系来理解，又因为所有制是整个生产关系的概括和总和，而不是经济关系的简单元素或细胞，所以，把它作为社会主义政治经济学的出发点，也很不合适。

由此可见，从所有制开始写社会主义政治经济学是没有什么道理的。

再次，社会主义政治经济学为什么从分析产品和商品开始？按照抽象法的要求，我们的研究是从纯粹社会主义经济关系入手的。按照马克思的设想，纯粹社会主义社会是社会化大生产，是有计划的社会主义经济，而不是商品经济。因此，对于它的研究不能"生搬硬套"《资本论》以商品为出发点。但是，反对"生搬硬套"不等于反对《资本论》出发点所体现的方法论。相反，我们倒是要很好地学习这种方法论，学习《资本论》的逻辑方法。只有这样，才能更好地确定社会主义政治经济学的出发点。

实际上，《资本论》的出发点所体现的方法论，在确定社会主义政治经济学从何开始时，仍然是适用的。因为方法论具有普遍的意义。从逻辑、辩证法和唯物主义认识论看，从逻辑与历史相结合的方法看，社会主义政治经济学应该而且必须从分析社会主义产品和商品开始。

（1）研究社会主义政治经济学，也要坚持唯物主义认识论，从最基本的实际出发，而这个最基本的实际正是社会主义的产品和商品。社会主义产品和商品是社会主义物质财富最一般、最常见、最普遍的存在形式，是千百万人天天都看得见、用得着的。因此，社会主义政治经济学应当从社会主义产品和商品这个最基本的实际出发来研究。

（2）研究社会主义政治经济学也应按照社会主义经济关系各个方面、各个部分、各个现象相互关系的层次、顺序即本来的辩证关系，由相应的概念、范畴组成严密的逻辑体系。就像经济关系本身是由个别到一般、由低级到高级、由简单到复杂的发展和变化一样，社会主义政治经济学的概念和范畴，也应当由个别到一般，由低级到高级，由简单到复杂。为此，就应当从社会主义经济关系最基本的元素或细胞出发去研究。毫无疑问，这样的元素形式或细胞，也正是社会主义的产品和商品。

从社会主义产品和商品开始分析，就势必要逻辑地分析使用价值和价值，并进而分析具体劳动和抽象劳动，个别劳动、局部劳动和社会劳动。由此分析，人们将会看到"最小最大"（即最小的劳动消耗取得最大的有用效果，下同）的矛盾运动将如何调节社会主义经济的发展，将怎样反映社会主义条件下生产力与生产关系的矛盾运动，经济基础与上层建筑的矛盾运动，等等。总而言之，从产品和商品开始分析，就可以从理论上把社会主义政治经济学诸范畴和概念，恰当而合理地组成一个完整的、一环扣一环的、由低级到高级、由简单到复杂、由抽象到具体的严密逻辑体系。

（3）社会主义政治经济学也应当做到逻辑过程与历史发展过程相一致。历史从什么地方开始，思路也应当从什么地方开始这个道理，对社会主义政治经济学也是适用的。在资本主义社会，商品经济发展到最高阶段,但同时,商品经济的这种发展又包含着自身的否定。资本主义的商品已不是小生产者生产的产品,而是由人数众多的雇佣劳动者在大机器和社会分工、协作的基础上生产出来的产品。它已经是社会化地生产出来的产品。但它却采取了私人占有的商品形式。随着资本主义基本矛盾的发展,无产阶级必然要进行社会主义革命,资本家这个剥夺者必将被剥夺。从而,资本主义的商品就必然逐步还原为社会主义产品。(当然,在还原过程中,即使是社会主义全民所有制的产品,也还带有一定的商品性)由此可见,社会主义产品和商品就不能不成为社会主义经济关系最一般、最明显的标志和起点。从而,社会主义政治经济学从这个历史的起点来开始研究,就是顺理成章的。

2 产品和商品

社会主义产品代表着社会主义全民所有制内部的经济关系的本质,也是代表着未来的经济关系,我们应该从这里开始来研究社会主义政治经济学。社会主义政治经济学从产品和商品开始研究,就是从生产过程来开始研究。这样,也才能进而分析研究社会主义产品和商品的流通、分配和消费,从而也才能更好地从理论上把握社会主义经济关系的实质和运动规律。

反之,如果社会主义政治经济学不从产品和商品开始研究,而从所有制开始研究,那实际上就是否认从客观的生产过程来研究社会主义生产关系,就是否认用马克思主义的逻辑、辩证法和唯物主义认识论这三者统一的方法,以及用逻辑与历史相一致的方法来研究社会主义的生产关系,就难免犯主观唯心论的错误。

当然,在研究进程中,先研究纯粹的社会主义产品,并不是"逃避"现实,不去研究社会主义社会中的商品。相反,这倒是为了更好地研究社会主义的商品。事实上,一旦我们搞清了纯粹社会主义产品后,就有助于和更深入地研究社会主义商品。

2.5 商品和产品的区别

为了说明社会主义产品的特点，必须先从一般意义上区别什么是商品，什么是产品。是产品还是商品，不能从作为一个使用价值的产品或商品本身看出来，而只能从产品或商品的交换关系中看出来。商品交换的特点是：

（1）私有性。就是说，进入交换的产品是或多或少互相分离的生产者之间，即私人生产者或不同所有者之间进行交换的产品。当然，这种交换必须以物品的使用价值不同为前提，从而必须以交换者之间的社会分工为前提。否则，交换便不能成立。商品交换必然有商品所有权的转移。

（2）无计划性。在私人生产者之间或不同所有者之间，各自的出发点都是自己的利益，彼此不能了解对方的需要并有计划地进行生产和交换，而只能间接地通过市场供求变化，去了解相互的需要，并进行盲目的生产和交换。这样，生产和交换就不能不受竞争和无政府状态等规律的支配，受市场自发势力的规律所支配。

这就是商品区别于产品的两个基本特点。凡具备以上两点的物质产品就是商品；反之就不是商品而是产品。

有些同志认为，商品交换不存在所有权的相互转移，其理由是：商品交换是等价交换，交换双方都没有损失它们的价值。其实，这是对商品交换中所有权互相转移的含义的误解。商品所有权转移，本来就只是指具有特定使用价值的商品的所有权互相转移，而根本不是指商品价值有什么转移。正因为如此，黑格尔早就称这是在保持双方权利的条件下将所有权由一方转移至他方。

关于商品交换有所有权转移的问题，马克思也早就讲过，在这种关系中，商品所有者只是由于让出自己的劳动产品，才占有别人的劳动产品。

有些同志认为，有产品交换就有商品，其根据是马克思、恩格斯在某些场合讲过，进入交换的产品就是商品。其实，这也是误解了马克思、恩格斯的话，因为马克思、恩格斯在讲进入交换的产品是商品时，总是以私有制或不同所有制为基础，以不同所有制之间有社会分工为前提。特别是，上述论点抹杀了商品的历史性，与历史的事实不符合。这是因为，从人类历史看，在共同占有生产资料并共同劳动的情况下，只要有社会分工存在，人们就仍然要交换活劳动，并且这种交换也要表现为实现人类物质变换的产品交换。但是，因为不存在产品的不同所有者，交换的产品也就不是商品。

只要存在社会分工，就有商品，这是又一些同志的看法。这种观点所说的"分工"，如果是指旧的社会分工，那就与我所说的商品的特点并不矛盾。旧的社会分工就是把人终生固定于某种职业上的劳动分工，而这样的分工是和私有制分不开的。马克思、恩格斯说过："其实，分工（旧的分工——引者）和私有制是两个同义语，讲的是同一件事情，一个是就活动而言，另一个是就活动的产品而言。"❶ 但是，如果认为在有着非固定社会分工的条件下还会有商品，那就成问题了。因为，即使在未来共产主义社会，对个人来说也还有非固定的社会分工，但却不会因此而就有商品。

总之，区别产品与商品的标志只能是上述那两条，而不能是其他。

纯粹的社会主义产品，不具有商品所固有的那两个特点，当然也就不是商品。同时，既然它不是商品，当然就更不会是资本主义的商品。

---

❶ 马克思、恩格斯：《德意志意识形态》，见《马克思恩格斯全集》，第3卷，第37页，北京，人民出版社，1960。

共产主义社会不存在商品生产和商品交换，这是马克思、恩格斯明确讲过的。社会主义社会的情况是怎样的呢？我认为，应当从社会主义社会的几种交换关系中来辨别产品和商品。

马克思说："商品只有在它们是同一个社会单位的，即人类劳动的体现时，才具有价值，所以它们的价值是带有纯粹的社会的性质的；只要我们记住了这些，那么我们自然就会明白，价值也只有在一个商品同另一个商品的社会关系中才能表现出来。"❶

2.6 社会主义全民所有制企业之间的交换本质上是产品交换

如果我们同意所有权的转移是商品交换的基础，那么就应当承认，全民所有制企业之间的经济往来，本质上已经不是商品交换了，虽然这种交换在形式上还很像商品—货币—商品的公式。因为全民所有制企业都属于一个所有者，属于全体人民，属于整个社会，它们之间的交换基本上不引起所有权的转移。因而它们之间的往来基本上不是根据商品流通的原则，而是根据产品流通的原则。与此同时，也要承认，社会主义全民所有制企业之间的交换，其交换条件和价格高低，同企业和职工的经济利益有一定联系，因此还保留着一定的商品交换的性质。

全民所有制企业之间交换的产品，不是原始氏族公社的产品，也不是封建经济和个体经济中自产自用的产品即自然经济的产品，而是社会主义的社会化大生产的产品。社会主义产品所体现的经济关系，同自然经济的产品所体现的经济关系，是有本质不同的。从历史上看，产品转化为商品是第一个否定，而商品转化为产品则是第二个否定，是否定之否定。否定之否定并不是简

---

❶ 这是作者从 1952 年俄文版转译的，参阅《资本论》，第 1 卷，第 61 页，北京，人民出版社，1975。

单循环，而是螺旋式的上升和发展。因此，社会主义产品，不是原原本本地回复到自然经济的产品，回复到低级阶段的产品。如果说它与低级阶段上的产品有着某些相同之处，那也只是在高级阶段上重复低级阶段的某些特征、特性。以下的分析，将会明显地看到这个特点。

由于社会主义产品不是自然经济的产物，而是大规模、细分工的社会劳动的产物，它就必然地具有使用价值和价值的双重性质。

2.7 社会主义产品的两因素：使用价值和价值

社会主义全民所有制经济的产品，仍然是使用价值和价值的统一。这和商品没有什么不同。与此同时，在社会主义生产关系下，产品的使用价值和价值又具有区别于商品的使用价值和价值的特点。

在任何社会，人类进行生产，都是为了取得能够满足自己需要的物质资料，取得使用价值。但是，社会主义产品并不只具有使用价值。只有对人类有用的天然物才只具有使用价值，而人是不能光靠天然物生存的。人类靠劳动进行物质变换，取得适合于自己需要的使用价值。既然耗费了劳动，花了代价，就不能不计算代价的大小，核算社会必要劳动耗费。物化在产品中的社会必要劳动，就是价值。

社会主义产品是否具有价值的属性，是一个长期有争论的问题。有的同志根据恩格斯在《反杜林论》中关于生产资料归社会公有以后产品中包含的社会劳动量不再迂回地表现为价值的论述，认为全民所有制经济内部不再保留价值概念。其实这是一种误解。马克思主义经典作家说那时劳动不再迂回地"表现为价值"，指的是不存在交换价值，而不是说不再存在"价值"这个范畴。相反,恩格斯在《政治经济学批判大纲》和《反杜林论》中都讲到,私有制消灭以后"价值概念所余留的东西""价值这个概念用于解决生产问题",等等。马克思也指出,在资本主义生产方式消灭以后,价值决定对劳动时间的调节和社会劳动在各类不同生产之间的分配,仍起支配作用。为了进行企业经营活动的核算和实现地区之间、部门之间的平衡发展,在全民所有制企业之间、部门之间以及地区之间,必须进行等价交换,否则就会使各单位、各部门、各地区生产中的实际劳动消耗得不到准确的反映。

有的同志同意本书作者对于社会主义条件下产品的社会必要劳动的分析,但是认为,不必把它叫作价值。我以为,如果对问题的实际内容有一致的认识,把它叫作什么确是一个相对次要的问题。但是,我仍然认为把它叫作价值更加准确和科学。社会必要劳动量所谓"必要",是指生产一定使用价值的必要。劳动耗费不能脱离一定的使用价值来分析。价值的概念准确地反映了劳动耗费和使用价值的这种关系。正如恩格斯所说,"价值是生产费用对效用的关系"。❶

社会主义产品的使用价值和价值区别于商品的特点是:无论在简单商品生产还是资本主义商品生产的条件下,着眼点都是价值,而不是使用价值;生产使用价值,只是达到目的的手段。商品的使用价值是它的交换价值的前提,从而也是它的价值的前提。而在共同生产的条件下,情况发生了根本变化。社会主义生产的目的是满足全体劳动者的需要,所以,生产尽可能多和尽可能好的使用价值才是生产的直接目的。只是为了达到这个目的,需要对社会必要劳动进行国民经济的核算和平衡,这就是说,核算价值是达到社会主义生产目的的必要手段。

---

❶ 恩格斯:《政治经济学批判大纲》,见《马克思恩格斯全集》,第1卷,第605页,北京,人民出版社,1956。

只承认社会主义全民所有制企业的产品具有使用价值的属性，而不承认它具有价值的属性，是一种自然经济的观点。这种观点使某些经济学著作只讲技术关系、物量关系，不讲经济关系、社会关系。

这种观点在实际工作中的重要表现，是在很长时期中着重抓了"总产值"这个表现生产成果的物量指标，而不着重于分析价值的内容，不着重于分析如何以社会必要劳动量的计算来提高劳动生产率，以达到增加物质财富的最后目的。

刘少奇同志曾经说过，不仅国家与农民、工业与农业之间要讲等价交换，轻工业和重工业之间、各个地区之间也要讲等价交换。他举了沈阳和上海之间的交换的例子，指出如果轻、重工业的价格高低不平，在它们之间交换中就会有的吃亏，有的占便宜。就拿苏南与淮南、淮北的交换来说，苏南拿出来的是轻工业品，安徽拿出来的是煤，如果二者不等价，两个地区之间的经济关系难以摆平。

而且，如果不讲社会必要劳动，不讲价值，就无法搞好国民经济的综合平衡。过去，有人主张国民经济平衡是使用价值的平衡。这就是说，根据发一度电要消耗多少煤，炼一吨铁要消耗多少焦炭，一吨钢可以轧多少钢轨等技术定额，和建立在以上这类技术定额基础上的部门间的实物比例，来组织国民经济的平衡。过去从苏联搬来的计划就是这么干的，这是地地道道的技术经济学。综合平衡归根到底是劳动（包括活劳动和物化劳动）的平衡。如果没有价值量的平衡，综合平衡只能是一句空话。

2.8 生产产品的劳动的二重性：具体劳动和抽象劳动

自然经济论者不承认社会主义和共产主义社会有价值，也就不承认有抽象劳动。也有人说，抽象劳动在社会主义和共产主义社会只是一个生理学上的概念。其实，抽象和具体是矛盾统一体的不可分割的两面，无抽象也就无所谓具体。在社会主义和共产主义社会化大生产中，专业化是高度发展的，生产部门很多，各种各样的具体劳动更多。比较消耗和效果，严格经济核算，评价经济效果，都要通过把具体劳动转化为抽象劳动进行。不比较就没有经济，共产主义社会也不能吃大锅饭。

马克思说，"最一般的抽象总只是产生在最丰富的具体的发展的地方"，"对任何种类劳动的同样看待，适合于这样一种社会形式，在这种社会形式中，个人很容易从一种劳动转到另一种劳动，一定种类的劳动对他们说来是偶然的，因而是无差别的。这里，劳动不仅在范畴上，而且在现实中都是创造财富一般的手段，它不再是在一种特殊性上同个人结合在一起的规定了。在资产阶级社会的最现代的存在形式——美国，这种情况最为发达。所以，在这里，'劳动''劳动一般'、直截了当的劳动这个范畴的抽象，这个现代经济学的起点，才成为实际真实的东西"。❶

马克思这段话，对社会主义经济更为适用。社会主义生产是社会化程度更高的生产，它更是以一个十分发达的实在劳动种类的总体为前提的。社会主义实行计划经济，在国家计划的综合平衡表上，各行各业千万种活劳动和物化劳动的差别都消灭了；或在一定条件下，在劳动的可转移性和可交流性中，这些差异都消失了。

不承认抽象劳动也就是不承认劳动的可比性和互相代替性。具体劳动是不可比的。不但今天还存在劳动的社会差别时不可比，就是到了共产主义社会也不可比。只有还原为抽象劳动，才是可比的，从而才能评价经济活动的效果。共产主义社会也不能用劳动的自然尺度作为比较的标准。那时，劳动还要转化为社会

---

❶ 马克思：《〈政治经济学批判〉导言》，见《马克思恩格斯选集》，第2卷，第107页，北京，人民出版社，1972。

必要劳动，转化为价值，才能进行经济核算，使每个基层生产单位能够有正常的资金补偿。劳动的自然尺度不可能成为评价经济效果的标准。

否定抽象劳动，就是否定关于共性和个性关系的一般原理。马克思在《〈政治经济学批判〉导言》中，一方面指出："说到生产，总是指在一定社会发展阶段上的生产——社会个人的生产。"❶ 同时又指出："生产的一切时代有某些共同标志，共同规定。生产一般是一个抽象，但是只要它真正把共同点提出来，定下来，免得我们重复，它就是一个合理的抽象。"❷ 马克思在《政治经济学批判大纲（草稿）》第 1 分册的开头，也分析了"生产一般和分配一般"，指出："不管在不同的社会发展阶段上分配方式如何不同，一定同样可以也像在生产上那样，举出一些共同的规定，而且同样可以把一切历史的差别融合并归结为一般人类的规律。例如奴隶、农奴、工资劳动者一律取得一定分量的食物，使他们能够作为奴隶、作为农奴、作为工资劳动者生存下去……"❸

我们在旧社会中，同敌人斗争的时候，总是强调特殊性，而不强调共同性或一般性；而统治阶级老强调共同性和一般性，为的是掩盖阶级对立。对于经济规律和经济范畴也是如此。我们不大提一般的经济规律和经济范畴，因为在阶级社会中，这个一般的规律和范畴是什么也不能说明的。但是在今天，在社会主义社会中，我们在抛弃资本主义经济特殊规律的同时，连作为经济规律中的一般性、共同性的东西，也即把恩格斯所说的"共产主义

---

❶ 马克思：《〈政治经济学批判〉导言》，见《马克思恩格斯选集》，第 2 卷，第 87—88 页，北京，人民出版社，1972。

❷ 马克思：《〈政治经济学批判〉导言》，见《马克思恩格斯选集》，第 2 卷，第 88 页，北京，人民出版社，1972。

❸ 马克思：《政治经济学批判大纲（草稿）》第 1 分册，第 9 页，北京，人民出版社，1975。

社会中所能余留下来的全部东西"都否定了。这就好比是因为我们不承认阶级社会中有一般的人,只承认有阶级的人,因而说将来共产主义社会就没有人,或者说那时还有无产阶级一样,是极可笑的。

2.9 个别劳动或局部劳动和社会劳动

有的同志把我的价值观叫作"价值永恒论",说它违反了马克思主义的基本原理,其理由是:价值是一个历史范畴,如果认为社会必要劳动就是价值,就把它变成一个自然范畴了。这完全误解了我的观点。

作者一直认为,价值是一个历史范畴,它反映着社会化大生产中人们之间的社会关系。在自然经济中,不存在这种社会关系,也就不存在价值范畴。

马克思在《政治经济学批判大纲(草稿)》中说过,人类社会有三种类型的经济关系:直接支配和从属、私人交换、自由交换。与此相适应的经济发展阶段是自然经济、商品经济和产品经济。在自然经济中,每一种使用价值都是直接为消费而生产,都由每个共同体(部落、家庭等)划出劳动的一个特定部分去生产,实际支出的劳动量直接表现为劳动时间,因而不可能形成商品经济中的社会必要劳动,即价值的概念。商品经济和产品经济都是社会化的大经济,在这两种经济中,有着复杂的社会分工和企业之间的广泛协作,由此就会产生个别劳动或局部劳动向社会劳动的转化过程。

在商品经济条件下,个别劳动表现为私人劳动。私人劳动和社会劳动的矛盾,决定了劳动的二重性和商品的二重性。在社会主义的产品经济中,每一个生产单位都只是社会总劳动力的一个肢体或一个器官,因此,私人劳动和社会劳动的矛盾已经消失,生产产品的劳动开始具有直接的社会劳动的性质。但是，在这种条件下，全民所有制企业之间仍然有先进和落后的区别：劳动生产率高低不同，原材料、燃料消耗多少不同，资金利用效果不同，等等。换言之，还存在个别劳动或局部劳动和社会劳动的矛盾。社会只承认社会平均必要劳动耗费，而不能不问经济效果，不进行经济核算，实行"肉烂在锅里""实报实销"的原则。

要以社会必要劳动为尺度进行核算，在生产中就不能没有价值概念，在交换中就不能不以等价交换为原则。

所以，价值虽不是从来就有的，但在我们可以预见的时期（包括共产主义的高级阶段）中，却是永存的。只要物质财富还要用劳动来创造，只要还存在个别劳动或局部劳动和社会劳动的矛盾，只要还存在个别劳动或局部劳动向社会必要劳动的转化，就会有以最小的劳动耗费取得最大的有用效果问题，价值和价值规律就得讲下去。从这个意义上说，我承认自己是"价值万岁论"者。

2.10 国营企业和职工之间的交换，具有商品交换的性质

在社会主义社会中，职工从国营商店购买消费品以及国营商店把消费品卖给职工，都是商品买卖关系。因为这里存在着所有权的转移。

这种商品交换基本上是在国家的统一领导下有计划地进行的。因此这种商品交换是一种新型的商品交换，而不是资本主义式的商品交换。

这种形式的商品交换将一直延续到按劳分配全部为按需分配所代替时为止。

关于社会主义制度下的这一种商品交换，有一个理论问题需要解决：既然交换是相互的，"商品—货币—商品"的公式不能截为两段，国营商店是以消费品卖给职工，职工是以自己的劳动提供给国家，如果肯定消费品是商品，就必须承认劳动力也是商品；反之，如果不承认劳动力是商品，也就不能说消费品是商品。二者只居其一。

根据形式逻辑的排中律，以上推论是完全对的。然而这里也正是形式逻辑无能为力，需要求助于辩证逻辑的地方。从辩证逻辑出发，也就是从社会主义社会的实际情况出发，我们应该承认社会主义社会的劳动力不是商品。因而我们就应该承认国营企业发给职工的工资不是劳动力的价格，而是社会发给职工，用以证明他替社会做了多少工作，并根据按劳分配原则确定他有权从社会总仓库中取得一定份额的消费品的证书。然而在职工用这个证书从国营商店取得消费品的时候，为了让职工在品种和花色上能有所选择，需要采取旧社会商品经济遗留下来的现成办法，通过买卖的形式。这样，在职工购买消费品时，工资又以表面是等价物、实际是流通手段的姿态出现，而与消费品相对立，组成了商品交换的后半节公式："货币—商品"。这半节公式反映出，消费品在实行按劳分配的社会主义社会里，在本质上仍然是商品。

"商品—货币—商品"这个公式中所包含的形式逻辑，往往困惑住了我们的头脑，使我们不易理解从商品到产品过渡中事物的辩证发展：劳动力已经不再是商品，但是消费品却仍然保持着商品的基本特性。原来是不可截断的商品流通的典型公式，现在只留下了半截。表面上这有些奇特，但从实际出发来做分析是太自然了。劳动力是在一般商品出现以后很久才变为一种特殊商品的，那么为什么它就不能先于一般商品而结束自己的商品史呢？

我们必须反复证明：在社会主义社会里，劳动力不再是商品，而消费品必须有相当长的时间保持商品的本质和形式这一真理。这不是一个单纯的概念之争。坚持这一真理不仅有一般的理论意义,而且有重大的实际意义。

(1)从理论上论证社会主义社会的劳动力不再是商品,对于培养工人阶级的主人翁思想,对于提高工人群众的觉悟,有很重要的意义。

(2)认识消费品在社会主义社会的长时期里将保持商品的本质和形式,就可以懂得,应该在消费品贸易中遵守零售贸易的许多重要原则,如等价交换,增添花色品种,提高服务质量等,很好地发展消费品零售贸易。

2.11 国营企业和集体所有制企业之间的交换以及诸集体企业相互之间的交换

在国营企业和集体所有制企业的交换中,交换的双方都不是私有主,而是不同的公有制企业,交换中有所有权转移,因而是商品交换。如果不承认这是一种商品交换,就会发生不等价交换,社会无偿剥夺或无偿占有(在国营企业之间发生不等价交换,只会影响核算的比例)等。当然,在正常情况下,这种交换是在国家统一计划下或者在国家计划指导下进行的。

在社会主义条件下,商品不能完全否定。我国是原来商品生产和商品交换很不发达的国家。继续发展商品生产,是建设社会主义的一个重大原则问题。例如,农业商品粮之增加是大家承认的大好事。

只有随着生产力的发展,集体所有制自然而然地上升为全民所有制,这种商品交换才会消失。在这以前企图用行政命令取消商品交换,或在工农业产品的交换中违反等价交换原则,就会受到惩罚。所以,商品生产和商品交换问题是我国头等重要的政治问题。因为这关系到城乡关系,关系到工农联盟。陈伯达否定商品生产和商品交换,林彪、"四人帮"搞"穷过渡",实质上是一回事，都是否定集体所有制，企图对农民施行剥夺。

诸集体所有制企业相互之间的交换，性质与国营企业和集体所有制企业之间的交换相同。在交换中有所有权的转移，是商品交换。

以上两种形式的交换，都是新型的商品交换。

2.12　集市贸易

在社会主义社会中，最接近于原来意义上的商品概念的交换，是集市贸易中的商品交换。集市是社会主义计划市场的补充，参加集市的又是社会主义经济单位或这种经济组织的成员，因此，总的说来这种交换也是在国家统一计划和监督下进行的。基于这种原因，不能把社会主义条件下的集市贸易叫作自由市场。同时，对集市贸易，应当开放，但必须管理。

对集市贸易的计划指导，是由在整个国民经济中居领导地位的社会主义经济的影响产生的，因而是以社会主义经济的实力为基础的。当社会主义经济的实力遭到削弱，或国民经济发生比例失调时，集市贸易的计划性也会削弱甚至完全破坏，更多地甚至完全受自发力量支配。

2.13　小结

（1）社会主义产品代替资本主义商品是一个漫长的过程。商品并不因社会主义改造的成功、社会主义公有制生产关系的存在而立即消失。因此，在社会主义社会既存在"产品"，又存在商品。但社会主义社会的商品既不是资本主义商品，社会主义社会的产品也不是原始公社或自给自足的农民个体经济自产自用的产品。社会主义经济不是自然经济，而是历史上存在过的所有社会形态中最社会化的经济。因此，社会主义产品是最社会化的产品。

（2）社会主义商品不同于资本主义商品的特点：①除极小部分在集市上出售的社员自留地和家庭副业的产品外，都是公有制经济的产品；②受计划指导，即使集市贸易也不是由自发势力支配，而是在计划控制下的（这种控制主要依靠社会主义的经济力量，如果失去经济实力，光靠行政力量和思想教育是很少有效力的）。

（3）社会主义社会的商品将长期存在：不同公有制经济相互间交换的商品将随集体所有制经济上升为全民所有制经济而消失；在集市贸易上销售的自留地和家庭副业的产品也会在将来随着公有制经济的繁荣、人民生活的提高而逐渐减少其重要性，以至完全消失。只有消费品的商品形态要随着将来按劳分配过渡到"按需分配"，才能消失。这后一种商品形态寿命最长，与社会主义社会共存亡。

（4）因此，社会主义产品和社会主义商品代资本主义商品而起，以及社会主义商品为社会主义产品所代替，是社会主义与资本主义斗争以及社会主义社会本身不断提高以至逐渐发展为共产主义社会的过程。这是一场漫长的革命。

（5）由此回到本章最初提出的问题：社会主义政治经济学能不能从产品和商品叙述起？答：可以。这非但没有掩饰社会矛盾，而且正是从社会矛盾最深刻的经济根源分析起。社会主义革命以及社会主义发展为共产主义，归根到底是为把资本主义商品转变为社会主义社会化大生产的产品、商品，以及将社会主义产品、商品提高为共产主义产品的长过程！

把商品拜物教仅看作主观认识是错误的。

通过产品、商品，通过经济过程来分析生产关系是客观法；所谓直接分析人们主动安排的生产关系是主观法。

3 价值和价值规律

3.1 社会主义全民所有制和共产主义社会有没有价值这个范畴？价值规律是一切经济规律中最基本的规律

从社会主义各国的经济建设史来看，无论是苏联社会主义建设史还是中国社会主义建设史，每当问题深入到对社会主义经济的基本理论领域时，价值和价值规律问题总是最后的争论焦点。

在争论中存在着两个极端：

一种看法是从商品价值规律的角度来强调价值规律在社会主义经济中的作用，把商品货币关系引入到社会主义全民所有制内部；

一种看法是从自然经济的角度来否认价值规律的作用，只关心物量，不关心劳动耗费，那种"不计工本""不计盈亏"，就是这种观点的反映。

在苏联等一些社会主义国家的经济界，起先都从自然经济的角度否认价值规律的作用，否认产品二重性，但在事实面前，后来又都不得不承认了价值规律的作用。

那么怎样认识社会主义全民所有制经济中的价值和价值规律呢？自然经济论者把这个问题搅得十分混乱。马克思说："一切经济最后都归结为时间经济。"并指出，"时间经济以及有计划地分配劳动时间于不同的生产部门"❶，是以公有制为基础的社会化大生产的首要经济规律。但是，如果没有产品及其生产产品的劳动二重性观点，没有价值概念，就不可能把对这个规律的认识提到应有的高度。因为，只有把千差万别的各种具体的物化劳动和活劳动耗费归结为人类一般劳动的耗费，以社会平均必要劳动为尺度，才能实现真正的节约。从这个意义上说，时间节约的规律就是价值规律。价值规律是一切经济规律中最基本的规律。"有计划按比例"是由价值规律派生的，只有以价值规律为基础的计划，以价值量安排的比例，才能真正做到有计划按比例。计划指标就是在劳动花费和效用的比较中确立的，或者说它就是价值在社会主义全民所有制经济中的表现形式，这体现了"最小—最大"法则的要求。

当然，在社会主义社会中还存在着公有制的两种形式，商品价值规律也还是存在着，作为价值的表现形式即交换价值，也还起一定的作用。但这是过渡性的。社会主义产品价值规律和商品价值规律，随着社会主义经济的发展，客观上存在着此长彼消的趋势。

3.2 马克思关于价值规律的学说

马克思所讲的价值规律是任何社会化大生产都不能取消的客观规律。价值规律是价值存在和运动的全部过程的规律，价值决定是这个规律的起点和基础。价值是生产费用对效用的关系。"在资本主义生产方式消灭以后，但社会生产依然存在的情况下，价值决定仍会在下述意义上起支配作用：劳动时间的调节和社会劳动在各类不同生产之间的分配，最后，与此有关的簿记，将比

---

❶ 马克思：《政治经济学批判大纲（草稿）》，第1分册，第112页，北京，人民出版社，1975。

以前任何时候都更重要"。❶

（1）商品的二重性和劳动的二重性。劳动二重性学说是马克思第一次提出来的。"一切劳动，从一方面看，是人类劳动力在生理学意义上的耗费；作为相同的或抽象的人类劳动，它形成商品价值。一切劳动，从另一方面看，是人类劳动力在特殊的有一定目的的形式上的耗费；作为具体的有用劳动，它生产使用价值"。❷ 商品及生产商品的劳动的二重性，在资本主义条件下，表现着私人劳动和社会劳动的矛盾，这是资本主义基本矛盾的最深刻的根源。在社会主义条件下，它表现着个别劳动或局部劳动和社会劳动的差别。认识和计算社会平均必要劳动，用最小的劳动消耗去取得最大的经济效果，这是发展社会主义经济的秘诀。

（2）社会平均必要劳动量决定商品价值。"只是社会必要劳动量，或生产使用价值的社会必要劳动时间，决定该使用价值的价值量……含有等量劳动或能在同样劳动时间内生产出来的商品，具有同样的价值量……商品的价值量与体现在商品中劳动的量成正比，与这一劳动的生产力成反比"。❸ 价值存在的客观基础是社会化大生产中个别劳动消耗与社会必要劳动消耗的差别，它不是为了解决某一社会问题而由人们的主观意志发明出来的。价值即社会必要劳动问题，也有个共性、个性，普遍性、特殊性的问题。共性、普遍性寓于个性、特殊性之中，认识个性、特殊性固然重要，但不弄清共性、普遍性，就不能更好地认识个性、特殊性。马克思的研究对象是资本主义生产方式，关于价值的个性、特殊性讲得多一些，我们不能因此否认价值的共性、普遍性一面。

---

❶ 马克思：《资本论》，第3卷，第963页，北京，人民出版社，1975。
❷ 马克思：《资本论》，第1卷，第60页，北京，人民出版社，1975。
❸ 马克思：《资本论》，第1卷，第53—54页，北京，人民出版社，1975。

(3) 价值和价值规律的作用。注意要从因果关系来叙述价值的产生，而不能用目的论的方法来叙述。从私有财产的产生来说明价值的起源，而不是为了起以下三种作用而主观发明了价值。价值是不依赖于人们的意志而客观存在的，不是为了解决某一社会问题而发明出来的。

价值或价值规律的三种作用：

①由私有制和生产社会化的矛盾产生了商品的二重性，同时后者又解决了这个矛盾：私人的生产品是为别人的生产，为价值而生产，为别人而生产使用价值（如何叙述，还要考虑）。

②调节生产。（通过价格偏离价值调节生产，使资金从一个部门转移到另一个部门。自发势力充分发挥了它的力量）

③推进了社会生产力的发展。资本主义的历史作用，不是资本家（资本的人格化）有意识完成的。

(4) 把价值规律的作用说成只是调节生产一条，把价值规律说成只是资本主义自发势力的规律是错误的。在资本主义条件下，之所以发生价格"背离"价值的现象，乃是由于生产的无政府状态。

3.3 为什么要从社会主义全民所有制经济和共产主义社会是否存在价值和价值规律分析起

社会主义全民所有制和共产主义的生产，是高度社会化的生产，无疑价值和价值规律还存在，并且"比以前任何时候都更重要"。

但是，按照斯大林的观点，当集体所有制已完全上升为全民所有制，因而商品关系消亡后，价值、价值规律也就不复存在了。

对这个问题，从理论上加以探讨，十分重要。一则涉及对价

值规律含义及其存在的客观依据的正确理解；二则也是正确认识价值规律在现实经济中的作用的出发点。

有同志认为，探讨价值和价值规律问题，不从当前两种公有制并存的社会主义出发，而从社会主义全民所有制或共产主义出发，是典型的脱离实际。

不对。首先，从两种所有制之间的商品交换、从防止不同所有制之间的无偿占有来认识价值、价值规律，只能得出价值规律不过是暂时的发挥一点有限的作用的结论。而随着社会主义经济的发展，价值规律会日趋消亡，而且由不等价交换产生的无偿占有不可以用别的途径来补偿。因此，价值规律的作用是递减性的。但是如果共产主义社会还存在"价值规律"，则意义便大不相同了。

其次，就方法论来说，马克思关于抽象法的教导，必须把事物放在纯粹条件下观察才能认清它的本质。因此，应该先探讨社会主义全民所有制内部和共产主义社会是否还存在价值。马克思说："分析经济形式，既不能用显微镜，也不能用化学试剂。二者都必须用抽象力来代替。"❶ 这就是说，研究要从实际出发，从具体到抽象，置那些次要的非本质的东西不顾，先把主要的本质的东西研究清楚，尔后再把次要的非本质的东西加进去研究。但是，表述又要从抽象开始，从简单的范畴讲起，逐步上升到具体。这就是有的同志所说的"脱衣法"和"穿衣法"。在纯粹的全民所有制形态下研究，才能认清价值的本质。全民所有制是社会主义生产关系的本质，它起着主导作用。有同志说它是社会主义的"经济制高点"，这是有道理的。

马克思说过："在一切社会形式中都有一种一定的生产支配着其他一切生产的地位和影响，因而它的关系也支配着其他一切

---

❶ 马克思：《资本论》，第1卷，第8页，北京，人民出版社，1975。

关系的地位和影响。这是一种普照的光,一切其他色彩都隐没其中,它使它们的特点变了样。这是一种特殊的以太,它决定着它里面显露出来的一切存在的比重。"❶ 在现实中,全民所有制对与之并存的其他生产关系正是起着"普照之光"的支配作用。如果说人体的解剖将会给我们更好地认识猴子身体结构提供一把钥匙,那么在纯粹的意义上研究清楚了全民所有制的生产关系,将会使我们更加深刻地认识现实的社会主义经济关系。

因此,我们要观察纯粹状态中的全民所有制时,就必须假定:

(1) 集体所有制已完全上升为全民所有制;
(2) 按劳分配已为"按需分配"所代替。

3.4 斯大林关于价值规律的观点

斯大林关于价值规律的观点是外因论。

斯大林在《苏联社会主义经济问题》中认为,在社会主义还存在着公有制的两种形式——全民所有制和劳动群众的集体所有制,这两种所有制之间,"除了经过商品的联系,除了通过买卖的交换以外,与城市的其他经济联系,都是集体农庄所不接受的"。而"在有商品和商品生产的地方,是不能没有价值规律的"。❷ 就这一点来说,斯大林承认价值规律在社会主义社会还有发挥作用的一块地盘,这是一个进步,也是对社会主义政治经济学的贡献。

但是从另一方面看,在斯大林的心目中,价值、价值规律只

---

❶ 马克思:《〈政治经济学批判〉导言》,见《马克思恩格斯选集》,第2卷,第109页,北京,人民出版社,1972。

❷ 斯大林:《苏联社会主义经济问题》,见《斯大林选集》,下卷,第552页,北京,人民出版社,1979。

是在两种所有制的边缘上，在交换的过程中才产生出来的，这就如同商品当初是产生在原始公社的边缘上一样，以其所有易其所无。既然在全民所有制的外部存在着商品交换，那么全民所有制内部交换的生产资料就不得不带上"商品的外壳"，但本身并不具有价值关系，因而"脱出了价值规律发生作用的范围"。"价值规律的作用是被严格地限制在一定范围内的"。❶

斯大林的上述观点，根源于他把社会主义全民所有制经济看成是自然经济，这在他对作为政治经济学对象的生产关系的定义中看得十分清楚。斯大林主张"无流通论"，用直接生产过程中的交换来代替独立于直接生产过程外的交换，特别是否认全民所有制内部的交换，不准生产资料产品进入流通，用配给代替交换，用调拨代替流通。这对社会主义经济，特别是对国营企业的生产带来不良的影响。

3.5 "自然经济论者"认为全民所有制内部不再存在"价值"和"价值规律"

"自然经济论者"的这个观点所持的理由有三条。

第一，他们说，马克思、恩格斯讲过，到共产主义社会，社会必要劳动不再表现为价值。"耗费在产品生产上的劳动，在这里也不表现为这些产品的价值"。❷ "直接的社会生产以及直接的分配排除一切商品交换，因而也排除产品向商品的转化（至少在公社内部）和随之而来的产品向价值的转化"。❸

---

❶ 斯大林：《苏联社会主义经济问题》，见《斯大林选集》，下卷，第578、554页，北京，人民出版社，1979。

❷ 马克思：《哥达纲领批判》，见《马克思恩格斯选集》，第3卷，第10页，北京，人民出版社，1972。

❸ 恩格斯：《反杜林论》，见《马克思恩格斯选集》，第3卷，第347—348页，北京，人民出版社，1972。

第二,他们说,资本主义是为价值而生产,社会主义是为使用价值而生产。或者说,为价值而生产的是资本主义,为使用价值而生产才是社会主义。

第三,他们说,在全民所有制内部以至共产主义社会,价值规律不再起作用。

对于第一条理由,我曾有文章专门做过论述。❶ 所谓"马克思、恩格斯讲过",主要是指恩格斯在《反杜林论》中的一段话:"社会一旦占有生产资料并且以直接社会化的形式把它们应用于生产……人们可以非常简单地处理这一切,而不需要著名的'价值'插手其间。"❷ 我认为,恩格斯这里所讲的"价值",实际上是指"交换价值"。区分清"价值"和"交换价值"这两个概念是一件非常重要的事情。在马克思以前的政治经济学分不清这两个概念,因而在当时的经济学界总是习惯以"价值"代替"交换价值",马克思、恩格斯顺从这种习惯,为简便起见常常把"价值"当作"交换价值"使用。实际上,马克思、恩格斯凡是讲社会必要劳动"表现为"或"不表现为"价值的时候,"价值"二字都应当作"交换价值"来理解,因为既然说是"表现",当然是指的价值形态,即是"交换价值"。古典政治经济学的根本缺点就在于混同了"价值"和"交换价值"这样两个概念。

还应当强调,恩格斯在讲了"而不需要著名的'价值'插手其间"后,还做了一个脚注:"在决定生产问题时,上述的对效用和劳动花费的衡量,正是政治经济学的价值概念在共产主义社会中所能余留的全部东西,这一点我在1844年已经说过了。但是,可以看到,这一见解的科学论证,只是由于马克思的《资本

3 价值和价值规律

---

❶ 详见孙冶方:《把计划和统计放在价值规律的基础上》《论价值》等文。

❷ 恩格斯:《反杜林论》,见《马克思恩格斯选集》,第3卷,第348页,北京,人民出版社,1972。

论》才成为可能。"❶ 对这个脚注，"自然经济论者"极力贬低或否认。

过去，持不同意见者说，我的上述解答只是从"概念"到"概念"，所以还需要在本书中加以详细论述。以下的两节将对"自然经济论者"的第二、第三条理由加以反驳。

3.6 如何理解资本主义是为"价值"生产，而社会主义是为使用价值生产

从前面关于产品和商品二重性问题的论述中看得很清楚，"价值"和"使用价值"是事物不可分割的两个方面。

资本主义确实是为追求价值而生产的，但它并不是不要使用价值，而是为了取得价值最一般的形态即货币来换取任何一种使用价值。这里，货币形态上的增值才表现为它的生产目的。马克思在《资本论》第1卷许多地方讲过，使用价值同时又是交换价值的物质承担者。商品的使用价值是它的交换价值的前提，从而也是它的价值的前提。没有使用价值，则皮之不存，毛将焉附？正是在这个意义上，资本主义生产还非常注意使用价值，注意花色品种，因为这是价值增值的手段。在社会主义条件下，我们的生产目的不是价值增值，而是为了满足社会全体人民的需要，使用价值确应成为生产的直接目的。但能否说使用价值仅仅是使用价值呢？不能！因为只有天然物才仅仅是使用价值。然而，人不能依靠自然物如阳光、空气等生存，那样就回到最原始的动物界里去了。除了天然赐予的以外，凡是对人们有使用价值的物都必须通过劳动才能获得。既然如此，就必须衡量、计算社会必要劳动量，就得讲用最小的劳动消耗去取得最大的有用效果。通过劳

---

❶ 恩格斯：《反杜林论》，见《马克思恩格斯选集》，第3卷，第348—349页注，北京，人民出版社，1972。

动获得使用价值，这里劳动是手段。那么，产品的另一个属性即价值，对我们来说，也就变成手段了。与资本家相比，他们为了达到价值增值不忘记使用价值，使用价值是他们的手段；而我们社会主义社会，使用价值却成了目的，但不研究费用与效用的关系，不节省费用，怎么才能获得更多的使用价值呢？只提出产品产量以至具体到品种规格，尽管非常细，以致细到无微不至，但不讲价值，只不过是瞎说一顿。作者正是在这个意义上提出了"是牵牛鼻子还是抬牛腿"的问题，不讲利润，如何积累？如何扩大再生产？

总的说，资本主义是为价值而生产，但为了达到价值增值也间接地满足了社会需要；社会主义是为使用价值而生产，但为了获得更多的使用价值，也必须讲"最小—最大"，讲求节约。所以，不能忘记产品和商品二重性，不能忘记生产产品和商品的劳动二重性。

"自然经济论者"说节约劳动不是价值规律，如果他们所说的节约劳动是指社会必要劳动，那我们的争论就属于名词之争了。但可惜的是，自然经济论者所说的节约劳动，只是指具体劳动，这就否认了劳动的可比性。

3.7　没有价值观念，就不能真正节约劳动

自然经济论者讲节约劳动，是指具体劳动，其实节约具体劳动不是真正的节约劳动。节约劳动包括活劳动和物化劳动两个方面。现代企业的产品多种多样，它们是几十种甚至上百种具体劳动（不同工种）的成果，而它用的原材料、机器设备、建筑器材，也是来自国内外成千个企业的各种具体劳动的产品，这些不同的活劳动，不同的物化劳动是不可比的。在实际中，经常发生这种情况，节约了物化劳动就可能要多花活劳动，节约了这种原

材料又可能会增加另一种原材料。比如，土设备比洋设备便宜，品质差的原材料比品质好的原材料便宜，但在一般情况下，土设备，还有采用品质差的原材料，劳动生产率就比较低，生产每个产品所花的活劳动就比较多。通常所说的"苦干""巧干"，实质就是 c 和 v 的关系问题。最后，不论活劳动的节约，还是物化劳动的节约，都是与劳动成果相比较而言的，否则偷工减料也要算节约了，甚至停工不生产也是节约了，这显然是说不通的。因此，劳动花费和效用的比较关系，或者说活劳动和物化劳动，这种活劳动和那种活劳动，这种物化劳动和那种物化劳动要能互相比较，就必须还原为抽象劳动，归结为人类一般劳动的消耗，讲社会平均必要劳动，通过价值来比较和计算劳动耗费。

这里，还得强调恩格斯 1844 年所讲"价值是费用和效用的关系"。"效用"，并不是庸俗经济学家所讲的主观效用，而是指这种情况：随着科学技术的发展，综合利用的路子越来越广。例如，矿渣在很长时间是废物，处理它的费用要加入到企业产品成本中去。但新的用途发现后，不仅能节省处理费用，使成本降低，而且矿渣也具有了新的价值，效用在实际上影响着社会必要劳动量。

自然经济论不承认抽象劳动，认为这只是生理学上的概念。马克思批评斯密时说：只有美国高度发达的交易所经济才能看得出劳动的抽象性，抽象性即指可比性。这在社会主义经济中更适用。比如，在综合平衡表上，千千万万种具体劳动的差别都消失了。自然经济论者不承认抽象劳动，就是不承认劳动的可比性。经济就是比较，比的尺度就是社会必要劳动即价值。因此，价值是社会化生产中永远存在的历史范畴。

3.8 价值反映生产关系，使用价值只反映技术定额

马克思告诉我们：不论是个别商品还是社会总产品，都是由

c、v、m 三个部分组成。我们试以这三个组成部分的相互关系来说明本节标题所提出的问题。

c 与 v。

从使用价值角度观察，指生产资料消耗和活劳动消耗的技术构成。c 包括各种各样的机器设备、原料、材料、燃料等，v 包括从事各种具体劳动的劳动者。从个别产品说，炼一吨钢在一定技术条件下需要一定量的铁、废钢、焦炭、电力和多少炼钢工人多少小时的劳动。从全社会说，要使社会再生产能顺利进行，各种产品和从事各类劳动的劳动者要有一定的比例。

从价值角度观察，c 既可指劳动者的生产资料资金装备量，也可指产品的物化劳动消耗。v 指活劳动支出或活劳动支出中的必要劳动部分。c 与 v 可以说明资本或资金的有机构成。

v 与 m。

从使用价值角度观察，社会总产品中，v 指各种各样的消费资料，m 指各种各样用于扩大再生产的生产资料和消费资料以及用于非生产领域的消费资料。

从价值角度观察，在个别企业中，v 和 m 表现必要劳动与剩余劳动的关系，必要产品价值与剩余价值的关系。在全部国民收入中，v 和 m 经过再分配的转化，最终表现为消费和积累的关系。

$c + v$ 与 m。

从使用价值角度观察，$c + v$ 与 m 指在扩大再生产中各种生产资料与消费资料的物质替换关系，其中 m 为用于扩大再生产的各种生产资料与消费资料（在资本主义社会包括资本家用于消费的消费资料，在社会主义社会包括非生产领域用的消费资料），它们之间还要有一定的比例关系。

从价值角度观察，在个别企业中，$c + v$ 表现为产品成本，m 表现为利润。社会总产品中，$c + v$ 为补偿已消耗掉的生产资料和消费资料部分，m 为用于积累以便扩大再生产部分（在资本主义社会包括资本家用于消费的消费资料,在社会主义社会包括非生产领域用的消费资料)。

3.9 价值规律在社会主义以至共产主义社会中仍然起作用,其作用的方式则不同

价值规律在社会主义以至共产主义社会中仍然起作用,与旧社会相比,不同的只是作用的方式。

如何理解马克思在《哥达纲领批判》中说的:"在一个集体的、以共同占有生产资料为基础的社会里,生产者并不交换自己的产品;耗费在产品生产上的劳动,在这里也不表现为这些产品的价值"❶。

我认为,马克思这里说的不表现为价值,是指价值"形态"。

有人指责说,这不是去研究事物的本质,而是只去研究表现形态。好像看一个人,不看他的本质,而只看他穿的衣着。

其实,政治经济学的形态,是指社会形态。广义政治经济学就是研究各个社会形态的经济发展规律的。马克思在《政治经济学批判》序言中说:"大体说来,亚细亚的、古代的、封建的和现代资产阶级的生产方式可以看作是社会经济形态演进的几个时代。"❷ 马克思研究的价值形态的变换正是反映社会形态的变化的。这种研究是很重要的。马克思说:"以货币形式为其完成形态的价值形式,是极无内容和极其简单的。然而,两千多年来人类智慧在这方面进行探讨的努力,并未得到什么结果……在浅薄的人看来,分析这种形式好像是斤斤于一些琐事。这的确是琐

---

❶ 马克思:《哥达纲领批判》,见《马克思恩格斯选集》,第3卷,第10页,北京,人民出版社,1972。
❷ 马克思:《〈政治经济学批判〉序言》,见《马克思恩格斯选集》,第2卷,第83页,北京,人民出版社,1972。

事，但这是显微镜下的解剖所要做的那种琐事。"❶ 可见，分析价值形态，并不是舍本逐末。在私有制商品经济中，不分析价值的形态，就不能了解价值。

社会主义和共产主义生产，不是孤独的、落后的自给自足的生产，而是建立在高度技术基础上的社会化大生产。在这种社会生产中，仍然存在局部劳动与社会劳动的矛盾，仍然存在社会必要劳动范畴，以此作为衡量社会劳动的标准。而社会必要劳动，就是价值决定。这也就是说，价值规律仍然起作用。

3.10 级差地租或级差收益

这是农业和采掘工业（矿业）产品的价值决定问题。

在社会主义以至共产主义社会，农、矿产品的价值或社会必要劳动量，仍然要由劣等生产条件下的劳动消耗决定。这里说的生产条件，包括土壤肥瘠（或矿藏丰度）、交通的便利与否和投资生产率的高低。

社会主义和共产主义制度下社会劳动的核算原则，应排除客观因素的影响，真正反映每一个经济单位的生产经营状况。这样，尽管土地比较贫瘠，或矿藏贫薄，离市场较远，交通不便，或者追加投资的生产率较低，只要是社会需要的，就不能让它亏本。因为这不是经营不好，而是由于客观上自然条件差。这就要求按劣等生产条件的劳动耗费决定农、矿产品的价值，以剔除客观因素对经济效果的影响，把考核工作搞好。到底你这个单位是由于得天独厚，是富矿，土地肥沃，才使得你的产品成本低呢？还是由于你的经营管理好呢？不分清这些，赏罚就会不明。

过去否定级差地租，很多人是由于从分配角度来看问题。中

---

❶ 马克思：《资本论》，第1卷，第7—8页，北京，人民出版社，1975。

国话中的"租"字总是包含有剥削的含义，社会主义要消灭剥削，自然就会认为不存在级差地租。有人说只能承认有级差收入。其实，考察这个问题应从生产讲起，不能从分配讲起。

从生产过程来看，首先是价值决定或价值形成问题，即农、矿产品的社会必要劳动量如何决定的问题，是否存在级差地租或级差收益问题，这是客观经济过程内在包含着的。至于级差地租或级差收益如何分配，那是另外一个问题，留在本书第三编论述。

3.11 小结

（1）既有商品价值，也有产品价值。理由或原因是：全民所有制经济或共产主义经济，不是自然经济，而是社会化程度很高的交换经济。

（2）概括叙述社会主义社会价值规律的作用：

①通过社会平均必要劳动量的认识和计算来推进社会主义社会生产力的发展。

②劳动时间的调节和社会劳动在不同各类生产之间的分配，或者说，生产调节者的作用即分配社会生产力的作用。

（3）社会主义的产品和商品价值不同于资本主义商品价值：体现的社会生产关系不同、作用的方式不同（一个是主动捉摸和计算的，一个是在市场竞争中自发起作用的）、作用范围的重点不同（社会主义社会主要在生产领域起作用），等等。

（4）必须正确计算产品的社会平均必要劳动量。

4 货币与劳动券

4.1 货币是商品价值的最发达的形态，是一般等价物

按照马克思的商品货币学说，货币不是为了解决物物交换困难而由某一位圣贤发明出来的一种技术手段，而是商品价值的最发达的形态，是生产社会化与生产资料私人占有这一矛盾发展的结果，是体现私有制商品经济关系的范畴。

价值是一切社会化生产共有的范畴，价值形态则是商品经济所特有的范畴。马克思指出：古典经济学的根本缺点之一，是它不曾由商品的分析，尤其是商品价值的分析，发现那使价值成为交换价值的形态，这是他们把资本主义生产方式看作永恒的生产方式所造成的。他们不知道，劳动生产物的商品形态或商品的价值形态，正是资本主义经济的细胞形态。资产阶级经济学一向忽略了这一重要事实：20 码麻布 = 1 件上衣。"一切价值形式的秘密都隐藏在这个简单的价值形式中"。❶ 这核心和秘密就在于，在这种私有制社会里，商品和劳动的二重性，表现着私人劳动与社会劳动的矛盾。这是资本主义基本矛盾的最深刻的根源。在这样社会条件下的劳动产品，直接是各个私人的个别劳动产品，它们唯有经过那个无组织的市场交换才能成为社会劳动产品。这就是

---

❶ 马克思：《资本论》，第 1 卷，第 62、98 页，北京，人民出版社，1975。

说，各个私有者的产品包含多少社会劳动，唯有用他们所能自发换到的他人产品量（即该产品使用价值量）来表现和计量。正是物物交换困难背后所隐蔽着的这种深刻矛盾，才最终促成本来也不过是一种具体劳动生产物的黄金，独特地成了一般等价物。

价值的四种形态不仅是货币发展的历史，而且是商品经济发展中表明了本质关系的过程。价值形态发展到最后，出现了货币。货币是商品交换过程的必然产物，不同的使用价值被互相比较，通过交换，事实上转化为商品。随着交换的扩大与加深，发展了商品中使用价值与价值的对立，要求有一个独立的商品价值形态，于是分化出货币。货币的出现使商品使用价值与价值的矛盾得到外部的表现。劳动生产物愈是转化为商品，商品转化为货币的过程愈是完成。货币成了私人生产品进行"社会计算"的唯一形式，"而这种计算是在生产者的背后通过市场波动进行的"。❶

4.2 "人民币"是劳动券，而不是货币

大多数经济学家认为，"人民币"本质上还是地地道道的货币，这是不对的。社会主义全民所有制经济是实行公有制的计划经济。在这里，产品的二重性以及生产产品的劳动的二重性，只是表现个别劳动与社会必要劳动之间的差别，私人劳动与社会劳动之间的对抗性矛盾已经不复存在。每个人的劳动，开始具有直接社会劳动的性质。产品的价值，即生产产品的社会必要劳动已经可以由社会事先有计划地自觉地加以确定，而不需要通过"迂回曲折"的道路，即在盲目竞争的市场上通过亿万次交换行为自发地形成。社会为了计算产品的价值，可以规定一个公共的计量单位，使之成为一定量的社会劳动的直接代表。这种直接代表一

---

❶ 列宁：《民粹主义的经济内容》，见《列宁全集》，第1卷，第385页，北京，人民出版社，1955。

定量社会劳动的证书，就是马克思所说的劳动券。马克思设想的社会主义社会，实行按劳分配，但不存在商品生产和商品交换。社会根据劳动者提供的劳动量，发给他凭证，以便向社会领取消费品。这个凭证，就是劳动券。

上面还只是对社会主义全民所有制经济内部关系所做的考察。在社会主义现阶段，事实上仍然存在着劳动者集体所有制经济。在全民所有制与集体所有制之间以及集体所有制经济单位之间，产品的交换仍然具有商品交换的性质，因为这种交换还存在所有权的转移。但这已经不是典型意义的商品交换，因为商品交换的另一个特性——自发性，即自发的市场关系基本上不存在了，集体所有制产品价格的形成已经纳入全社会计划价格体系之中。因此，在这里，货币也已经基本上转化为劳动券。当然，这种劳动券仍然带有明显的货币性质。至于集市贸易，虽然本质上不是社会主义的，但也不是完整的私有者之间的商品交换。它作为社会主义经济的附庸，已经置于全民所有制经济领导和统一管理之下，其价格的形成也已处在计划价格体系控制之中。因此，集市贸易中的流通手段，虽然带有更明显的货币性质，但也已经不是地道的货币。历史表明，货币后于商品而生，先于商品而死。

我国社会主义公有制经济已经建立，计划价格体系已经形成，自发的市场竞争关系已经不存在了，因此，我国人民币基本上已经由货币转化为劳动券。这个转化是从1949年开始的，由渐变到突变，1956年三大改造的基本完成是实现这一转变的关键。今天，作为劳动券的人民币与过去作为货币的旧币有没有历史的内在联系？形式上是有联系的，因为都叫作"币"，但其实质已经改变，它们所代表的生产关系已经根本不同。抹杀这种本质区别，把作为社会劳动证书的劳动券混同于私有制社会的货币，从而断言社会主义与资本主义"没有差别"，是用事物的现象来掩盖事物的本质。

4.3 作为劳动券的人民币的职能

人民币，作为劳动券，是一定量社会劳动的直接代表，而凝结在产品和商品中的社会必要劳动就是产品和商品的价值。因此，作为劳动券的人民币的第一个职能，就是充当社会必要劳动的尺度，也即充当价值的尺度。社会主义的产品和商品中所凝结的社会必要劳动量即价值量，就是用劳动券来计量的。

人民币作为劳动券充当价值尺度，同货币充当价值尺度是不同的。货币之所以能够充当价值尺度，是因为货币本身也是商品，具有价值，是作为一般等价物与特殊具体劳动生产物的结合体。作为劳动券的人民币之所以充当价值尺度，并不是因为它有价值。它并不是一种劳动产品，更不是商品，不是一般等价物，自身没有价值。它充当价值尺度在于它直接是一定社会劳动量的代表，而不是本身包含着一定社会劳动量。

人民币充当价值尺度，使它能计量产品和商品的价值量，并借助于它来制定和进行各种经济指标的考核。它是社会主义国民经济计划领导、计划管理的有力工具。国家还可以利用人民币这一职能制定合理的价格政策，促进国民经济的发展和保证人民生活的稳定。

作为劳动券的人民币的另一重要职能是充当流通手段。社会主义经济不仅存在着产品流通，而且在一定阶段里还存在着商品流通。即使将来实现了单一的全民所有制，产品流通仍然是社会再生产不可缺少的一个环节，甚至将变得更加重要。而只要存在产品流通，就必须严格遵守等价交换原则，否则就不可能进行经济核算。在这里，作为劳动券的人民币，就是社会主义产品流通和商品流通的手段。

人民币作为劳动券执行流通手段的职能，所体现的是社会主义劳动者集体（包括国营企业、生产队等）之间在互助合作基础上相互交换劳动的关系。人民币作为工农业（全民所有制经济和集体所有制经济）之间商品流通的手段，是社会主义工农业商品交换的中间纽带，是加强工农联盟、促进工农业生产发展的有力工具；人民币作为国营企业之间产品流通的手段，是全民所有制经济内部各个企业之间经济联系的纽带，是企业和整个全民所有制经济再生产顺利进行的不可缺少的工具，不过在这方面它的需要量是比较少的。到共产主义高级阶段，企业之间的经济联系则完全采用记账的方式，而不需要用劳动券充当流通的手段了。

在旧社会，货币可以购买各种生产资料、生活资料等一切物质财富，有了货币就有了一切，它成了社会财富的绝对体现者。我国人民币不再是社会财富的绝对体现者，矿藏、土地、森林等已不能成为购买对象。而且商品流通和产品流通是有计划进行的，人民币成了实现流通计划化的工具。

"自然经济论者"否认社会主义经济除了商品流通之外，还有产品流通。认为人民币要充当流通的手段，实际上就否认人民币是劳动券，因为马克思说过，劳动券是不流通的。

人民币作为劳动券充当支付的手段，是人民币的又一重要的职能。马克思关于劳动券的理论，实际上是直接从它作为支付手段出发的。在社会主义公有制条件下，劳动力不是商品，因此，用于发放工资的人民币，既不是商品交换的媒介，从而不是执行货币流通手段的职能，也不是执行由货币的流通手段派生出来的支付手段的职能，而是执行着劳动券的支付手段的职能。社会（或国家）以工资的形式向劳动者个人支付的人民币，只是劳动者为社会提供一定量的社会劳动在做了必要的社会扣除后由劳动者领回的劳动凭证。而当劳动者用它来"购买"个人消费品时，只不过是这些人民币作为劳动券充当支付手段的最终实现。或者

4 货币与劳动券

可以说，在劳动者用社会支付给他的人民币来"购买"个人消费品时，人民币是作为向社会领取物品的凭证（它又不同于一般的领条：第一，它直接代表一定社会劳动量；第二，它有一定限度的自由选择所领物品的余地）。作为劳动券，人民币充当支付手段的职能，成了实现按劳分配原则、发展社会主义经济、活跃城乡市场和提高人民生活水平的一个重要工具。

人民币，作为劳动券充当支付手段，同货币执行支付手段的职能是有明显区别的。货币是价值尺度和流通手段的统一，它作为支付手段的职能是由这两个职能派生的。人民币作为劳动券充当支付手段的职能，则是它的基本职能之一。因此，人民币作为劳动券，是价值尺度、流通手段和支付手段的统一。

人民币作为劳动券，还有贮藏手段的职能。当人民币暂时退出流通领域或延期领物时，它就起着贮藏社会劳动的作用。但劳动券的这一职能同货币作为贮藏手段的职能也是有区别的。社会主义经济单位暂时闲置资金通过信贷集中到银行手中，劳动者个人节余的劳动收入也可以储蓄起来。

人民币作为劳动券的一系列职能，充分反映了它所固有的社会主义生产关系的本质。

4.4 人民币在对外经济关系中是货币（黄金）的代表

根据马克思的理论，货币一离开国内的流通领域，就会解除它在那里取得的作为价格标度、铸币、纸币和价值符号的民族服装，而直接以贵金属条块形式出现。在世界舞台上，贵金属完全以其自然形态起着世界货币的作用，这种作用，就是货币充当世界货币的职能。因此，真正起世界货币作用的，总是要有现实的货币商品，具体的金和银，而不能是纸币或不足额的铸币。

我们在上面指明人民币的本质是劳动券时，实际上是把国际经济关系舍弃掉了。现在，当我们回到国际经济关系的现实中来的时候，人民币就只能是现实的货币商品即贵金属的代表。因为，在对外贸易中，不论对方是谁，交换双方总是独立的经济主体，它们各自的劳动产品的社会化过程，都只能如私有制下的私人产品那样采取间接社会化的方式实现，即经过市场的讨价还价，而不能事先直接按社会必要劳动量规定交换的比例，因而只能通过第三种商品，即充当一般等价物的特殊商品黄金来表现各自的价值量，计较互相交换的比例。如果这种比例折成人民币价，那么这里人民币就不是直接社会劳动的代表，而是货币商品黄金的代表，即代表黄金这种特殊劳动产品所包含的社会必要劳动量。

在国内经济关系中，人民币作为劳动券，不是价值的表现形态，不是黄金的代表，因而没有黄金储备的必要。但在对外经济关系中，人民币是黄金的代表，必须有黄金储备作保证，以作国际收支最后清算的手段。

可见，在国内外经济关系中，同是人民币，体现着不同的内容或本质，这种不同的本质正是两种根本不同的经济关系的反映。

4 货币与劳动券

5 价格和价格政策

5.1 前言

前面第3章《价值和价值规律》有意识地不谈价格，因为在没有讲价值和价值规律理论问题，以及货币和劳动券问题之前，就无从谈价格问题，就不可能说清楚价格的本质。

但只谈价值理论而不谈价格，实际上等于空谈。谈价值问题和货币、劳动券问题，归根到底是为了说明价格问题。我们常说的按价值规律办事，归根到底讲的是定价原则：按价值定价，还是偏离价值定价。因为价值必须通过价格才能表现出来。1952年斯大林《苏联社会主义经济问题》一书出版之后，引起了有关价值规律问题的世界性的、长时期的争论。但是，社会主义政治经济学中价值和价值规律问题之所以争论如此尖锐，是因为它牵涉到最现实、最敏感的经济问题——价格问题。价格问题可以说是经济问题的中心，它影响工农关系、公私关系，影响国家财政收入，影响人民生活。具体来说，农产品收购价格一有变动，就会立即涉及8亿农民的收入；生活资料价格一有变动，就会立即涉及全国城乡居民的生活；工业生产资料价格一有变动，就会直接影响到国民经济各部门、各企业的财务和经济利益。

价值理论的意义在资本主义社会和在社会主义社会的作用是不同的。在分析资本主义经济时，价值理论是用来说明价格摆动的平均线的，所以在《资本论》中没有论述价格的专门章节；在分析社会主义经济时，价值理论是用来说明定价原则的，所以社会主义政治经济学在说明价值和价值规律的理论之后，必须设立价格专章，来说明价格和价值的关系，说明所谓"价格政策"的依据。

5.2 不同的价值理论产生了不同的价格形成理论

前面《价值和价值规律》一章说过，国内外经济学家对价值理论的看法，基本上分为两派：有一派先是根本否认社会主义社会里还存在价值范畴（20世纪二三十年代），后来实际生活逼迫经济学家不得不承认，在社会主义社会里，价值规律还起着作用（在斯大林《苏联社会主义经济问题》一书出版以后的20世纪50年代开始），于是他们就用社会主义社会中存在不同所有制和实行按劳分配、人们相互间还存在不同利害关系等理由来解释。他们把价值范畴看作是旧社会商品经济的遗迹。随着不同所有制上升为单一的全民所有制之后，极而言之，到按劳分配改变为按需供应之后，价值规律就完全不起作用了。我们称这种价值观为外因论的价值观。斯大林的《苏联社会主义经济问题》是这种外因论的价值理论的经典著作。

另外一些经济学者（他们至今处于少数）认为，即使在单一的全民所有制之下，即使按劳分配改为按需供应了，价值和价值规律仍将起着作用。而且如马克思和恩格斯所说的那样，到那时候，价值和价值规律的意义更加重要了，"价值这个概念实际上就会愈来愈只用于解决生产的问题，而这也是它真正的活动范围"[1]。我们把后一种价值观称作内因论，因为根据这种价值观，不认为价值范畴产生于不同所有制之间的交换过程中，而是公有

---

[1] 恩格斯：《政治经济学批判大纲》，见《马克思恩格斯全集》，第1卷，第605页，北京，人民出版社，1956。

制生产过程本身所内在的。

凡是持内因论价值观的经济学者都坚持价格应该以基本上符合价值为原则，因为这样才能对产品生产过程中费用和效用的关系做精确的考核，以求得用最小的费用取得最大的效益。同时，也只有价格基本上符合价值的情况下，才能正确反映各类产品之间，也即各部门之间的比例关系。在相反情况下，即在价格偏离价值的情况下，通过价格所反映出来的比例关系，将是变形的，好比是哈哈镜里显示出来的面容。

5.3 为什么在斯大林和毛泽东提出要尊重价值规律和等价交换原则之后，经济学界否认等价交换原则的意见仍然很流行，认为等价交换不可能，有以下几种理由

（1）公开否定实现等价交换的可能性，认为没有价格背离价值，就会一没有价格政策，二没有财政收入。

有些人认为价格与价值的背离是基本原则，如果价格与价值相符了，价格就不起作用了。实际上，价格只有更符合价值的时候，它才能更好地计量价值，从而才更起作用。有些经济学者硬说如果价格与价值相符了，就没有价格政策了。譬如，苏联的斯特鲁米林就明确地讲过，没有价格同价值的背离，便没有价格政策。他说："价格的完全符合价值的法则，对于现在生产的比例的改变是不能产生任何特别的刺激作用的，这等于放弃了一切价格政策。"❶ 这种观点在逻辑上就讲不通。这种观点无非主张通过价格政策去进行物质刺激和再分配国民收入，实质上就是留恋于商品货币经济的"必然王国"。还有许多人认为，价格是国家征

---

❶ 转引自布列也夫：《国民经济计划教程》，北京，中国人民大学出版处，1954。

集财政收入的有效工具。他们觉得,通过价格"剪刀差"来动员农民提供资金积累,农民比较容易接受,而用别的形式,例如农业税的形式,就不容易接受。这是一部分经济工作者和理论工作者主张在社会主义社会必须保留"剪刀差",即不能彻底实行等价交换原则的主要理由。以上两种公开否定实现等价交换的可能性的说法,是社会主义政治经济学中"存在就是合理的"思想的一种表现。

(2)或者认为,等价交换就是按相等的价格交换。意思说,即使国家商业部门在收购产品时,把单位价值为 1 的农产品作价(格)为 0.8,把单位价值为 0.8 的工业品作价(格)为 1,但是如果总价格 10 的农产品交换总价格 10 的工业品,那也是等价交换。其实在这种场合下,按价值算将是以 12.5 价值的农产品换 8 价值的工业品,这是明显的不等价交换。

如果说,按相等价格交换就算等价交换,那么商业部门不论怎样定价,总是等价交换的;除了公开的讹诈和盗窃之外就不会发生不等价交换的问题。经济学界提出等价交换的问题来讨论似乎是多此一举了。

(3)可是,1964 年中国科学院经济研究所的"四清"工作总结报告中说,主张价格不背离价值的价值规律是荒天下之大唐。

在总结报告的作者看来,在社会主义社会,等价交换和价值规律或者是根本不可能实现的,或者是说价值规律就是通过价格环绕价值波动起调节作用的资本主义商品价值规律。

我认为,通过价格和价值的背离起调节作用(对生产和需求起鼓励或抑制的作用),只是价值规律在资本主义商品经济时代的一种作用方式。马克思从来没有把价格背离价值以及由此发生的作用说成是价值规律的全部内容。事实上,这种作用方式,目前在我国只是作为商品经济的旧痕迹存在着。这是因为我们现在还存在不同的所有制，还有家庭副业；我们的计划统计工作还不很完善，还不能囊括国民经济所有各个方面。但是在我国国民经济中，起领导作用的是全民所有制经济，是计划经济而不是市场竞争，而且我们的市场也不是自发势力统治的市场。因此，基本上不再采用迂回曲折地表现社会必要劳动的方法，即基本上不再通过市场竞争来决定价格，而用直接计算社会劳动消耗的方法来订价格，并编制生产计划。至少从社会制度和生产关系的性质来说，我们是应当这样看的。

中华人民共和国成立后，提倡的是等价交换的原则。但是实际上工农产品的不等价交换始终存在着，尤其是十年"文化大革命"期间，工农业产品的"剪刀差"不是缩小了而是扩大了，这是很不正常的。揪出"四人帮"以后，党和政府才有可能从理论到实践上来改变这种不合理状态。

5.4 何谓比价

通过比价来研究产品定价是否合理是资本主义商品经济的遗迹。在社会主义社会，在人们不认真计算生产产品成本的情况下，由于制订产品价格没有客观的依据，便只好通过不同产品在不同地区、不同时代的价格比例关系，来判断现行价格是否合理，并且据此进行调整。如果各类产品的社会平均必要劳动消耗有相当正确的统计数字，并在此基础上订出价格，那么研究各种产品的比价，就具有另一意义：那就是了解各种产品生产中劳动生产率的变化情况。

本来可以直接了解各种产品的社会劳动消耗，却不直接去了解，而要间接地通过各种价格比较来主观主义地或半主观主义地制订价格。这样订出来的价格必然偏离其价值。

全社会的物质财富总量决不因为人们把其中某一类产品的价

格订低或订高了而有所增加或减少。这好比人的身高决不因为测量身高的衡器的改变而有所增减是同样的道理。我们假定在全社会的1 000大类产品中只有某一类产品的价格定低或定高了10%，而其他999类产品的定价没有变动，但是通过前一类产品和其他各类产品的交换，其他各类产品的价格就会按相反的方向，相应地提高或下降，社会变成不等价交换。因为，在前一类产品订价偏低的情况下，其他各类产品在全体产品的价格总和中所占比重就升高了。相反，在前一类产品定价偏高的情况下，其他各类产品的价格在全体产品价格总和中所占比重就降低了。所以，社会总产品中任何一类产品的价格背离了价值，都会影响这类产品同其他各类产品的比例关系。如果社会总产品中大多数甚至全部不是按价值定价（格）的，那么全社会各类产品之间的比例关系，也即是各部门之间的比例关系都会呈现出歪曲的现象。在这种情况下，所谓综合平衡、有计划按比例等就都乱了套。

5.5 按价格背离价值的原则定价的所谓价格政策的种种理由

那些认为价格不背离价值就没有价格政策的经济学者，所举的理由大致有以下几条。

（1）主张生产资料的价格应该低于消费资料，特别是采掘工业应该低于加工工业。理由是生产资料都是国营企业生产、又卖给国营企业的。如果生产资料的价格高、利润大，无非是国营企业赚国营企业的钱。这好比是同一个人的钱从自己的这个荷包装进了另一个荷包，是多此一举。所以，过去苏联的重工业的利润低，轻工业的利润高。斯大林为了证明价值规律在社会主义社会不再起调节作用，他举例说，在苏联并没有去关闭那些不赢利或少赢利的重工业，也没有去全力发展那些最能赢利的轻工业。但是我们要问：为什么重工业不赢利或少赢利呢？为什么轻工业最能赢利呢？难道苏联重工业的劳动生产率普遍落后于轻工业吗？相反，斯大林对苏联重工业的改造和发展特别重视，不论在技术水平或经营管理方面都超过了轻工业。重工业不赢利或少赢利，而轻工业反而最能赢利，无非是因为重工业产品定价低，轻工业产品定价高。这实际上是把重工业工人创造的价值通过生产资料的廉价供应的途径，转移到轻工业产品的价格上去了。这就是把应该装在重工业口袋里的钱错放到轻工业口袋里去了。这样"错放"的结果是：第一，混淆了两大部类（生产生产资料的重工业和生产生活消费资料的轻工业）的比例关系；第二，使这两个部类所有企业的经济核算不能正确反映出它们的成本和收入；第三，这样做，一方面挫伤了重工业工人的积极性，因为从经济效果来说，重工业工人为社会创造的财富（以价格计算）总不如轻工业多。另一方面，轻工业从业人员却总有一种优越感。因为从账面看，他们往往少则一两年，多则三几年就可以把投资"赚回来"了。过去，在苏联，有个别部门例如伐木工业，由于产品定价低，非但不能赢利，而且还亏本。于是工人多生产一立方米木材，国家就要多付出若干财政补贴。这样，给职工产生一种假象，好像他们不是在生产，不是为社会创造财富，倒是靠国家在养活他们了。

我国经济学界在斯大林上述思想影响下，也曾经有过一种意见，主张降低生产资料价格。我们采掘工业的价格，除石油以外，一般都比较低，特别是我们的煤炭价格很低，许多煤矿赢利少，甚至还要亏本，这对我们煤炭工业的发展是不利的。我们的木材价格也偏低，所以建筑业乐于采用木材来做窗户而不乐意用钢窗。这对保护我们的原来就比较贫乏的森林资源是很不利的，也不利于经济核算。

（2）主张大众生活必需品的价格应该低些，高级消费品的价格应该高些。从表面看来，这样的主张似乎是无可厚非的，至少是符合阶级观点和群众观点的。根据这一政策，新中国成立30年来，直到1979年农产品价格调整为止，我们的大众生活消费品的价格基本稳定，特别是那几种列入计算零售物价指数的大众生活产品的价格，几乎完全没有变动（从而这种物价指数也就不能正确反映市场物价情况）。但是，如果我们深入分析一下这种政策，就会发现这个价格政策的坏处更多更大。首先，由于大众生活消费品的价格偏低，而这些大众生活消费品本身或它们的原材料主要来源是农业，因此我们在计算国民经济中工农业产值比重的时候，就会人为地降低农业的比重。其次，由于价格不能正确反映价值，不利于经济核算，还鼓励人们去消费那些实际价值高于价格的产品，而去节约实际价值低于价格的产品。最后，更重要的是由于大众消费品主要来源于农业，而农产品定价长期偏低，就影响了农业生产的发展，使我们的农业长期处于落后状态。

5 价格和价格政策

此外，还应该指出，所谓大众生活消费品和高级消费品之间的界线是很相对的。在现在低生活水平条件下所谓的高级消费品，在高水平生活条件下，就成了大众生活消费品。我们希望随着生产的迅速发展，全体人民的生活水平也逐步提高。而上述价格政策，不仅鼓励低生活水平的人去多消费实际价值高于价格的大众消费品，而且也限制了广大群众对高档产品的享受。

因此，最好的价格政策应该是按价值制定价格的政策。这是价值规律本身的要求。对于广大群众的照顾，不应当用降低生活消费品价格的办法，而应当用在发展生产基础上提高他们的收入的办法。

（3）主张支农产品的价格应该低于非支农产品的价格。一切敢于正视现实、敢于说真话的经济学者都承认，虽然斯大林和毛泽东都提倡等价交换的原则，但是国民党时代遗留下来的工农产品价格"剪刀差"问题，始终没有解决，有时甚至扩大了（如

"文化大革命"时期）。为了局部缓和这个"剪刀差"问题，就主张降低支农产品的价格。所谓支农产品是指农业用生产资料，特别是农业机械。然而，因为在工农业产品交换中，占比重大的不是生产资料而是消费资料，在工业消费品价格没有降低、农产品价格没有提高的情况下，光降低工业生产的农业用生产资料价格并不能解决整个"剪刀差"问题。单独把支农产品价格降低的结果，除了前面说过的损害了企业以至部门的经济核算，歪曲了支农产品生产部门和其他各部门之间的比例关系以外，更重要的是这种片面的低价政策损害了支农工业的发展。例如，有些农机具生产厂因产品价低，无利可图，于是改行生产家具——铁床、桌子、椅子等。报刊责备这些企业为了追逐利润而放弃本行业生产。但光是批评并不能完全解决问题。

总之，价格背离价值的价格政策，不利于正确核算各种产品的劳动消耗，从而不利于企业进行严格的经济核算；也不利于正确评价各项经济活动的效果，妨碍社会生产的按比例发展和社会经济效益的提高。

5.6 关键在于工农产品要等价交换

以上工业产品相互比价问题好解决，因为这是全民所有制经济内部问题。关键在于工农产品比价问题，这是两种公有制经济之间的问题，涉及能否无偿占有农民的劳动成果问题，必须详论之。

农民需要为社会主义建设提供一定的资金，这一点是大家一致肯定的。但国家采取什么样的形式拿更好，却值得研究。目前，基本上是两种意见，一种是主要通过价格杠杆的办法，即暗拿的办法，也就是维持目前做法；另一种是改变为完全用直接税的办法，即明拿的办法。我是同意后一种办法的，即工农业产品价格基本与价值相符，农民为社会主义建设提供资金采取明拿直接税的办法。我觉得，认为农民通过"剪刀差"这个渠道提供资金是"应该的"观点，是不对的。当然，在目前要彻底改变办法会有不少实际问题，却不能因此认为价格与价值的背离是对的。总之，我主张将来从农民那里取得资金通过直接税办法进行，而商品交换要逐渐达到等价。但目前只能通过逐步调整去缩小"剪刀差"，而不能一步登天，以免市场出现混乱。我认为，逐步使价格符合价值，就能使我们的政策符合客观经济规律。在这个意义上，我主张进一步研究社会主义制度下如何使农民负担等政策制订得更合理的问题。

5.7　工农业产品比价的问题

（1）工农业产品差价是历史遗留的问题。在旧社会，由于帝国主义和官僚买办资本对殖民地、半殖民地农村的残酷剥削，存在着工农业产品价格间的"剪刀差"。中华人民共和国成立以来，曾不断调整过，但由于种种原因，这种价格差异不可能立即完全消除，而必须有一个逐步消除的过程。

（2）存在不存在工农业产品差价是很容易认识的问题。但是相当一段时期以来，由于一些人把这个问题划为"禁区"，因而阻挠人们去研究和讨论。

客观事实是：①从每年每个农业劳动力净产值与每个工业劳动力净产值的比较来看；②从多年来农村中农民普遍重工轻农、弃农经商、弃农跑运输、弃农搞副业的现象来看；③从农产品一、二、三类物资价格的比较来看；④从集市贸易价格来看。从上述几个侧面都可以看出，我国长时期以来不但存在"剪刀差"，而且"剪刀差"还相当之大。即使在党的十一届三中全会以后，国家大幅度地提高农产品收购价格（从 1979 年到现在已提高了

41.5%），每个农业劳动力的净产值也只及工业劳动力的净产值的1/6左右。1978年以前，20年来农民实际收入不但没有增加，还略有减少。这种情况严重地挫伤了农民发展生产的积极性，并使农业的发展远远落后于工业的发展，造成国民经济比例严重失调。

1979年以来，党和国家大幅度提高农产品收购价格的决定是非常英明和正确的，是这几年我国农业获得迅速恢复和发展的重要原因之一。

（3）保留工农业产品差价的害处。在生产中，提高劳动生产率并把节约下来的劳动在国民经济各部门之间进行分配，这在工业化时代首先就是把农业的劳动生产率大幅度提高，与此同时变农村人口为城镇人口。这是直到共产主义社会永远存在的任务。譬如美国，随着农业劳动生产率的提高，每一农业劳动力能养活百人左右。这样农村就不需要那么多的人口，农村人口很自然地就会转成城市人口。可是，在我国，由于人为地压低了农产品价格，使农民从事农业生产的积极性无法提高，农业劳动生产率长期停滞不前，这个变农村人口为城镇人口的过程就无法实现。

5.8 对批判者的反驳

有些人长期不承认我国工农业产品价格存在"剪刀差"。过去甚至有人说，提出"剪刀差"问题是对党的价格政策的诬蔑。

不少人认为，对政策只有宣传的义务，没有讨论的权利。50年代理论界不许研究"剪刀差"问题。实际上，由于长期存在着"剪刀差"，粮食、油料和许多农产品生产增长很慢，甚至停滞不前。这样，就一再重犯已经犯过的错误。正如毛泽东同志在延安时所说的那样，猪碰了壁还知道回头，有时人比猪还蠢，碰了壁还是不回头。我认为，党的政策在内部可以讨论，讳疾忌医是对自己没有信心的表现。

有些人认为，弃农经商、农业生产发展缓慢等现象不是经济问题，不是工农业产品存在差价带来的问题，而是思想教育问题，是如何进行阶级斗争的问题。其实，在"剪刀差"很大的情况下，无论怎样进行思想教育，也无法普遍提高农民发展农业生产的积极性，因为有时他们的产品出售以后，还不能补偿成本，辛勤劳动以后，还不得温饱。这样，越是进行"阶级斗争"，只能越是破坏农业生产。有的同志还责问：农民应该不应该对国家、对社会主义建设有所贡献？这是转移论题。不是农民要不要对国家有所贡献，而是农民如何贡献的问题，是用直接税（农业税）形式，还是用所谓"价格杠杆"即间接税形式的问题。马克思主义经典作家一向认为，直接税同间接税相比较，前者是比较合理和进步的一种负担形式。这种看法即使是在社会主义社会也是对的。因为，用"价格杠杆"这一间接税形式会产生以下问题：

5　价格和价格政策

（1）抽税对象没有针对性。通过价格的隐蔽的间接负担形式，使国家和农民双方都不能清楚地知道国家到底从农民那里取得了多少资金。例如，中华人民共和国成立后10多年中，农民对社会主义建设所提供的资金始终是不少的。但由于主要是通过价格杠杆取得的，农业税数额往往还不及当年的银行对农业的贷款和国家对农业水利的投资。因此，曾经长期形成一种错觉，低估了农民对社会主义资金积累的贡献，甚至以为农民从国家取得的多而国家从农民取得的少。

（2）通过农产品压价隐蔽征税，则交售越多纳税也越多，既不公平也影响生产积极性。

（3）通过农产品压价隐蔽征税，对于收入不同、贫富不一的地区、生产单位和阶层不能区别对待。

（4）通过工业品提价征税，则消费越多，负担也越大。

5.9 用直接税代替价格杠杆可以不影响财政收入，也不增加农民的负担

在不增加农民负担的条件下，把通过价格杠杆向农民征收的部分，直接用公粮形式征收，是农民完全可以接受的。农民绝不会如我们很多同志所想象的那样，只同意通过价格形式向他们暗拿，而不同意用公粮形式明拿。只有把征和购分开，才能真正贯彻等价交换原则，而使城乡间、工农业产品间的流通顺畅，流通才能很好地促进生产的发展。

假定原来某一生产队每年向国家缴公粮（农业税）100万斤，征购任务900万斤，两者合计1000万斤。为计算方便起见，又假定粮食实际价值每斤0.20元，征购价格定为0.10元，900万斤共付征购款90万元，低于价值90万元，等于国家通过价格杠杆（即用间接税方式）再向生产队征收450万斤公粮。换言之，生产队实际上对国家的贡献（或农民的实际负担）是550万斤公粮，价值（按社会平均必要劳动计算的实际价值）110万元。现在假定国家规定的粮食征购价格和生产粮食所花费的社会平均必要劳动相符，即每斤价格由0.10元提高到0.20元，但是在提高粮食价格的同时，提高公粮（直接税）的征收任务，即从100万斤增加到550万斤，减少征购任务，即从900万斤减为450万斤。

经过这样的改革之后，从经济运动的实际结果来说，并没有任何变动：国家从这一生产队所取得的商品粮仍是1000万斤，国家支付给这个生产队的钱也仍然是90万元。但是在这1000万斤商品粮中，公粮部分从100万斤增加到550万斤了；征购部分从900万斤减少到450万斤了。这90万元粮食征购款中，以前是900万斤粮食的价格，现在只是450万斤粮食的价格。变化了的只是这1000万斤中划分为公粮和征购粮的比例以及90万元征购

款所代表的粮食数目。一句话，变化了的只是计账方法。

然而，这是不是脱裤子放屁，多此一举，甚至是自找麻烦，毫无意义的事情呢？

不，此举意义甚大：

（1）促进了农民的生产积极性。农民的税收负担固定了，在公粮任务不变的条件下，生产队增产的每1斤粮食，其价值全部归生产队所得。而以前则是每增产1斤粮食，多负担0.10元的间接税。

（2）农产品按价值定价之后，工农产品差价、农副产品差价不再存在，一般不再有有利无利和利大利小的问题，种植计划容易落实，容易实现工农业之间和农业内部生产的按比例发展。

5.10 提高农产品价格是不是必然要提高职工生活费，降低他们的生活水平

在农副产品价格提高之后，如何不影响城市居民的生活问题，我认为至少有两个解决办法可供选择。

（1）城市农副产品（主要是粮食）销售价格不动，购销价格倒挂，收购价格高于销售价格形成的亏损，由财政补贴。

（2）按职工粮食等农副产品消费定额和涨价幅度对消费者给予补贴。

不论采取何种办法，政府和消费者都不会吃亏。第一，由于农民向政府提供的物质财富并没有减少，仅仅是由于价格调整的结果，这些物质财富的货币表现，即价格是上涨了。第二，工人所得到的消费品的实际数量也没有增加，也只是这些消费品的货币表现即价格是上涨了。政府用同样的钱取得同过去一样多的农副产品，销价不变也不会使政府吃亏。政府也可以用销价的一个上涨数来开支给职工的补贴。这个账算不清楚，正是由于价格背离价值所造成的迷魂阵，使有些人在解决工农业产品价格"剪刀差"的"大手术"面前踌躇不前。

解决"剪刀差"问题，提高农产品价格，国家财政可能要增加一些支出。但是，这种措施能促进农业生产的发展，反过来会有利于增加财政收入。

5.11　"一目了然的事"变得很不了然

价格背离价值的害处是把一目了然的事变得很不了然。首先，价格背离价值不利于经济核算，把贵的说成是便宜的，把便宜的说成贵的，就会使经济核算失去客观标准。其次，价格背离价值会使国民经济各部门之间的比例关系丧失真相。由于存在工农业产品价格"剪刀差"，农副产品作价偏低，所以按现行价格计算，占劳动力总数的80%的农民直接对国家财政收入的贡献只有百分之几（只算公粮部分），而只占劳动力总数10%左右的工人对国家财政收入的贡献，竟占到了百分之九十几。这完全是一种假相。因为农民的贡献并没有包括通过所谓价格杠杆拿走的部分。其实，农民对国家财政收入的贡献，根据测算，按国际市场差价算，远远不止这百分之几，最低要占百分之三四十。这说明价格偏离价值，就会完全混淆国民经济的比例关系，看不见事物的真相。

5.12　价格与价值相符的价格政策是最正确的政策

我国30年社会主义建设实践表明，价格偏离价值，给核算、生产、投资、消费等方面都会带来严重的危害，以致造成人力、物力的巨大浪费。因此，价格体系改革的方向就是要求价格与价值尽可能相符，这是物价工作应树立的战略思想。在社会主义社会,人们是自觉地按照价值规律的要求来为社会主义建设服务的,而不像资本主义社会那样,价值规律是在事后自发地起着调节作用。所谓自觉地按价值规律办事,就是尽可能精确地核算劳动耗费,做到以最少的劳动消耗在最短的时期内生产出最多的产品,而这一切只有在价格与价值相符的情况下才有可能。由于社会主义生产是在国家计划指导下的社会化生产,因此,社会主义国家有可能根据生产产品的社会劳动耗费对同样产品规定统一的价格。生产这种产品的不同生产单位,由于生产技术条件或经营管理水平不同,其个别劳动耗费当然会有所不同。每个生产单位都要以其所耗费的个别劳动同这个表现产品社会劳动的价格(挂牌价值)进行比较,来鉴定自己的工作,并按照这个挂牌价值来让渡自己的产品。价格具有核算作用就是针对这个意义而言。为此,必须使价格与价值相符,以发挥其核算职能。

在我们社会主义社会里,社会必要劳动量是可以通过各种方法计算出来的。这是由于,我们实行公有制和进行社会化生产,能够比较精确计算社会必要劳动耗费的可能性,是社会主义制度决定的。我们需要的只是大体上精确的计算,这是可以凭经验,加上运用现代计算等做到的。总之,社会主义制度为计算劳动耗费提供了可能性,因而,我们必须反对不可知论和虚无主义。

有些产品由于自然资源较缺乏而必须使价格高于价值;有些产品,如烟酒等,定价较高含有寓禁于征之意。但这只是例外的情况。因此,归结起来,只有价格符合价值才符合计划经济的本质和特点,这样的政策才是最正确的政策。

5.13 稳定物价

价格应尽可能符合价值,但为了便于核算,价格又应当是相对稳定的。稳定物价不等于冻结物价。稳定物价的内涵包括了对不合适的价格进行必要的调整。不应把物价的稳定与调整对立起来。只有建立在合理基础上的稳定，才是巩固的稳定。所谓不合适的价格，就是指与价值相背离的价格。不合适的价格体系除了历史上遗留下来的不合理比价关系，如工农业产品"剪刀差"、原材料价格一般偏低而加工工业产品价格一般偏高等以外，还由于各部门劳动生产率提高的程度不一致，各种产品价值降低的幅度各不相同，因此各种产品间的比价关系过一段时期也要进行相应的调整。总之，我们必须贯彻价格符合价值的价格政策。调整物价要逐步进行，不能企求一下子把所有不合适的价格都调整好。

硬把物价长期稳住不动，也不利于经济核算，不利于国民经济健康和协调地发展。当然，我们要反对物价波动，反对物价暴涨。

6 劳动和劳动调配

6.1 社会主义"各尽所能"

社会生产力分为人的因素和物的因素两大类。社会主义社会应该自觉地调整好人与物的结合方式，以促进生产力的发展。在生产力诸因素中，人是最宝贵的。社会主义制度的优越性，就在于能充分发挥劳动力（人的因素）这一最宝贵的生产力在生产过程中的作用。

社会主义社会大旗上的第一句口号是"各尽所能"。这与共产主义社会大旗上的第一句口号是相同的。但"各尽所能"这个口号在社会主义社会和共产主义社会，具体的含义是不同的。

在社会主义社会，"各尽所能"意味着：

（1）对每一个公民而言，有劳动的权利，然而这还不是生活的必需，而只是指：一方面是对社会的义务，另一方面又是谋生的手段（是从就业意义而言）。

（2）对被推翻的剥削者而言，有劳动义务，不准不劳而获。

（3）社会必须有计划地合理地调配自己的劳动力，让劳动者尽可能充分发挥自己的才干。但是每个人还不可能获得全面发展。

由此可见，在社会主义条件下，劳动已经具有崭新的性质，成为劳动者建设自己新生活的一项光荣豪迈的事业。但是，由于生产力还没有达到高度发展阶段，旧的社会分工的残余还不可能彻底清除，人们还不能完全摆脱终身束缚在某种固定职业岗位上的状况，劳动还不能成为人们生活的第一需要。

共产主义社会的"各尽所能"与社会主义的"各尽所能"不同。那时，把劳动者终身束缚在某一种职业上的旧的分工已彻底消除，劳动不仅是谋生的手段，而且是生活的必需和乐生的要素，每个人都能得到全面的发展，可以自由选择最能充分发挥自己特长的职业。

6.2 安排就业是劳动调配的一项首要任务

社会主义社会实行"各尽所能"的原则，但是由于旧社会留下了一支庞大的失业大军，因此，在社会主义社会初期，解决失业问题，实现充分就业，就成为劳动调配的一项首要的艰巨的任务。新中国成立以来，我国在解决就业问题上既有成功的经验，也有严重的教训。

中华人民共和国成立初期，旧社会留下了400多万失业人员，同当时公私企业职工总数大体相等。我们采取的办法是"生产自救""以工代赈""3个人的饭5个人吃"等。结果在一二年内，失业问题就基本解决了。这是连共产党的政敌也不能不佩服的。第一个五年计划期间，我国开展了大规模的经济建设，国民经济获得了迅速发展。与此同时，对国民经济产业结构进行了合理的调整，工业在国民经济中的比重迅速提高，农业、轻工业、重工业协调发展，结果不但彻底解决了旧社会遗留下来的失业问题，而且安排了每年新增加的大批劳动力就业，成功地解决了充分就业问题。

社会主义社会，应当实现充分就业，也有可能实现充分就业。为了实现充分就业，我们必须按客观经济规律办事，使国民经济有计划按比例高速度地发展。同时做到人口的有计划增长或控制人口的增长，使两者的增长相适应，否则就业问题将成为一个严重的社会问题。在这方面，我国也有严重的教训。解放初期，我国人口自然增长率为 2.2%—2.5%，到 70 年代每年就有 60 000 万 × 2.2% = 1320 万人到达劳动年龄的青年需要安排就业，相当于一个中等国家的人口。这就给就业安排带来严重的困难。50 年代，马寅初等同志早就看到了这个问题的严重性，提出了节制生育和有计划地控制人口增长的正确主张。这一主张不仅没有被采纳，反而遭到了错误的"批判"。结果，在"左"倾路线的干扰，特别是后来"文化大革命"中在林彪、"四人帮"的破坏下，我国人口增长长期处于无政府状态，没有做到有计划的控制。同时，国民经济的发展遭到了很大的损害，致使全国城镇待业人员一度多达 2000 多万人。粉碎"四人帮"后，特别是党的十一届三中全会以来，由于贯彻执行了"调整、改革、整顿、提高"的八字方针，国民经济得到了迅速的恢复和发展，国民经济结构和所有制结构也进行了合理的调整和配置，多年来积累起来的大批待业人员得到了安置，就业问题已经大大缓解，计划生育工作也取得了初步的成效，人口的自然增长率明显下降。但在相当长的一段时间内，每年仍将有不少的新增劳动力需要安排就业，安排就业仍是劳动调配的一项重要任务。

在国民经济获得更加迅速的发展，产业结构更趋合理化，人口自然增长率逐年降低以至停止增长后若干年，安排就业的困难是会逐年减轻以至消失的。

6.3 节约劳动时间和劳动时间在国民经济各部门之间的合理分配

马克思说，"时间经济以及有计划地分配劳动时间于不同的

生产部门"，"是以集体为基础的社会首要的经济规律。甚至可以说这是程度极高的规律"。❶

在工业化时代，这首先就是提高农业劳动生产率，变农业人口为工业人口，变乡村人口为城市人口。这也是社会主义社会长期的任务。

毛泽东同志在《论联合政府》中说："农民——这是中国工人的前身。将来还要有几千万农民进入城市，进入工厂。如果中国需要建设强大的民族工业，建设很多的近代的大城市，就要有一个变农村人口为城市人口的长过程。"❷

用统计数字说明几个重要国家一个农业劳动者生产的农产品能养活的人数在逐渐增加，农业人口逐渐转变为工业和国民经济其他部门的人口。

在我国，1958年提出钢铁翻一番等高指标和"以钢为纲"的口号，千百万农村劳动力大炼钢铁和进城做工，一年之间全民所有制职工就增加2000多万，75%增加在工业部门，其中83%增加在重工业部门，城市发展过快，农业人口转变为工业人口过多（1958年和1957年相比，农业劳动者占社会劳动者的比重由81.2%陡降为58.2%，工业劳动者占社会劳动者的比重由5.9%猛增为16.6%），大大削弱了农业战线，农业生产大幅度减产，带来3年经济困难。

1961年，提出"调整、巩固、充实、提高"的八字方针，开始了相反的过程，一二年内精减了2000万职工，动员他们下乡充实农业生产第一线。

"文化大革命"期间，特别是提出上山下乡口号后，城市大

---

❶ 马克思：《政治经济学批判大纲（草稿）》，第1分册，第112页，北京，人民出版社版，1975。

❷ 毛泽东：《论联合政府》，见《毛泽东选集》，1—4卷合订本，第978页，北京，人民出版社，1966。

批知识青年到农村插队落户。上山下乡如果是为了让城市知识青年了解农村情况，了解和体验贫下中农的生活情况，无可非议；如果是为了解决城市知识青年就业问题，那就等于从农民的嘴里掏饭吃，那是不符合社会经济发展规律的。这暴露了我们的计划生育工作抓得不好，城市工业和其他事业发展得不好。同时，与其从农民嘴里掏饭吃，还不如在城市解决知识青年的就业问题，如发展集体企业，变8小时工作为6小时工作，其余两小时组织学习文化技术。干活时就要像干活的样子，不能磨洋工，生产任务不足情愿缩短工作时间，增加学习时间。

粉碎"四人帮"以后，情况开始好转。由于国民经济的迅速恢复和发展，变城市人口为农村人口的倒流过程已逐渐停止。通过落实政策，大力发展集体企业，从1979年以来，就在城镇安排了2000多万待业青年就业，取得了显著的成绩。

从长远来说，不改变过去变城市人口为农村人口的倒流过程为"变农村人口为城市人口的长过程"，中国社会主义建设的一个基本问题，是仍然没有解决的。这里有不少问题需要研究，像如何贯彻大中小并举、土洋并举等。

为了完成以上任务，关键在于用更高的速度发展工业，包括建设小城镇和发展乡镇企业，使工业和城镇能吸收更多的劳动力，不但能吸收本身新增的劳动力，而且能吸收农村的劳动力。

社会要合理分配劳动力于不同部门，还有一个随着社会生产的发展，物质生产部门劳动力和非物质生产部门劳动力的合理分配问题。总的趋势是，非物质生产部门占的比重逐步提高。在发达的资本主义国家，"第三产业"部门（服务行业，其中大部分是非物质生产部门）就业人数占总就业人数目前已达50%以上，而我国只占10%，还大有发展的余地。

6.4 农业机械化也要求变农村人口为城市人口

提高农业劳动生产率,提高每一个农业人口生产的农产品能养活人口的数量,是通过农业机械化和现代化实现的。

过去为什么在城市不能充分吸收本身自然增值的劳动力的时候,农村反能吸收上山下乡的"知青"?原因之一是,农业不仅可以向广度发展,而且可以向深度发展,搞"精耕细作",吸收大量的活劳动。原因之二是,农业部门有机构成低,每个农业劳动力的资金装备比工业部门低得多。比如,我国每一个全民所有制工业劳动者的技术装备总值为1万元多一点,而每一个农业劳动者的技术装备总值只有几百元(美国农业劳动者则达10万美元)。

但是,这种情况将随着社会经济的发展而改变。在我国,随着农业社会主义改造基本完成,逐步实现农业的技术改革、农业的机械化是经济发展的必然趋势和要求。

农业的技术改革,最根本的、具有决定性意义的是实现农业机械化、电气化。因为,只有实现农业机械化、电气化,才能节约大量的劳动力,才能最终巩固集体经济,才能从根本上改造农民的小生产者的思想和习惯。

应该看到,农业机械化、电气化同有些农业增产措施(如施化肥、改良品种)比较起来,是占用资金较多而见效较慢的。对于农业技术改革的各个方面的作用,需具体分析,既不能片面强调某些技术措施投资少、见效快,而忽视农业机械化、电气化;也不能把农业技术改革简单地看成就是机械化、电气化,而忽视其他农业增产技术措施。

我国农业是搞以增产为主的,还是以节约活劳动为主的机械化,需专门研究。我国人多地少等条件与日本相似,而与美国人少地多不同,怎样"化"法经济效果最大,有一系列的问题需要研究。

马克思在 100 年前就指出,农业并没有同工业以相同的程度向前进步,其原因之一就是科学技术在农业中的应用比工业要晚得多。可是,他当时已经预言,工农业发展的这种不平衡的状况是会改变的,当工业发展到一定阶段,"农业生产率必定比工业生产率相对地增长得快"❶。随着农业劳动生产率的提高,大批的劳动力将从农业中解放出来,流进工业和国民经济其他部门。这是社会发展的重要标志。

6.5 劳动资料有限和大量劳动力需要安排就业的矛盾及解决办法

我国现阶段生产力水平仍比较低,经济还相当落后,要加速实现四个现代化,赶超世界先进水平,尽快地把国民经济搞上去,必须正确地认识和解决我国现阶段劳动资料有限和大量劳动力需要安排就业的大矛盾。

诚然,为了赶超世界先进水平,我们在建设新的企业时,要尽可能地采用最现代化的技术设备。这就是说,必须建设投资多、有机构成高、劳动装备好的先进企业。由于社会劳动生产率的高低一般是和"一定量劳动所推动的生产资料量成正比",或"和一定数目的工人在工作日已定的情况下所推动的生产资料量成正比"❷,所以,建设现代化的大型企业,就会有很高的劳动生产率,能够加速四个现代化的步伐。

但是,对于我们这样一个发展中的国家来说,由于经济实力

---

❶ 马克思:《剩余价值理论》,见《马克思恩格斯全集》,第 26 卷 II,第 116 页,北京,人民出版社,1972。

❷ 马克思:《资本论》,第 3 卷,第 183 页,北京,人民出版社,1975。

不强，资金积累有限，在一定时期内所能建设的大型现代化企业总不可能很多，因而，这类企业能够吸收就业的人数也就较少。另一方面，我国人口多，劳动就业问题相当突出，而建设社会主义又需要尽量充分地调动劳动者的积极性。于是，这两方面的情况就不能不是一个极大的矛盾。

那么，如何解决这一矛盾呢？

早在20世纪50年代末，毛泽东同志就提出了解决这一矛盾的方针。这就是中央与地方并举、大中小并举和土洋并举的一整套两条腿走路的方针。这个方针很英明，既符合中国的实际情况，又符合马克思主义的经济学原理。

问题很清楚，如果我们能够真正地按照三个并举的两条腿走路的方针去办，那我们的国家，就可以由中央一级集中人力、物力和财力去建设一批拥有最现代化技术装备的大型企业，并把它作为我们实现四个现代化的标兵和骨干。同时，由地方即省（直辖市）、地、县等因地制宜地举办大批的中小型企业。与大型现代化企业相比，这些中小型企业，当然比较"土"而不是那么"洋"，劳动生产率比较低而不会那么高。但是，它能够吸收更多的劳动力就业，能够最大限度地调动一切人力、物力和财力（说到底就是形成生产要素的人和物）来进行社会主义建设。并且，它还有投资少、建设时间短、收效快等好处。

总之，在我国现阶段，为了解决资金特别是劳动资料有限而劳动就业问题又十分突出的矛盾，必须认真贯彻执行毛泽东同志提出的两条腿走路的方针，在建设一批现代化企业的同时，发挥我们的长处即人的因素的优势（但又不忽视物的因素），尽量把一切现有的人力、物力和财力都组织、安排好，使其发挥生产的能力。

6.6 执行两条腿走路的方针要掌握好限度，防止极端化

两条腿走路的方针很正确，一定要贯彻执行。可是，一定要

掌握好限度，不能搞极端化。"任何真理，如果把它说得'过火'……加以夸大，把它运用到实际所能应用的范围以外去，便可以弄到荒谬绝伦的地步"❶。

过去，我们只是满足于提出正确的方针口号，而没有研究它的具体内容，没有强调从实际出发和按客观规律办事，不重视算账和经济效果的比较，所以，就没有掌握好两条腿走路的方针怎样执行才算合理的限度，从而，就不能不在执行中产生片面性。一说到地方的重要性，就搞成地方分散主义；一说到要建大"洋"企业，就越大越好，越"洋"越好；一说到要建立小"土"企业，就越小越好，越"土"越好。比如，当年搞"大炼钢铁"，就是把小"土"极端化；各个省那时都建汽车制造厂，就是搞地方分散主义；等等。

总结历史的经验教训，要正确执行两条腿走路的方针，关键就在于要算账，要比较经济效果。同建设大型"洋"企业比，建设中小"土"企业必然是有机构成低，劳动生产率低，甚至 $\dfrac{m}{v}$ 也会略有降低。这是正常的，可以允许的。但是，必须通过算账、通过经济效果的预测、比较，去寻找建设中小"土"企业合理与否的"限度"。这个限度是，不管中小"土"企业的有机构成如何低，劳动生产率如何低，甚至 $\dfrac{m}{v}$ 如何下降，总不能使 $\dfrac{m}{c+v}$ 降低。这是因为在建设大"洋"企业时之所以还要搞中小"土"企业，本来就是由于缺乏资金。而如果要搞的中小"土"企业连 $\dfrac{m}{c+v}$ 也降低，那就意味着资金积累也降低，这显然是不合算的。

6
劳动和劳动调配

---

❶ 列宁：《共产主义运动中的"左派"幼稚病》，见《列宁选集》，中文2版，第4卷，第230页，北京，人民出版社，1972。

从理论上说，在投资相同的情况下，与大"洋"企业比，中小"土"企业 $\frac{m}{c+v}$ 不降低、甚至增加也完全是可能的。一般说来，利润率即 $\frac{m}{c+v}$ 总是和有机构成成反比。正是从这个意义上讲，建设中小"土"企业，其 $\frac{m}{c+v}$ 与大"洋"企业比是不会下降的。问题的要害还在于我国的劳动力充足，劳动者的生活费用低，在 $\frac{m}{c+v}$ 不降低或稍有提高的情况下，尽管个人的劳动生产率低，所得利润量少，但是，由于有更多的劳动者从事生产，企业的总产量、从而总利润量也还是不会减少，而是可以增加的。

6.7 必须把增加产量的技术革命放在优先地位

在我国现阶段，既然积累资金特别是劳动资料和劳动就业的矛盾相当突出，而只有正确地贯彻执行三个并举的方针才能很好地解决这一矛盾，取得好的经济效果。特别是，既然在 $\frac{m}{c+v}$ 能够不降低时，可以建设就业多的中小"土"企业，那么，就必然会认为应该实行这样的技术政策：使增加产量的技术革命比之节约活劳动的技术革命处于优先地位。

进行技术革命需要大量的资金，需要雄厚的物质基础，特别是需要先进的劳动手段。可是，所有这些又都是我们所缺少的。很明显，在资金和物质技术基础有限的情况下，要同时进行增加产量和节约活劳动的技术革命，是力所难及的。我们一方面物质产品特别是劳动资料不足，另一方面人口多，需要就业的人数多，由于装备劳动力的物质基础很有限，劳动就业的问题就更是显得特别突出。因此，对我们来说，在社会主义现阶段，要解决的一个重要问题，就是首先增加物质产品总量并以此为基础来解决劳动就业问题。既然如此,在两种技术革命不可兼得的情况下,我们就只能把着重于增加产量的技术革命放在优先的地位。对一个企业、一个部门来说,应该这样,对整个国民经济各部门来说,也应该这样。

当然,把着重增加产量的技术革命放在优先地位的技术政策并不是一成不变的。可以设想,在经济有了进一步发展、资金(物化劳动)充足、劳动力缺乏、节约起来的活劳动可以立即投入其他企业而不存在待业问题的情况下,两种技术革命都能提高整个社会的劳动生产率,具有同等的意义。而在节约活劳动成为迫切问题的时候,着重于节约活劳动的技术革命,就会转化到处于优先的地位。可是,如果条件不具备,像我国现阶段的情况,要想人为地把两种技术革命同时并重,或者甚至把节约活劳动的技术革命放在优先地位,势必导致就业问题不能解决,节约下来的劳动力不能安排而只好闲起来。这样,就不利于生产力的发展,延缓四个现代化的实现。

6.8　宁可暂时缩短劳动日也要提高劳动生产率

马克思主义经典作家早就预见到:在建设社会主义和共产主义过程中,随着劳动生产率的提高,人类为生产物质生活资料所需要的劳动时间就会减少;从而,就可以缩短劳动日,增加自由时间,使人们自由地从事文化、科学等活动,全面地发展人的智能。到了共产主义高级阶段,每个公民再也不会把生产劳动当成一种负担,服务性的社会公职也不会再终生地固定于某些社会成员的身上了。

我国已经建立了社会主义制度,但由于种种原因,我们的劳动生产率还很低。为此,我们距离能大大缩短劳动日的共产主义高级阶段还很远很远。

可是，在当前，我们又不能不提出缩短劳动日的要求。从表面看，一方面劳动生产率很低，另一方面又要缩短劳动日，这似乎很矛盾。但是，如果从实际出发，那就会看到，暂时地缩短劳动日，就是为了提高劳动生产率，为了在未来能真正缩短劳动日。

现在，由于我国的劳动力多，人们在解决劳动就业问题时，往往忽视了劳动要素（人与物）在劳动过程中按比例地合理结合。结果，造成许多企业人浮于事，本来是3个人的活5个人干，6小时的活8小时干，劳动生产率很低。劳动生产率是最终决定一切的。如果我们不采取措施去解决人浮于事的问题，不重视劳动生产率提高的问题，什么四个现代化的实现、社会主义的胜利、共产主义的到来，统统都是空想。

为了解决这个问题，宁可紧缩生产人员编制，缩短劳动日，也要保证劳动生产率提高。使干活的真正像干活的，学习的真正像学习的。为此，必须从实际出发，制定合理而先进的劳动定额。对"多余"人员或"节余"的时间，或者组织职工轮流定期上科技学习班，或者实行生产上的多班轮换制，缩减各班工作日，组织职工利用节余的时间学习科学技术。这样做，既能使现有的劳动生产率有所提高，又能为进一步提高劳动生产率打下基础。

总之，在目前情况下，我们应该是宁可紧缩生产人员编制，缩短劳动日，也要把劳动生产率搞上去。我们不能只顾解决就业问题而不顾劳动生产率的提高。正确的方针应该是，既要解决就业问题，又要注意提高劳动生产率。

6.9 必须进一步把节制生育的工作抓紧抓好

节制生育同劳动及劳动分配问题有着直接的关系。为了把社会主义的劳动及劳动分配组织安排好，必须把节制生育的工作抓紧抓好。

有些人一听到我们要搞计划生育、节制生育，就认为这是在贩卖马尔萨斯主义。其实，这是混淆了马克思主义人口论和马尔萨斯人口论。马尔萨斯的人口论之所以反动，就在于它为资本主义的剥削、相对人口过剩、侵略战争，以及由资本主义制度所造成的瘟疫、饥荒等进行辩护和开脱，并麻痹广大人民的革命意识。

毫无疑问，我们对马尔萨斯的反动人口论是持批判态度的。但是，批马尔萨斯主义不能否定节育。节育问题，不只马尔萨斯谈到过，马克思主义经典作家也谈到并明确肯定过。恩格斯说："如果说共产主义社会在将来某个时候不得不像已经对物的生产进行调整那样，同时也对人的生产进行调整。那么，正是那个社会，而且只有那个社会才能毫无困难地做到这点。""无论如何，共产主义社会中的人们自己会决定，是否应当为此采取某种措施，在什么时候，用什么办法，以及究竟是什么样的措施。"❶ 这里所讲的计划生育，可以包括节制生育的内容。恩格斯说的这些话，适用于我国。

社会主义计划经济，也包括了人口的计划生育、计划节育。在现阶段，我们之所以要把节制生育的工作抓紧抓好，其根本的理由就在于我们的经济发展与人口增长极不平衡。我们的人口基数大，增长率高，就业问题相当突出。特别是随着科学技术的发展，新生一代就业的劳动装备比上一代需要的资金更多，而实际上，我们的资金积累又很有限。面对着这种情况，如果不采取节制人口生育的措施，就必然要破坏社会主义的计划经济，拖四个现代化的后腿，影响人民生活的改善和提高。

---

❶ 恩格斯：《致卡尔·考茨基（1881年2月1日）》，《马克思恩格斯〈资本论〉书信集》，第372—373页，北京，人民出版社，1976。

为了把节制生育工作抓紧抓好，我们应该总结一下过去在对待人口问题上的经验教训。早在100多年以前，恩格斯就明确地指出了我国的人口稠密问题。❶ 可是，我们有很多人在过去不了解这一点，一再地片面宣传人是最宝贵财富，而不去研究人的生产与物质产品生产之间的平衡问题，从而，非但不采取节制生育的政策，而且还对马寅初同志关于人口要控制的理论大加讨伐。结果，不能不助长人口的更快增长，进一步加深了经济发展和人口增长不平衡的矛盾。总之，教训是极为深刻的，我们应该认真地加以总结，切实地把节制生育的工作抓紧抓好。

6.10 健全劳动力分配机构，做好劳动力分配的组织工作

劳动力分配是一项十分重要的工作，它关系着劳动就业安排的好坏，关系着个人劳动能力能否更好地发挥，关系着是否尽量利用一切人力、物力和财力发展社会主义生产和提高社会劳动生产率的问题。每个企业、每个部门，都不仅要把劳动生产率提高当作自己的根本任务，还必须把做好劳动力分配工作当作一项重要任务经常地抓。

但是，仅仅由企业和部门去做劳动力分配上的组织工作，还是远远不够的。为了把全社会范围内的劳动力分配工作做得更好，以便人尽其才，各尽所能，更好地发展社会生产，整个社会也必须有专门从事劳动力分配的组织机构。它同时是工资管理机构。劳动力分配是社会主义计划经济中一个重要内容。劳动力分配方面的组织机构必然会与经济计划机关发生密切的关系。两方面的工作应该互相配合、协调一致。看来，劳动力分配方面的组织机构，最好是独立部门，不作为计划机关的一个附属部门。

---

❶ 参阅恩格斯：《致费·阿·左尔格（1894年11月10日）》，见《马克思恩格斯选集》，第4卷，第511页，北京，人民出版社，1972。

在我国社会主义现阶段，劳动力分配工作的中心任务是安排就业。这个工作很艰巨、很困难，需要下大功夫才能做好。随着生产力的高度发展，劳动力分配方面的中心工作（也是最困难的工作）就将是节约劳动，寻找劳动力资源。在城乡和工农差别消灭之后，劳动力分配的任务不会再是动员上山下乡而是动员进厂矿。因为在那时，人们将总是乐于从事直接与阳光和新鲜空气相接触的劳动，即在大自然界从事的劳动。

当然，对我们来说，重要的还不在于展望未来，而是在于把劳动力分配方面的组织机构健全起来，尽量发挥其积极作用，把劳动力分配工作切实有效地抓紧抓好。而为了达到这一目的，就需要从实际出发，调查研究，按客观规律办事。

7 劳动报酬

7.1 按劳分配的概念

社会主义社会大旗上的第二句口号是"按劳分配",或译"按劳付酬""各取所值"。这和共产主义社会的第二句口号"按需分配",或译"各取所需"不同。这就是说,在前一种社会里,社会根据每一个劳动者提供的劳动量的多少,把个人消费品分配给他们。而在后一种社会里,"社会就不必在分配产品的时候规定每人应当领取的产品数量,每人将'按需'自由地取用"。[1]

这里应当指出,"分配"的译文同马克思原话的意思不甚符合。按德文原文,"按劳分配"指的是:按照各人的劳动给予他们。这里并没有"分配"的意思。至于到了共产主义社会,既然能够充分满足需要,那就更谈不上"分配"了。马克思在这里说的是"按照各人的需要给予他们",把这句话译成"按需分配",容易使人把在供应不足的条件下实行的配给制同共产主义的分配原则或"共产主义因素"混为一谈。"各取所需"的译法虽然将原话的主语和谓语倒置,但内容符合于列宁对共产主义的消费品分配原则所做的解释。

为什么社会主义社会和共产主义社会的个人消费品分配原则

---

[1] 列宁:《国家与革命》,见《列宁选集》,中文2版,第3卷,第254页,北京,人民出版社,1972。

有这种差别？主要的或甚至可以说是唯一的原因，是生产力发展还不足，或社会尚未达到充分富裕。在还没有做到"集体财富的一切源泉都充分涌流"❶的情况下，所有的人都按需要自由领取消费品还不可能，而在公有制的条件下按照占有财富的多少来分配产品又已不可能了。此外，在不能实行"各取所需"的情况下，否认劳动差别，搞平均分配，只能损害劳动的积极性，破坏生产力。因此，按劳分配是唯一可能的分配方式。

过去有一种流行的观点，认为社会主义社会之所以要实行按劳分配，而不能各取所需，是因为"人民的觉悟程度不高"。这种说法有双重的错误：一方面它反映了一种唯意志论的观点，似乎只要人们的觉悟提高了，不论生产力发展到什么水平，都可以"实施"按需分配。另一方面，它反映了一种鄙视劳动群众的贵族式观点。按照这种观点，群众之所以接受按劳分配，是因为他们没有共产主义的高度觉悟。好像收入越多、越能满足自己生活需要的人，觉悟就越高。其实，绝不能设想，生产已获充分发展，足以满足人的全面发展的需要，人们却普遍地"觉悟不高"。即使到那时还有个别人在道德上留有旧社会的痕迹，也可以"先予后教"，而不必用按劳分配像钓鱼那样去钓取他们的积极性。

7.2 分配的重要性，分配变质会使整个生产关系变质

是否坚持按劳分配原则，是牵涉到社会主义公有制变质与否的大问题。

有人以为，只有生产资料法律归属改变了，才能说所有制已经发生变质。这是只从法权形式上看问题，而没有分析所有制关系的经济内容，即生产、交换、分配诸关系而造成的误解。我们

---

❶ 马克思：《哥达纲领批判》，见《马克思恩格斯选集》，第3卷，第12页，北京，人民出版社，1972。

已经说过，所谓所有制关系的经济内容，就是全部生产关系的总和。这里还要进一步指出，生产（狭义的生产）关系和分配关系，是同一件事情的两个不同的侧面。或如马克思所说，"分配关系和分配方式只是表现为生产要素的背面"❶。

常常有这样的情况：从表面上看，所有制似乎并没有发生变化，但是分配关系却发生了根本性改变，在这种情况下，原来的所有关系已经得不到经济上的实现，也就是说，所有制实际上已经变了。以林彪、"四人帮"一度控制的地区和部门为例，在那里，虽然社会主义公有制表面上并没有受到侵犯，但是，林彪、"四人帮"一伙成了生产资料实际上的主人。他们可以恣意挥霍人民群众辛勤劳动的果实，甚至像他们中有的人讲的，货币已经对他们不起作用。就是说，他们可以不受任何法权规范的限制，随心所欲地支配全民财产。在这种范围内，社会主义公有制已遭到破坏，实际上成了林彪、"四人帮"的封建行帮所有制、特权阶层所有制。

因此，为了巩固社会主义公有制，必须坚持按劳分配原则，反对特殊化，反对一切特权。

为了坚持和贯彻按劳分配原则，必须制订和实行正确的工资政策，反对平均主义，反对吃"大锅饭"。

7.3 论"按劳分配"或"按劳给酬"是"资产阶级权利"

按劳分配作为"资产阶级权利"在社会主义社会里仍然存在，但这是没有资产阶级的资产阶级权利，是社会主义的分配方式，而不是资产阶级分配方式。

---

❶ 马克思：《〈政治经济学批判〉导言》，见《马克思恩格斯选集》，第2卷，第98页，北京，人民出版社，1979。

按劳分配是指,"每一个生产者,在作了各项扣除之后,从社会方面正好领回他所给予社会的一切"。"这里通行的是商品等价物的交换中也通行的同一原则,即一种形式的一定量的劳动可以和另一种形式的同量劳动相交换。所以,在这里平等的权利按照原则仍然是资产阶级的法权"。❶ 这就是说,按劳分配的权利之所以仍然是"资产阶级权利",仅仅因为按劳分配所遵循的原则仍然是商品等价物交换中所遵循的同一原则。商品所有者对于私有财产拥有的权利,即是"资产阶级(市民)权利"的主要内容。

马克思提出这个概念的意义,在于指出实行按劳分配原则,保留对消费资料私有制的承认,是新社会的生产关系还没有成熟的表现,它还不是我们的最高理想,我们的最高理想是各取所需。

张春桥早在1958年就对当作按劳分配同义语使用的"资产阶级权利"这个概念极尽歪曲之能事,1975年又进一步发挥,造成了极大的思想混乱。他把按劳分配说成是"蒋介石……捏造的神话"(《破除资产阶级法权思想》),把"资产阶级法权"说成是"和资本主义差不多"的东西(《论对资产阶级的全面专政》),这些都是极端荒谬的。按劳分配是社会主义社会能够实行的唯一正确的分配原则,尽管它还带有旧社会遗留下来的痕迹。而资本主义社会的分配原则却不是什么"按劳分配",而是根据生产资料和劳动力占有的分配。二者泾渭分明,有什么共同之处呢?就拿权利关系来说,按劳分配的"资产阶级权利"只承认对于个人消费品的所有权,而不承认对生产资料的所有权,更不承认凭借生产资料的排他占有剥削别人的权利。怎能把这些本质不同的权利关系混为一谈?

7 劳动报酬

---

❶ 马克思:《哥达纲领批判》,见《马克思恩格斯选集》,第3卷,第10—11页,北京,人民出版社,1972。

林彪、"四人帮"拼命攻击所谓的"资产阶级法权",不仅是为了丑化社会主义的按劳分配的平等权利,而且是为了美化他们这股流氓政客封建行帮的非法(对于社会主义制度是非法)的特权。

应当说明,《哥达纲领批判》原来译文中的"法权"一词,用得不很确切。中译文中的"法权"和"权利"在德文原文中是同一个词"Recht"。这个词在中译文中有时译为"权利",有时译为"法权",就增加了人们的误解。但是,我也不赞成尽在"法权"两字上做文章,好像讲"法权"是指意志关系,讲"权利"就是指经济关系。其实,"法"和"权"是紧密联系在一起的,不论是"法"还是"权",都是指一定的意志关系。问题在于,这种意志关系的内容是由经济关系给予的。或者说,法律关系和权利关系的经济内容是一定的生产关系。马克思、列宁提出"资产阶级权利"的概念,正是要分析它的经济内容——商品的等价交换关系在社会主义分配中的表现。

7.4 当前我国劳动报酬方面存在的几个问题

目前,我国劳动报酬方面存在的一个严重问题是水平低,多年来没有随着生产的发展相应地增长。社会主义生产是为全社会劳动人民的福利进行的生产。社会生产发展了,劳动生产率提高了,如果社会扣除的比例不变,劳动者提供同样数量的劳动,他根据按劳分配原则从社会分配到的消费品数量就要按劳动生产率提高的同一比例增加。即使社会扣除的比例也同时提高,劳动者个人取得的消费品数量,也会有所提高。如果在生产迅速发展(长一寸)的情况下逐步提高一点扣除比例,以增加社会消费和提高用于扩大再生产的积累部分,个人福利也还可以增一分、二分甚至三分、四分。

问题在于，在我国，这个正确的方针没有能够始终如一地得到贯彻。原因有两个：一是生产增长速度不高，特别是社会劳动生产率提高不快，到后期几乎没有增长；二是在国民收入增加不多的情况下片面追求积累率的提高，使得从1957年到1977年的20年中我国工农群众的生活水平提高很慢。1952—1979年，全国工业劳动生产率平均每年增长3.8%，按人口平均的国民收入平均每年增长4.7%，职工年平均货币工资平均每年增长1.7%，职工年平均实际工资平均每年增长0.9%。其中，每一个五年计划时期，工业全员劳动生产率、按人口平均的国民收入和职工平均货币工资平均每年增长率分别为8.7%、6.5%和7.5%。而1967—1976年的十年浩劫中，按人口平均的国民收入平均每年只增长2%，工业全员劳动生产率平均每年下降1%，职工年平均工资平均每年下降0.5%，实际工资下降得更多，平均每年1.4%。党的十一届三中全会以后，上述状况开始改变。在生产迅速发展的基础上，工资有较大幅度的增长，职工的生活水平提高很快。

由于多年来没有提高劳动报酬水平，按劳分配原则的贯彻存在许多问题：①许多工龄达10—20年，需要赡养老小的生产骨干，工资长期不动，生活水平很低，损害了人们积极生产、努力钻研技术和改善经营管理的积极性。②20年来物价水平有不小的提高，货币工资水平却很少变化，使相当一部分劳动群众的实际生活水平下降。③地区间的比价关系变动很大，原定的地区工资差别已不能反映实际情况，造成苦乐不均现象。以上这种情况这几年已有所改变，但尚未完全解决问题。今后应当随着劳动生产率的提高逐年调整工资，根据各人的劳动熟练程度正常晋级。

所谓随着劳动生产率的提高调整工资，一般指的是社会劳动生产率的提高，而不是个别单位劳动生产率的提高。

我国劳动报酬方面存在的一个更为严重的问题，是平均主义。主要表现在：

（1）不同企业之间的平均主义。由于奖励与企业的经营成果不挂钩，以及其他规定不合理，经营得好的企业和经营得差的企业劳动报酬没有差别，甚至有的企业经营不善、发生经营性亏损也照样拿奖金。

（2）各个劳动者之间的平均主义。由于长期以来升级不正常，工资等级结成"疙瘩"的现象很普遍。在同一等级的职工中，尽管技术、业务水平和劳动贡献差异很大，而工资差别很小，甚至"倒挂"，因而不能体现多劳多得。因此，社会主义国家要选择适当的劳动报酬形式，使劳动者的收入同他对社会做出的贡献、同他提供给社会的劳动数量和品质相适应。

7.5 劳动报酬形式——计时工资和辅助工资

劳动存在方式有潜在状态的劳动、流动状态的劳动、凝结状态的劳动。按劳分配所依据的是流动状态的和凝结状态的劳动，即劳动者实际提供给社会的劳动和劳动实际贡献。但流动和凝结状态的劳动由于种种原因是难于把握、难于计量的，最简便的方式是通过潜在状态的劳动来估量每个人可能提供的劳动量。

计时工资是根据计量潜在劳动（劳动能力）贯彻按劳分配的一种社会主义报酬形式。

实行计时工资时，要规定与各种技术等级相适应的工资等级，劳动者根据自己的技术等级取得工资。

我国工业中主要实行计时工资。它存在的问题是：①对各个等级的技术要求（应能、应会）缺乏明确规定，或有规不遵。②各地区、各部门、各工种工资等级标准十分杂乱，在行业之间、工种之间、同工种的不同劳动者之间，工资差别存在很多不合理的地方。③对劳动者实际达到的等级缺乏必要的考核，也没有正常的晋级制度。④劳动者得到的报酬与他的实际贡献不相一致。

造成这种情况的原因主要有二：一是政策上和工作执行上的偏差。二是单纯计时工资制本身的缺陷。这种工资形式决定了它只能从潜在能力上估量劳动贡献，而潜在能力同实际贡献往往是有差异的。

为了弥补这种缺陷，在实行计时工资制时，首先要以各种辅助工资形式，如岗位津贴、职务津贴等，来加以补充。

7.6 劳动报酬形式——计件工资和定额管理

计件工资是通过计量凝结劳动（产品数量）贯彻按劳分配的一种社会主义报酬形式。

计件工资制的基本要素是劳动定额和计件单价。在这方面都规定得严格、合理的情况下，计件工资制是实现按劳分配的良好形式。因此，在单人或小组作业尚未实现自动化的部门和工种，凡是能计件的，都应当实行计件工资制。

林彪、"四人帮"攻击计件制，说实行计件制就是"钞票挂帅"，甚至是"复辟资本主义制度"，所依据的理由是：①计件制腐蚀劳动者的集体主义观念；②计件制造成少数人过高的收入，造成高薪阶层；③计件制使劳动者追求产品数量，忽视产品品质；④计件制是加强劳动强度、榨取工人血汗的剥削制度。以上这些理由都是站不住脚的。

计件制的几种类型：简单计件制、有限额计件制、累退计件制和累进计件制；个人计件和集体计件。善于根据劳动特点和生产发展的要求选择适当的计件制形式，就能够防止许多弊端的出现。

制定正确的劳动定额，是实行计件制的前提。定额的修订是一个重要的经济和政治问题。如果没有严格的定额管理，也不可能把计件制搞好。

7.7 奖金和利润分成

奖金是对超额劳动的报酬，是对工资特别是对计时工资的重要补充。没有这种补充，就难于贯彻按劳分配。

现在有一种看法，以为奖金是目前职工工资过低的一种补助。由于这种看法，加之在现行体制下对奖金发放缺乏经济上有效的监督，便出现了滥发奖金的现象。这不仅提高了产品成本，增加了国家开支，还造成了新的平均主义，对奖励先进、鞭策落后没有起到应有的作用。

在现行体制不做根本性改革的条件下，为对奖金发放进行一定的经济控制，又不重复过去用工资总额的一定比率控制奖金总量带来的问题，应当建立把奖金同企业赢利状况联系起来的提取奖金制度，并把奖金发放范围控制在先进工作者的限度内。这样就不仅可以防止平均主义，而且可以把劳动者实际得到的报酬多少同企业的整个经营状况联系起来，促使职工关心企业的经营管理。

随着经济改革的进行，还要进一步把奖金制度同企业自负盈亏的制度结合起来，使它成为一种活动工资。这样，社会主义企业劳动者的报酬将由三部分组成：基本工资、辅助工资和活动工资。

7.8 按劳分配和政治思想工作

经济是基础。生产、交换、分配关系是否适宜，对于劳动者积极性的能否发挥，是起主要作用的因素。

但是，除了经济因素，政治思想的上层建筑因素对劳动者积极性的发挥也是有重要意义的。在社会主义阶段，企业的政治思想工作绝不能削弱，而要大大加强。

加强政治思想工作同贯彻按劳分配原则不是对立的，而是相辅相成的。政治思想工作的基本原则是要使群众认识自己的利益，并且团结起来，为自己的利益而奋斗。也就是说，使群众认识社会利益、企业集体利益和个人利益的一致性，并为这几种利益结合的实现而斗争。现在企业政治思想工作的一项经常性任务，就是保证社会、集体、个人利益一致的按劳分配原则尽可能地得到实现。

政治思想工作要以群众物质利益的增进为基础，否则不能取信于民，不能使劳动群众的积极性越来越高涨。

8 企业和企业管理

8.1 前言

经济管理是由协作劳动引起的一种社会职能,因为,"一切规模较大的直接社会劳动或共同劳动,都或多或少地需要指挥,以协调个人的活动,并执行生产总体的运动——不同于这一总体的独立器官的运动——所产生的各种一般职能。一个单独的提琴手是自己指挥自己,一个乐队就需要一个乐队指挥"。[1] 劳动分工越细,协作的规模越大,管理也越重要,越复杂。但是,在不同的社会生产关系下,管理的性质也不同。经济管理直接体现着人们在生产过程中的相互关系。

社会主义企业是以生产资料公有制为基础的在再生产过程中从事生产和流通的基本经济组织,也是社会主义劳动者实行联合劳动的基层单位。社会主义企业管理体现着企业生产过程中领导与被领导之间、管理人员与工人之间的互助合作关系。因此,以社会主义生产关系为对象的社会主义政治经济学应当研究企业管理问题。

自然经济论者否认企业管理是政治经济学的研究对象,他们认为政治经济学研究企业管理是不务正业,其理由有三:第一,

---

[1] 马克思:《资本论》,第1卷,第367页,北京,人民出版社,1975。

企业管理中所包含的对人的管理问题，仅仅是思想教育问题，而这不是政治经济学的研究对象；第二，企业管理中所包含的对物的管理问题，只是工程技术经济问题，不是政治经济学的研究对象；第三，至于企业管理体制则只不过是法律上层建筑问题，因而是法学的研究对象，不应当把它列入政治经济学研究的对象。

所有这些理由都是不能成立的。

自然经济论者的观点与那些把一切对人的管理看作"管、卡、压"而加以排斥的无政府主义者有着思想上的一致性。

自然经济论者的错误在于，他们不懂得对人的管理不仅仅是思想教育问题，而且是体制问题，即人与人之间在生产过程中的关系问题（例如，中央与地方，国家与企业，企业中领导者与被领导者，管理人员与工人，干部与群众，车间与车间，上一工序的工人与下一工序的工人之间的关系，等等）。过去，政治经济学理论研究的缺点不在于太具体化（即"部门经济学"化），而在于太不具体太不深入了。

以对物的管理而论，也不仅仅是一个工程技术经济问题，而且是过去的物化劳动和活劳动的关系问题，仍然是人与人的关系问题。自然经济论者否认价值，否认以最小的劳动消耗取得最大的经济效果这一原则，自然就会把企业管理看作是政治经济学以外的问题。

至于体制问题，虽然法学也要研究，但是，政治经济学应当首先研究。法律不过是经济关系的形式，客观经济关系是它的内容，不把内容先搞清楚，法律条例的制定就失去了依据。要揭示法律条例的经济内容，只有依靠政治经济学才能解决。《资本论》严格以资本主义生产关系为研究对象，但讲了许多劳动法等规章制度问题，为的是进一步揭露资本主义生产关系的实质。

《资本论》为什么没有企业管理这一章？因为马克思的任务是揭露资本的本质，揭露资本家对剩余价值的剥削过程，而不是去帮助资本家创造先进的科学管理方式。所以,《资本论》是在揭露和分析剩余价值的剥削时联系着讲了企业管理问题的,当然没有必要设立专章。

在社会主义制度下,劳动人民已经当家做主了,政治经济学不研究企业管理,那就成了空谈,只是说不着边际的大话。

8.2 企业管理的基本原则

民主集中制是社会主义国民经济管理的基本原则,也是企业管理的基本原则。

社会主义企业既是社会化大生产的基层单位,又是全民所有制或集体所有制的经济组织。适应这种特点,社会主义企业管理,一方面要求实行集中统一的领导,否则,企业的生产经营活动就不能正常进行,党和国家的方针、政策和计划就不能顺利贯彻执行;另一方面又要求实行广泛的民主,否则,就会犯官僚主义集中制的毛病,群众就不可能真正当家做主,他们的主动性和积极性就不能得到充分的发挥。把高度集中和广泛民主结合起来,"在民主基础上的集中,在集中指导下的民主"❶,这就是我们的企业管理所必须遵循的民主集中制原则。

我们在强调集中统一领导,反对无政府主义的同时,要特别强调充分实现劳动人民当家做主的权利。在社会主义条件下,劳动人民是生产资料的主人,是社会主义企业的主人。他们不仅应当有劳动的权利,更重要的是应当有管理社会生产的权利,并且应当把这种管理权利落实到生产、流通、分配和消费,即再生产过程的各个环节。否认或者剥夺劳动人民管理企业的权利,是同社会主义企业的性质不相容的,也是不利于充分发挥劳动人民的

---

❶ 毛泽东:《论联合政府》,见《毛泽东选集》,1—4卷合订本,第958页,北京,人民出版社,1966。

生产积极性和主动性的。

我们应该认真总结我国社会主义建设的实践经验，吸收其他社会主义国家的经验，建立一套把高度集中和广泛民主正确结合起来的企业管理制度。这些制度主要就是：厂长负责制、职工代表大会制以及"两参、一改、三结合"制度等。

企业要实行厂长负责制。这个制度的实质就是党政分工，把党的领导同企业的行政领导正确结合起来。毫无疑问，党必须领导一切，问题是如何领导。党的领导主要是通过党的正确方针、路线和党员的模范带头作用来实现，而不应该以党代政，以党代企。在企业管理中，应当充分发挥厂长等行政指挥系统的作用。

企业还要实行职工代表大会制。社会主义企业职工代表大会制是职工群众民主管理企业的重要形式。要使职工真正成为企业的主人，职工代表大会应当成为企业的权力机构。凡是有关企业生产、财务、人事方面的重大问题都应通过职工代表大会或它的常设机构讨论。企业行政领导人员包括厂长、副厂长都要定期向职工代表大会报告工作，并随时接受职工群众的监督。职工代表大会代表要民主选举产生，并可以随时由职工群众罢免。

当前还要特别强调在企业管理中注意充分发挥工程技术人员的作用，调动他们积极性。

有关企业管理制度方面的问题，南斯拉夫在如何使劳动人民真正当家做主等方面，有成功的经验，值得我们借鉴。

8.3　企业是自负盈亏的独立经济核算单位

与事业单位不同，企业首先是一个生产和经营的基层单位，同时又是一个自负盈亏的独立经济核算单位。当然，就全民所有制企业来说，这种自负盈亏是相对的。

企业作为一个生产和经营的基层单位，其中心任务就是生产

8 企业和企业管理

和经营,就是在国家统一计划指导下,以尽可能少的物化劳动和活劳动消耗来生产越来越多的社会产品,更好地满足劳动人民日益增长的需要。"四人帮"的舆论工具极力散布社会主义企业不是生产和经营单位,而是"无产阶级专政"的单位,企业的中心任务不是生产和经营,而是"阶级斗争",并大叫大嚷:"工厂可以不出产品",农场可以"颗粒无收"。他们的罪恶目的是要搞垮社会主义。

企业作为生产和经营单位,必须同时是自负盈亏的独立经济核算单位。企业应当有自己独立支配的资金,实行独立核算,以自己的经营收入抵偿自己的经营支出,并取得利润(在以生产价格定价的前提下应取得按平均资金利润率计算的利润)。

有人认为,实行独立经济核算的目的是节约,这种认识又对又不对。节约并不是企业特有的,社会主义一切事业,国家行政机关都应讲求节约,家庭也要讲节约。企业不仅要节约,节约抽象劳动,而且要增产。只讲节约,不讲增产,那么,不办工厂最节约。要把增产和节约结合起来。企业独立经济核算的目的就是按照价值规律,即时间节约规律的要求,求得费用与效用的最好比例,用最小的劳动消耗,取得最大的经济效果。

8.4 固定资金核算的重要性

固定资金核算是企业管理的一项重要内容。

固定资金,就其实物形态来说,就是机器设备、厂房建筑等,它们是社会主义生产和再生产的物质基础。固定资产多,技术装备先进,意味着技术水平高,劳动生产率高。固定资产(主要是技术设备)的更新改造,是劳动生产率水平不断提高的基本保证,是实现四个现代化的重要条件。

实现工业现代化,从国外引进新技术,建设新的企业固然重要。但是，不论我们建设的步子跨得多大、多快，每年新建、新投产的企业总是极少数，占不到现有企业的1%。而且，在现代科学技术突飞猛进的条件下，技术设备每隔四五年即更新换代，如果新投产的企业设备不注意不断更新改造，即使新投产的是第一流的技术，四五年后也会落后人家一个时代。可见，搞好现有固定资产的管理是社会主义经济管理工作中的一个重要问题。

我国长期实行的固定资产管理制度，即固定资金核算制度，是在第一个五年计划时期从苏联搬来的，20多年来虽然经过修修补补，但基本上没有大的改变。这套管理制度很不灵活，很不合理，是一种十分陈旧落后的制度。它的主要特点是：①固定资金基本上无偿使用；②固定资金管理分彻底更新即重建和大、中、小修理，对重建，企业无权过问，大修理基本上也由上级决定；③机修队伍庞大；④确定折旧率时不考虑精神磨损，即无形损耗，折旧年限长，折旧率低，且大部分上缴财政形成吃老本。这些特点总起来说，是爱惜成了"溺爱"。对于这套制度，我给它起了一个外号，叫作"复制古董，冻结技术进步的制度"。

下面几节，我们将分别具体地剖析这套旧的固定资金管理制度的一些主要特点。

8.5 旧的固定资金管理制度的特点之一

我国旧的固定资金管理制度的重要特点之一，是实行固定资金无偿占用制，这是很不合理的。

在这种不合理的制度下，国家拨给企业的固定资金只核算折旧费，而且由于折旧费不计算无形损耗，折旧年限很长，有的部门或行业甚至长达30年以上，折旧率很低。实际上只核算了固定资金的不到1/25。由于固定资金同利润不挂钩，也没有任何其他缴款形式，因此，基本上是一种固定资金供给制。对固定资金也没有考核指标，不仅固定资金使用不核算，而且只占用不使用也不核算，甚至连折旧费也不提取，其不合理性更加严重。

固定资金是企业生产资金的主要部分。固定资金大部分不纳入核算范围，这种经济核算制，顶多只能叫作半核算制。

由于实行固定资金无偿占用制，企业对固定资产的占用没有责任，因而企业管理人员对设备总是抱着宽打窄用的心思，造成固定资金严重积压浪费现象和设备供应的人为紧张，大大降低了设备的利用率。这不仅是我国社会主义工业企业资金使用效果差的重要原因之一，也是我国技术设备长期落后的一个重要因素。

8.6 旧的固定资金管理制度的特点之二

旧的固定资金管理制度又一不合理的地方，是把设备更新基金人为地割裂为三笔互相不能通融的独立资金：设备更新基金、大修理基金和日常维修基金。

对于旧设备的彻底更新，企业基本上无权过问。也就是说，翻修厂房，购置新的设备，就像新办一个企业那样，要按照基本建设项目的审批程序，逐级上报审批。这就大大妨碍了现有企业设备的更新改造。而且，由于基本折旧费全部或大部分上缴国家财政，造成财政收入的虚假性，产生"吃老本"的不良后果。

由于企业对大修理基金和日常维修基金不能变通使用，有时还出现这样的情况，即平时注意日常维修与技术革新的企业，到了大修理期间按实际情况不必进行大修理，而日常维修基金又不够用。在这种情况下，企业又无权把大修理基金用来进行日常的设备维修，使企业处于困难的境地。人们把这种妨碍按实际需要维修设备的制度形容为："合理的不合法，合法的不合理。"

8.7　旧的固定资金管理制度的特点之三

固定资产（主要是机器设备）折旧率低、折旧年限长是旧的固定资金管理制度的第三个重要特点，也是这套制度不合理的突出表现。

我们的固定资产折旧年限一般是 25 年～30 多年。这意味着我们这套制度只考虑到政治经济学所说的实物磨损（或称有形磨损），而不考虑精神磨损（或称无形磨损）。

这种只承认有形磨损、不承认无形磨损的固定资产折旧制度，是同某些经济学家只承认使用价值、不承认价值和使用价值二重性的自然经济观一脉相承的，或者说是理论上把社会主义经济视为自然经济的观点在实践中的一种表现。

这套折旧制度，折旧年限长，加上基本折旧费上缴财政，把"老本"当作收入，形成双重意义的吃"老本"，严重地阻碍技术革新，冻结技术进步，大大延缓了现代化的进程。如不加以改革，我们将被技术进步一日千里的现代生活远远地抛在后头，党中央所提出的实现四个现代化的任务将会落空。

认为提高折旧率、缩短折旧年限是资产阶级大少爷作风或挥霍浪费，这是莫大的误解。实际上是用中世纪农业社会的手工业小生产者的眼光来评价现代的生产技术进步；把提高折旧率、缩短折旧年限，同节约和爱惜技术设备对立起来，这又是一种误会。首先，加强设备维修和更新正是为了爱惜设备。其次，折旧年限缩短，并不意味着每一台机器折旧期满后就弃置不用。其实，为了鼓励企业尽量利用陈旧设备，还是按设备的实际磨损（包括无形磨损）计算折旧年限为好。陈旧设备不提取折旧费，利用它的积极性会高一些。至于死抱住应该淘汰的落后设备不放，倒会因其低效高耗而造成真正的浪费。

有的同志担心提高折旧率，缩短折旧年限，会减少企业利润，从而减少财政收入，这也是站不住脚的。不按实际磨损提取折旧费，人为地降低折旧率，造成利润的虚假性，对企业的经济核算是很不利的。此外，有一种说法，认为折旧多了，利润就少了，折旧少了，利润就多了，讨论折旧率高低没意思。这是一种"肉烂在锅里"、不要算账的思想，也是不利于企业的经济核算的。

我主张按固定资产实际磨损提取折旧费，第一步，折旧年限应以不超过10年为宜；而且在整个折旧年限内，折旧率应当是递减的。

8.8 旧的固定资金管理制度的其他特点

这套陈旧的固定资产管理制度，还有其他不少弊病。比如，规定大修理必须遵守"不增值、不变形、不移地"的原则，就是说，大修理必须按原样复制，不准在原设备上添一只马达，或者加一个别的装置。凡是这一切较大的改革，在过去都要按基建程序上报并得到批准后才能实行。而这个审批的手续又非常烦琐。这就不利于技术进步。

又比如，机修队伍庞大，形成维修大于制造的不良局面。而所谓"白手起家"和自己装备，实际上是动用企业职工提供的"m"的部分，反而造成浪费。

8.9 固定资金管理的正确办法

固定资金管理的正确办法，应当是提高折旧率，缩短折旧年限，同时把折旧基金全部下放给企业，而不是下放给省、直辖市，也不是中央、地方、企业各掌握一部分。必须承认，对企业中哪台设备只需小修、小改，哪台设备必须进行大修，哪台设备必须彻底更新、购置新的设备来代替，对于这些问题，最权威的发言人应该属于企业里操纵这些设备的工人，以及直接领导生产的干部，特别是技术干部和财务干部，而不是同企业离得远远的中央或省、直辖市的经济管理机关的干部。总之，固定资产（主要是技术设备）的更新工作应由企业去做。上级财务机关与业务部门只要分别从财务角度和技术业务角度对企业进行指导和监督检查就够了。

旧的固定资金管理制度是否认"价值规律"的必然产物，是只见使用价值不见价值的必然结论，是不承认经济效果的必然结果。所以，要确立固定资金管理的正确办法，必须克服上述自然经济观。

这几年，随着调整国民经济和改革经济体制，固定资产折旧率开始有所提高，并且将大部分折旧费留归企业支配。这是党和政府按照客观经济规律办事的正确决策。

8.10 流动资金的管理

我国流动资金周转速度十分缓慢，这是由于只有孤立的流动资金定额管理，而没有核算其经济效果所造成的。

为了改善流动资金管理，应该实行全额信贷制度，用银行贷款代替财政拨款，并以不同的利率来加强对流动资金的管理和监督。同时，应当运用资金利润率原则来考核企业。这将有利于流动资金的节约和加速流动资金的周转速度。

8.11 经济管理中的大权与小权的划分

要改变现行企业管理体制，必须把毛泽东同志的"大权独揽、小权分散"这个原则具体运用到经济管理中来。什么是中央应抓的大权,什么是应下放给企业的小权呢?我认为,在原有资金范围以内,即简单再生产范围以内的事务,就是原则上应当交给企业去负责的小权。因而:

第一,固定资产的折旧基金(在提高折旧率的前提下),应该在原则上全部下放给企业掌握。只有在资源即将枯竭,企业应该关闭,或是原有企业生产能力不需要再扩大的条件下,才有必要在计划可以预见到的限度内,全部或部分地上缴。

第二,在原有协作关系范围以内,供、产、销三方面由企业通过合同关系自己处理。合同签订以后,有关各方面必须严格执行,违反者必须承担经济的以至法律的责任。只有在原来的供、产、销三方面由于发展不平衡或其他原因出现了缺口、基层企业自己无法解决的情况下,才需要上级领导机关出面来协助解决。

第三,企业利润除用作奖金和规定留给企业的基金以外,应该一律上缴❶。这些利润除了用于国防、科学、文化、教育、卫生等事业以及政法机关的经费开支以外,就是用于扩大再生产的投资。这两种开支,都不是企业所能支配的,必须由整个社会来集中分配使用。对于中国这样一个地广、人众、经济发展又极不平衡的大国更是如此,因为不仅从个别企业的角度,甚至从个别省、直辖市或个别部门的角度,对于全国范围以内各部门之间及各省、直辖市之间如何综合平衡,是不可能做出恰当的决定的。

总结以上三点,就是说凡是原有资金(老本)范围以内的日常事务,不论是生产过程中的事务(如设备更新)抑或是流通过程中的事务(供销),都应当发挥基层企业工人、技术人员和行政干部的积极性,依靠群众把事情办好。对各级领导,尤其中央

---

❶ 按照当前经济体制改革的精神,上缴利润改为上缴税收,先按国家规定交税,保证国家财政得大头,剩余下来的利润留给企业,按规定用于各种基金。

一级的领导来说，这是应该分散下放的小权。反之，凡是新的投资，即涉及扩大再生产范围以内的事情是集中于社会中心的大权。

有的同志认为，用于投资的利润部分一点也没留在企业手里，企业生产规模不能扩大。其实，只要设备更新周期缩短，折旧费归企业支配，并且价格符合价值，当劳动生产率10年提高1倍时，虽然用于新投资的利润部分不归企业，企业的生产从使用价值量看，也会翻一番。即在实物量上实现扩大再生产，企业的设备等都会大大增加，使企业得到扩大，等于一个企业扩大为两个企业。

这几年经济调整和体制改革的实践表明，基本建设规模必须同国力相适应。为此，就要使基本建设投资归中央和省、直辖市集中掌握。全民所有制企业创造的剩余产品及其价值量，绝大部分要上缴给国家，使资金价值量的扩大再生产，即新投资的大权由国家严格管理。如果新投资的权限也下放给地方和企业，中央、地方和企业都搞资金价值量的扩大再生产，必然造成基建规模过大、战线过长的局面，影响社会生产的按比例发展和综合平衡。当然，不把原有资金价值量简单再生产范围内的事下放给企业，就会把经济搞得很死，窒息企业应有的活力和搞好经营管理的主动性、积极性。

8.12 本章小结

综上所述，要管好企业，必须做好几方面工作：

第一，坚持社会主义方向，明确社会主义生产目的。

第二，建立和健全合理的管理体制，完善一整套规章制度，并要有高效能的组织机构。

第三，贯彻民主集中制原则，依靠群众，充分发挥干部、群众和技术人员的积极性，不断改进技术。

第四，坚决贯彻以最小劳动消耗取得最大经济效果的原则，反对不讲经济效果的想法和做法。

总之，国家要管好企业，必须有一个符合客观经济规律的管理体制和科学的组织形式。

列宁说，政治是经济的集中表现，所以政治必须集中地反映经济利益，而不是相反。国家对企业的管理，就是要促进企业取得最大的经济效果，使劳动人民获得最大的经济利益。毛泽东在《论联合政府》中也说过类似的话。

9 生产价格

9.1 概述马克思关于生产价格的理论

"资本主义生产价格,是资本主义自发势力的产物,自由竞争的产物"。

"利润率是资本主义生产的推动力;那种而且只有那种生产出来能够提供利润的东西才会被生产出来"。❶

由于资本主义生产关系内部的机制,产品价值构成中的 $c+v$ 部分必然转化为成本价格, m 部分必然转化为利润。

但是,如果商品都按照它们的价值(指社会价值,它是由同一部门内部不同企业之间的竞争形成的)出售,那么,不同生产部门由于投入其中的资本量的有机构成不同(假定周转时间相等),会产生极不相同的利润率。

由于资本主义经济中不但在同一部门内部存在激烈的竞争,而且在不同部门之间也存在激烈的竞争,即存在不同部门资本家为了更有利的投资而进行的竞争,资本会从利润率较低的部门抽走,投入利润率较高的其他部门。"通过这种不断的流出和流入,总之,通过资本在不同部门之间根据利润率的升降进行的分配,供求之间就会形成这样一种比例,以致不同的生产部门都有相同

---

❶ 马克思:《资本论》,第 3 卷,第 288 页,北京,人民出版社,1975。

的平均利润,因而价值也就转化为生产价格"。❶

在资本主义制度下,价值转化为生产价格的根本原因是资本家对利润的追逐。同时,资本主义生产价格的形成又要以生产社会化为其物质前提。因为只有在生产社会化(以大机器工业为其典型形态)的条件下,才存在资本在不同部门之间自由转移的可能性。

"商品按照它们的价值或接近于它们的价值进行的交换,比那种按照它们的生产价格进行的交换,所要求的发展阶段要低得多。而按照它们的生产价格进行的交换,则需要资本主义的发展达到一定的高度"。❷

大工业是使资本能够"不断地流出和流入",以及使"劳动的变换,职能的更动和工人的全面流动性"成为可能的客观物质条件。

9.2 作为体现社会主义经济过程的范畴的生产价格

如果在斯大林以前还曾有人承认"价值规律"在社会主义社会仍起作用,则"生产价格"在斯大林以前从未听说有人承认过,在20世纪50年代也只是极少数人提出过。但是,一切符合客观真理、客观规律的学说,不管受到多大压制,它迟早是要出头的。

生产价格是体现社会主义经济过程,首先是直接生产过程的范畴。

马克思在《资本论》中,是在第3卷才考察资本主义生产价

---

❶ 马克思:《资本论》,第3卷,第218—219页,北京,人民出版社,1975。

❷ 马克思:《资本论》,第3卷,第197—198页,北京,人民出版社,1975。

格的,即把生产价格看作"资本运动过程作为整体考察时所产生的各种具体形式"加以揭示和说明的。那么,为什么本书把生产价格放在社会主义直接生产过程编中考察呢?

这要从商品价值规律和产品价值规律的区别谈起。

商品价值规律的作用,是通过价格围绕价值上下波动来实现对生产的调节的,以商品的交换为前提,通过流通过程对生产过程来起作用的。

产品价值规律的作用首先直接发生在生产过程中。产品价值规律就是"时间经济以及有计划地分配劳动时间于不同的生产部门"的规律。

恩格斯早就讲过,"在私有制消灭之后,就无须再谈现在这样的交换了。到那个时候,价值这个概念实际上就会愈来愈只用于解决生产的问题,而这也是它真正的活动范围"。❶

既然在社会主义制度下价值规律、价值概念实际上愈来愈只用于解决生产的问题,而这也是它们真正的活动范围,那么,作为价值的转化形态的生产价格,自然首先也是用于解决生产的问题,因而要放在它的"真正的活动范围"——直接生产过程中考察。

9.3 生产价格理论是从社会主义实际经济生活中提出来的

在中国,生产价格理论第一次提出不是在理论界,而是在实际经济工作中,是在1956年前后讨论重工业产品价格要不要降低的争论中,是在按资金利润率还是按成本利润率来考察产品价格高低的争论中。

---

❶ 恩格斯:《政治经济学批判大纲》,见《马克思恩格斯全集》,第1卷,第605页,北京,人民出版社,1956。

主张降低重工业产品价格的同志,除了认为重工业产品价格低一点,能鼓励各单位采用先进的机器设备,有利于国民经济的技术改造以外,还以重工业产品的成本利润率较高作为论据。

反对降低重工业产品价格的同志,则认为重工业产品的成本利润率虽然比较高,但资金利润率并不高。我们的重工业企业,投资都很大,这些资金都是全国工人农民用血汗换来的,怎么能不要算利润呢?用资金利润率来衡量产品价格的高低,实质上就提出了价格要以生产价格为基础的问题。

生产价格理论的第二次提出,是在国际论坛已开展这一问题的讨论之后。这个讨论是在斯大林的《苏联社会主义经济问题》出版后进行的。随着我国有计划的社会主义建设的大规模展开,讲求和提高投资效果愈来愈被提到实际经济工作者和经济理论工作者的议事日程上来。在讨论投资效果的计算方法时,有的同志主张以投资回收期作为考察投资效果的主要指标。这等于主张用资金利润率作为评价各部门投资效果的标准。而承认资金利润率作为评价各部门投资效果的标准,为了互相比较,就要有一个各部门之间统一的标准,即统一的平均的资金利润率。这就实际上等于承认生产价格。同时,只有价格以生产价格为基础,才能贯彻用资金利润率来评价投资效果的原则。各部门的产品都按平均资金利润率确定的利润额定价,然后看把资金投到不同部门会得到多大的实际资金利润率,高于平均资金利润率的投资效果就大,反之就小。如果按价值定价,就会是技术越落后的部门,投资效果越大,因为那里同量资金推动的活劳动多,因而创造的价值和利润也多。

可见,生产价格理论并不是由某些理论工作者抽象推论出来的,而是从社会主义实际经济生活中提出来的。

社会主义生产价格和资本主义生产价格根本不同,它不是资本主义自发势力和自由竞争的产物,而是人们有计划地计算和确定并自觉地作为定价原则的。

9.4　对反对社会主义社会有生产价格的第一个理由的剖析

反对社会主义社会有生产价格的第一个理由是：马克思主义政治经济学认为价值是劳动创造的，不是由资金（生产资料）创造的。

但是，生产资料，特别是"固定资金"可以提高生产效率，使劳动多生产物质财富。资金（物质技术装备）对发展生产、提高劳动生产率的作用，表现在如下几个方面：

在同一部门内部，生产同种产品的不同企业，生产的物质条件（主要是物质技术装备程度）不同，它们的劳动生产率就不同。马克思说："生产力特别高的劳动起了自乘的劳动的作用。或者说，在同样的时间内，它所创造的价值比同种社会平均劳动要多。"❶ 这里说的"生产力特别高的劳动"，往往就是用先进技术装备（因而资金占用量较多）的劳动。

在不同部门之间，劳动生产力提高的快慢，是同劳动力推动的生产资料的多少、从而资本（金）有机构成的高低直接相联系的。马克思说："社会劳动生产力在每个特殊生产部门的特殊发展，在程度上是不同的，有的高，有的低，这和一定量劳动所推动的生产资料量成正比，或者说，和一定数目的工人在工作日已定的情况下所推动的生产资料量成正比，也就是说，和推动一定量生产资料所必需的劳动量成反比。"❷

从整个社会来看，"社会劳动生产率的水平就表现为一个工人在一定时间内，以同样的劳动力强度使之转化为产品的生产资

---

❶ 马克思：《资本论》，第 1 卷，第 354 页，北京，人民出版社，1975。
❷ 马克思：《资本论》，第 3 卷，第 183 页，北京，人民出版社，1975。

料的相对量。工人用来进行劳动的生产资料的量，随着工人的劳动生产率的增长而增长"。"使用的机器、役畜、矿物质肥料、排水管等等的量"，"是劳动生产率增长的条件"。❶

资金是社会垫支于生产的积累的剩余劳动。由于体现物质技术装备程度的资金占用量同劳动生产率的高低及其增长速度有直接的联系，因此要求那些物质技术装备程度较高，从而资金占用量较高的企业和部门，有责任为社会或国家缴纳更多的利润，要求按其利润量同资金平均占用量的比例，来判定生产经营状况的优劣。

用资金利润率作为评价企业和生产部门经营状况的标准，可以基本上排除不同企业和部门由于占用资金量不同，从而物质技术装备程度不同，对生产经营成果的影响，犹如采用对富矿征收资源差别税来排除客观自然资源对人们的生产经营效果的影响一样。这样，在正常生产条件下，就把不同企业和部门置于在经济上同等的地位，能够比较准确地反映企业和部门的主观努力，即生产经营状况，以便于互相比较优劣。

价格是对产品和生产成果的社会评价。产品按照部门成本加上按平均资金利润率计算的利润额即生产价格为基础定价，是在经济上承认生产资料（资金）对劳动生产率的高低（同一部门不同企业）或者增长速度的快慢（不同生产部门）的制约作用的形式。这对于合理使用资金，提高整个社会劳动生产率，能起积极的作用。

---

❶ 马克思：《资本论》，第1卷，第682—683页，北京，人民出版社，1975。

9.5 对反对社会主义社会有生产价格的第二个理由的剖析

反对社会主义社会有生产价格的第二个理由是：各部门投资多少由社会对各种产品的需求决定，而各种产品的使用价值是不可比较的，因此，它们的投资效果也是不可比较的。

但是，不同的使用价值生产的增长速度是可以比较的，投资效果也是可以比较的。

第一，社会主义生产是社会化大生产，不同生产部门之间存在着极为密切的联系。一个部门，例如钢铁部门的生产，需要煤炭部门、电力部门提供燃料动力，运输部门接送原材料燃料和产品。同时，它的产品，又是许多部门，如机器制造业、建筑业、轻工业等的原材料。在这种情况下，一个生产部门的劳动生产力的发展，可以是别一个生产部门所用生产资料的价值减少，从而成为劳动生产率提高和利润率提高的条件。而一个部门劳动生产率的提高，如果不是靠别的部门提供更便宜的生产资料，往往同活劳动推动的生产资料量的增加即资金占用量的增加分不开，从而要求投放资金带来应有的效果，要求用资金利润率来评价和比较各部门的经济效果。

第二，随着现代科学技术的发展，产品互相代用的范围日益扩大。如用塑料制品代替钢铁制品，用各种不同办法取得电力（包括建火电站或水电站），采取不同的运输方式等，以及在对外贸易发展的条件下，某些产品（不是一切产品）在一定条件下还可以通过外贸来达到平衡。这样，就使我们在同样保证社会和劳动群众需要不断得到尽可能充分满足的条件下，在保证按比例发展的前提下，有更多的方案可供选择。这些，都要求用社会统一的标准（平均资金利润率）来衡量和比较不同部门的经济效果。

第三，社会拥有的扩大再生产的资金是有限的，提高投资的效果是提高社会生产发展速度的重要因素。特别是像我们这样一个人多而经济落后的国家，更要细心捉摸有限的资金投放在哪些部门效果最大。投资效果不仅在同一部门内部可以比较（如投在大洋企业和小土企业间比较），而且在不同部门之间也可以比较。比如同量资金，投在轻纺工业比投在冶金工业（包括用这笔资金对它们进行技术改造）能得到更多的利润，就说明资金投在轻纺工业是比较合算的。对投放在生产不同产品中效果大小的比较也是如此。

不同部门或不同产品的投资效果的社会平均数，就是平均的资金利润率。它是衡量不同部门或不同产品投资效果高低的标准。高于平均利润率，投资效果高；低于平均利润率，投资效果低。

长期以来，我国由于实行资金供给制，使资金使用效果大大下降，造成极大的浪费。

当前，我国实行经济体制改革，就包括改革资金管理体制在内。改革资金管理制度的根本原则是：实行资金有偿使用制，用资金利润率作为评价经济效果的标准。

各部门或不同产品资金利润率的高低，在很大程度上受制于价格的高低。只有按生产价格定价，即产品价格构成中的利润额，按产品资金占用量乘平均资金利润率来确定，才能使我们正确比较不同部门的投资效果的高低，才能在各种产品都按生产价格定价的条件下，使我们了解，如果其他条件相同，社会拥有的用于扩大再生产的资金投放在哪些部门是最有利的，能够取得甚至超过平均的资金利润率，提高社会劳动生产率，从而提高资金使用效果。

总之，比较不同部门的投资效果，为了选择最优的能提高整个社会投资效果的方案，要求以生产价格为基础定价。

9.6 对反对社会主义社会有生产价格的第三个理由的剖析

反对社会主义社会有生产价格的第三个理由是:生产价格是资本主义范畴,主张按生产价格定价是资本主义、修正主义思想的表现。

但是,生产价格并不是社会主义的腐蚀剂,相反,它是有利于社会主义经济发展的。

第一,社会主义经济中的生产价格同资本主义生产价格有根本区别。

第二,社会主义生产价格是社会主义经济中价值规律作用的一种形式,是人们自觉地按照价值规律办事,有计划地组织和管理社会主义经济的必然要求。承认价值规律在社会主义经济中的作用不能算作修正主义,为什么承认价值的转化形式生产价格就变成修正主义了呢?

第三,随着社会主义经济的发展,越来越暴露那种只靠高度集中的指令性计划、单纯用行政命令的办法领导经济、不尊重价值规律的经济管理体制有重大缺陷,暴露出实行资金供给制带来资金的浪费和积压、资金利用效果降低的消极后果。因此,一些社会主义国家都在逐步改革经济管理体制,包括资金管理体制。如以资金利润率作为评价经济效果的标准、资金有偿占用制即征收资金税等。这种改革,动摇了以价值为基础或按成本利润率确定价格构成中利润额的定价制度,并先后实行基本上按生产价格或其变形定价的制度。这就说明,生产价格是社会主义经济发展的内在要求,是有利于巩固和发展社会主义经济的,而不会与社会主义背道而驰,走向资本主义。

9.7 小结

在社会主义建设中，尊重价值规律的作用，扩大企业的自主权，以利润作为评价经济活动效果的主要指标，要求用资金利润率来考核各部门和各企业生产经营状况的好坏。而这就要求按生产价格定价。如果定价原则与考核原则不相适应，以资金利润率作为考核原则就失去客观的可比较的基础。

按照社会主义经济发展规律的要求，重视投资效果，改革资金管理体制，也要求按生产价格定价。否则（例如直接按价值定价），资金占用量高的部门和企业，就会吃亏，甚至可能缴纳不起资金税。

按生产价格定价，产品价格构成比例于资金占用量确定利润额，能鼓励各部门和企业采用先进技术，从而有助于四个现代化的实现。如果直接按价值定价，那么，资金有机构成低的部门（手工劳动多的部门），利润是最多的，这无助于技术进步。

总之，按生产价格定价是符合加快社会主义现代化建设的要求的。

第二编　流通过程

孙冶方

10 流通概论

马克思的资本主义政治经济学巨著——《资本论》的第1卷所研究的是"资本的生产过程",也就是每一个个别资本的直接生产过程(在社会主义社会里,也就是每个独立经济核算的企业中的直接生产过程)。第3卷所研究的是"资本主义生产的总过程",也就是从总体看的资本主义生产过程。在这两卷之间的第2卷研究的是"资本的流通过程"。对于马克思的这样一个叙述程序,或许可以提出这样一个问题:为什么马克思在讲完个别资本(企业)的直接生产过程之后,不直接就讲资本主义生产的总过程,而要把生产过程的研究中断一下,先讲流通过程,然后回过头来再讲资本主义生产的总过程?把个别资本的直接生产过程和全社会的资本主义生产总过程连接起来,一口气讲完之后再讲流通过程,岂不更顺当一些吗?

从表面看,这样提问题是颇有道理的。但是,只要我们深入研究一下事物本质,就会发现,马克思的叙述程序是唯一正确的程序,这个叙述过程反映了客观事物的本质。因为正是通过流通过程,才把千千万万个个别资本的生产过程结合成为全社会的总生产过程。不先讲清楚流通过程,就没有办法讲清楚全社会的总生产过程。

这样的叙述程序,不仅对于资本主义政治经济学是必要的,是不可违背的;就是对于社会主义政治经济学来说也是不可违背的。因此,我们不避"生搬硬套"的嫌疑,认为社会主义政治经济学仍然应该按照《资本论》的叙述程序，在讲完了直接生产过程之后，接着就讲流通过程，然后再讲全社会的总生产过程。尽管在社会主义社会里，公有制已经代替了私有制，计划经济已经代替了自发性的市场经济，但是，没有流通过程，仍然不能把千千万万个企业的生产联合成为一个全社会的总生产过程。而且所谓计划性和自发性的差别，主要就表现在流通过程中，而不表现在直接生产过程中。我们知道，资本主义生产的无政府状态或自发性并不表现在每个企业内部的生产过程中。相反，在资本主义企业内部，生产都是按照资本家或是他们所雇佣的管理人员的意志，有计划地进行的。同时，资本主义的企业管理是很科学的，在许多方面还是值得我们学习的。因此，我们社会主义计划经济的优越性，主要表现在流通过程的计划性，即是如何科学地来组织流通。

但是，由于历史的和社会的种种原因，社会主义革命首先是在经济发展比较落后的俄罗斯、东欧和中国这样的国家取得胜利的。在这里，革命胜利前，缺乏社会化大生产的传统；在这里，小农经济和封建庄园的自然经济的生产关系占统治地位；在这里，人们对于流通过程中商业、高利贷资本的剥削和压迫是心有余悸的。他们往往把这种剥削和压迫归罪于流通过程本身。他们的理想的经济体制是个体经济和封建庄园经济那种自给自足的自然经济，是没有流通过程的经济。这反映到政治经济学思想上，就是对于流通过程的鄙视、贬低以至否定流通过程在社会主义经济中的作用，把社会主义社会的"商品""货币"等范畴看作是资本主义的东西。因此，阐明社会主义流通过程的重要性，研究并说明社会主义计划经济的流通过程本质，从而设计出这个流通过程的最合理的组织形式，即使不是社会主义政治经济学的主要任务，也是它的主要任务之一。

我们在20世纪50年代末、60年代初，就提倡要重视流通过程的研究。我曾经讲过（在人民大学讲课时——作者注），为了研究和建设社会主义政治经济学，必须着重研读《资本论》第2卷。因为第1卷只是为社会主义政治经济学打了基础。第2卷"流通过程"所讲的关于循环、周转以及再生产（综合平衡）的理论，才是建设社会主义政治经济学的主要内容。遗憾的是一方面由于我自己主观努力不够，另一方面由于"四清"运动和十年"文化大革命"的干扰，我对于社会主义计划经济的流通过程的认识，还是停留在20年前的水平上。现在只能把我们的一些肤浅认识写出来以"抛砖引玉"，请经济学界的同志们批评指教。

讲到这里，我们不免又想起刘少奇同志对于流通问题的卓越见识和他对于政治经济学研究工作的关怀。大概在1962—1963年，在总结3年"共产风""瞎指挥"的经验教训的时候，他得出一个结论：流通过程是经济生活中最敏感的环节，生产中的一些问题，首先会在流通过程中反映出来。研究社会主义政治经济学必须重视对流通过程的研究。因此，他指示中国科学院经济研究所，不仅要和国家计委挂钩，而且还要同国务院财贸办公室挂钩。在过去10多年中，由于前面说过的原因，这个"钩"没挂好。但是少奇同志要我们重视对流通过程的研究这个指示，还是值得我们经济学界全体同志牢牢记住的。

我们在这编概论中将讲以下5个问题。

10.1 社会主义政治经济学中的"无流通论"

社会主义经济还处于幼年时期，正在成长、壮大过程之中。政治经济学研究社会主义经济为时甚短，许多问题研究得不透，有些甚至还没有展开研究。同直接生产过程相比，对于流通的研究，特别是把流通作为一个客观经济过程来研究，则更是不深不透。像前面所说过的那样，在相当长时间内，流通问题竟没有被经济理论界列入研究的日程。为什么会忽视流通,不研究流通过程呢?这主要是由于"无流通论"在作怪。"无流通论"并不是我们虚设的一个靶子,它是社会主义经济理论中客观存在的现实。斯大林关于生产关系的定义就没有流通。❶ 有些经济学家,虽然也谈流通,但是他们认为这只是因为在社会主义社会中,还有不同的所有制存在,还有集体所有制和个体所有制存在的缘故。在他们看来,全民所有制内部是没有流通的。流通只存在于商品经济中。正是在这种思想指导之下,全民所有制各企业之间的产品流通,过去都用"调拨"和"配给"的形式,而不是采用产品流通形式。

自苏联十月革命以来,也就是自从有了社会主义政治经济学以来,否定社会主义经济中,特别是否定社会主义全民所有制经济内部客观存在着流通过程的自然经济观点,亦即无流通的观点一直占据统治地位,它给社会主义经济发展造成极大危害,严重地妨碍着人们在理论上全面认识社会主义经济。

否定社会主义经济中存在着流通过程,看不到或根本不承认流通过程在社会再生产中的作用,当然也就不会去研究流通领域中的客观规律,更说不上按客观经济规律办事了。我国长期采用单纯的行政手段去组织生产资料流通,用调拨、配给的办法代替交换。其结果是:一方面货不对路,需要者得不到应有的东西,生产出的东西无人需要,物资部门货物盈仓;生产企业大批存料,整个社会再生产周期拖长,生产发展缓慢。另一方面又不顾社会的实际需要而到处盲目建厂,大量生产那些社会不需要或已经生产有余的东西,造成社会劳动的极大浪费。就是在消费资料的商品中,也常常受"无流通论"的影响,违反商品交换规律,打击生产,妨碍消费。

---

❶ 参阅斯大林:《苏联社会主义经济问题》,见《斯大林选集》,下卷,第594页,北京,人民出版社,1979。

"无流通论"否定流通是一个客观存在的经济过程，因而否定等价交换原则。不按照等价原则组织交换和流通，结果是到处不计成本，不讲核算，不顾经济效果，企业以及整个社会流通迟滞，周转不灵，资金循环极慢，劳动效率低，经营管理差，社会财富浪费惊人，社会生产力发展缓慢，使社会主义公有制的优越性发挥得很差。社会主义条件下，流通过程应是各方面经济利益得以具体实现的场所。否定流通过程，必然否定等价交换，从而也就否定了社会主义客观存在着社会、集体、个人三方面的经济利益，从而否定了社会主义社会化大生产对流通过程的基本要求——以最小的消耗取得最大的经济效果。

否定流通过程的自然经济观点造成的一个更大的危害，是流通与生产、消费不相适应，严重地妨害生产发展与劳动者生活的改善。生产发展，进入流通领域的产品不断增加，客观上要求流通领域的人力、物力要相应地增长。"无流通论"否定社会主义流通过程，也使人们忽视现实的商品交换与商品流通。我国商业网点、人员严重不足，流通领域的各种技术设备（包括运输设施、仓储设备、搬运机械、商品包装和售货技术设备等）非常落后，特别是交通运输与生产、流通的需要极不适应。流通阻滞，货不能畅其流，生产就难以迅速发展。

总之，无流通论的危害是很大的，我们要坚决地批判它。而为了批判它，就必须挖一挖形成"无流通论"、"自然经济观"的思想、社会和经济的原因，并进而分析它的错误所在。

（1）"无流通论"的社会历史根源。社会主义政治经济学起源于苏联，从20世纪20年代起，至少到60年代初，"无流通论"的理论观点一直统治着苏联经济学界。苏联的一位学者阿·克留切夫在《论作为经济过程的交换的内容》文章中道出了这种状况："在我们的经济著作中，有一个根深蒂固的意见，这就是流通只能被设想为商品流通，除了商品流通以外，不可能有任何别的流通。按照这种意见,结果就成为:流通只有当它是商品流通的时候才构成社会生产的特殊阶段。"❶ 苏联经济学界的自然经济观点对我国经济学有很大影响。"无流通论"在中国还有其更深刻的社会根源。如同前面已经说过的那样,中国在解放以前也同革命前的俄国一样,商品生产不是很发达,小农和地主庄园的自然经济关系占统治地位。封建社会在中国延续了几千年,小生产、宗法式的经济占据相当大的优势。这是半自给甚至是完全自给自足的自然经济。它几乎与世隔离,不懂得也不需要流通。历代封建王朝都把"重本(农)轻末(商)"奉为国策,压抑、排斥商人,蔑视商业。封建士大夫的清高思想就是这种自然经济的思想反映。他们和那些受商业资本盘剥的广大小生产者一样,对商人有特殊反感,因而祖辈相传地咒骂"无商不奸"。加上解放前的战争年代,在解放区广泛实行着基本上是平均主义的供给制,它对广大干部有着深远的影响,所有这一切就使轻商思想、否定流通过程的"无流通论"有了广泛的社会基础。

尽管"无流通论"长期居于不言而喻的统治地位,我们整个社会经济因忽视流通而遭受巨大损失,但是,"四人帮"作乱时期,他们出于彻底搞垮社会主义经济的反革命的目的,竟然大肆批判虚拟的所谓"流通决定论"(1970年9月19日《人民日报》的一篇"大批判"文章),流毒甚广,危害极大,必须肃清。

(2)"无流通论"错误地把社会共同占有生产资料的社会主义全民所有制经济看作是一个大工厂,把工厂之间的社会分工同工厂内部技术分工等同化。因此,因社会分工而在不同生产者之间起联系纽带或媒介作用的交换或流通过程也就自然不存在了。实际这两种分工有重大差别:一个独立核算企业内部的技术分工,是通过不同劳动者相互交换活劳动而共同完成同一产品,他

---

❶ 《经济学译丛》,1962(6)。

们之间的联系或协作并不需要通过生产品的交换来实现。社会分工发生在各个独立核算企业之间，它们之间的联系或协作是通过生产品的交换实现的，而所谓流通也就是从总体上看的交换。随着生产的发展，社会分工越来越细，企业间通过产品交换进行协作也就愈频繁、愈密切。因而流通过程对于提高社会劳动生产力就更加重要。否定流通过程的自然经济观，无非是不知社会化大生产为何物的复古倒退的小生产思想的理论表现。

（3）"无流通论"混淆了"交换"与"分配"，混淆了政治经济学中所说的"分配"和实物"配给"——混淆了这样几种不同的概念和不同的社会职能，错误地把"配给"当作"分配"并且代替了"交换"，从而取消了"流通"。在我国社会主义经济建设实践中，对于生产资料在不同部门之间，在千万个企业之间的交换都采取了20世纪50年代初期从苏联搬来的、近乎"配给制"的"分配"或调拨的形式。从而造成一种假象，似乎社会主义再生产过程只剩生产、分配、消费三个环节了，交换已被分配所代替或已包括在分配之中了。造成这种假象有两方面的原因：第一，由于建设规模过大，生产资料生产的增长速度长期赶不上经济建设的实际需要。于是采取了近乎"配给制"的物资调拨或"物资分配"方法，这实际上是在物资缺乏、供不应求局面下，不得不采取的措施，并不是流通过程中的正常交换形式。正如恩格斯在批判杜林时指出的，这是任何一个被围困的城市的司令官都会采取的办法——没收垄断者的存货，把有限的物品拿来进行平均分配。第二，由于对社会化大生产客观规律不够了解，对公有制经济具体组织形式缺乏知识，用小生产者的狭隘眼光去理解社会主义的分配。

交换和分配是政治经济学上两个完全不同的范畴。分配是指社会总产品的价值量按照 $c+v+m$ 这三大部分进行的初次分配——c 指补偿物质消耗的那部分价值，v 指物质生产部门的职工的工资收入，m 是物质生产部门职工为社会所创造的那部分价值——以及 v 和 m 这两部分社会总产品在物质生产部门和非物质生产部门之间进一步进行的再分配。

用行政手段分配产品，无论是生产资料的调拨和"分配"，或者是消费资料的统购包销、凭票凭证供应等，都是交换的不正常形式，不属于分配范围以内的事，更不是一种社会进步。

10.2 生产与交换、交换与流通、流通一般、流通对生产的作用

任何社会化的大生产都包括两个过程，即生产过程和由交换组成的流通过程。而"无流通论"者正是看不到这一点。

由社会分工而发展起来的生产社会化过程，使交换日益成为同生产并列的具有同等重要作用的社会职能。恩格斯说："生产和交换是两种不同的职能……这两种社会职能的每一种都处于多半是特殊的外界作用的影响之下，所以都有多半是它自己的特殊的规律。但是另一方面，这两种职能在每一瞬间都互相制约，并且互相影响，以致它们可以叫作经济曲线的横坐标和纵坐标。"[1]"生产以及随生产而来的产品交换是一切社会制度的基础；在每个历史地出现的社会中，产品分配以及和它相伴随的社会之划分为阶级或等级，是由生产什么、怎样生产以及怎样交换产品来决定的。"[2]

从恩格斯以上两段话，我们看到马克思主义的奠基人是把交换和生产相并立，看作是决定一切社会制度的基础的东西；而流

---

[1] 恩格斯：《反杜林论》，见《马克思恩格斯选集》，第 3 卷，第 186 页，北京，人民出版社，1972。

[2] 恩格斯：《反杜林论》，见《马克思恩格斯选集》，第 3 卷，第 307 页，北京，人民出版社，1972。

通"是从总体上看的交换"❶。流通是社会产品从生产领域进入消费（包括生产消费和个人生活消费）领域所经过的全部过程。由不断进行着的亿万次交换所构成的流通，是社会化大生产的一个客观经济过程。有社会分工，就会有交换；有社会化的大生产，就会有流通过程。这是流通一般。流通一般是一个抽象，它同生产一般一样，"只要它真正把共同点提出来，定下来，免得我们重复，它就是一个合理的抽象"❷。从这个意义上说，在研究社会主义公有制经济的具体流通形式问题以前，先提出流通一般的问题，是合理的、必要的。

流通一般之所以重要，不仅因为不承认、不认识流通一般就不可能彻底了解特殊的社会主义产品流通；而且因为"无流通论"并不否定某一特殊的流通，即社会主义的商品流通。但是他们认为在社会主义社会中，除了商品流通之外，就不再有其他流通概念，不承认社会主义商品流通之外，还有社会主义的产品流通，从而也否定了流通一般。

虽然有史以来，流通过程一直是采取商品流通形式进行的，但是，不能说没有了商品经济就没有流通过程。例如，大多数经济学者都认为共产主义高级阶段将不是商品经济而是产品经济了，但是我们能说到那时就不要流通、就没有流通过程了吗？我们这样提问题，或许又会被认为是脱离了社会主义的实际，作学院式的研究，认为我们只要认识到当前的社会主义阶段还存在流通，还要重视流通过程的研究，那就够了。至于未来的共产主义的非商品经济，我们就管不着，不用管了，留待共产主义时代的经济学家去研究吧！

---

❶ 马克思：《〈政治经济学批判〉导言》，见《马克思恩格斯选集》，第2卷，第101页，北京，人民出版社，1972。

❷ 马克思：《〈政治经济学批判〉导言》，见《马克思恩格斯选集》，第2卷，第88页，北京，人民出版社，1972。

不！我们不能这样实用主义地看问题。我们要搞清楚非商品经济有没有流通的问题，并不是为了替未来的共产主义高级阶段设计什么乌托邦的蓝图，而是为了解决当前社会主义社会中的现实问题。因为，如果流通仅仅在商品经济中存在，而商品经济又是和存在不同的所有制相联系的，那么交换或流通只是私有制的遗迹；随着生产力的发展，随着不同的所有制逐步过渡为单一的全民所有制，交换或流通的重要性将逐步减弱以至完全消失（我们反对"穷过渡"，但并不否定"富过渡"，即使这是较遥远的未来的前景）。这是第一。第二（这是更重要的），如果只承认不同所有制之间的商品流通、那么，在同一所有制即全民所有制内部各企业之间，就不存在交换，就没有流通问题了。我们前面已经批判过的，全民所有制内部的物资调拨制或"配给制"就是在这种只承认商品流通、不承认产品流通的思想指导下形成的。

所以，我们必须从流通一般谈起，而把社会主义的商品流通和产品流通只看作是社会主义流通的两种特殊形态。

因此，我们必须把流通同商品脱钩，离开商品来找寻交换和流通的必要性。我们必须从产品两重性的观点出发，在肯定商品流通的同时，再用产品流通的概念来批判"无流通论"或"自然经济论"，来认识社会主义全民所有制内部各企业之间以至共产主义高级阶段上仍然会存在的流通这个客观经济过程。

流通过程对生产过程、对整个社会经济起着重大作用。在社会化大生产条件下，流通对于社会再生产极为重要。但是，我们常常是讲生产决定流通多些，而讲流通对生产、对巩固和发展公有制的作用少些。所谓流通是指生产物的流通。所以，流通首先是由生产决定的，没生产出东西来，当然就无所谓流通；生产出来的东西过少或过多，要搞好流通就比较困难。但是在流通与生产的关系中，流通不仅仅是被动的、被决定的，同时还应看到流通组织得好坏，对生产可以起促进或倒退的作用，对公有制可以起巩固或瓦解的作用。所以,又必须肯定:流通与生产之间存在着对立和统一的关系。

生产社会化程度的加强,不仅表现在企业规模的扩大上,而且更重要的还表现在社会分工的发展上,企业之间的交往关系随生产社会化发展而更为错综复杂。千万个企业通过交换生产品而发生的复杂的经济关系表明,流通是一个经济过程。一个个生产单位正是经过流通过程才结成为一个有机整体,组成为社会经济。正因为如此,所以流通过程在社会经济生活中最敏感,生产中的许多问题都会在流通中反映出来。

政治经济学所研究的生产关系不仅存在于直接生产过程中,而且更多地存在于或反映在流通过程中各个环节上。社会主义与资本主义的区别,在生产过程中主要表现在公有制还是私有制,劳动者是主人还是被剥削的奴隶;另一个重要表现是计划经济还是盲目竞争的自发性经济,而计划性或自发性则主要反映在流通领域中。资本主义企业自身是有计划的,但企业之间的相互联系,即在流通领域中的交换活动是盲目的、自发的。社会主义经济的计划性则主要表现在整个社会经济的计划化程度;而计划所要解决的问题,主要还在于如何协调好部门之间、地区之间、企业之间的关系,这些基本上都是流通领域中的问题。所以,有计划地组织流通过程中两大部类之间、各部门之间,归根到底是千千万万个企业之间的交换,是计划经济的要害所在。

交换或流通"是生产以及由生产决定的分配一方和消费一方之间的媒介要素"❶。但是,如果从社会再生产周而复始的不停运动中去考察,生产与流通又是互为媒介的。从生产过程出发,我们可以看到,两个生产过程之间有一个流通过程,流通过程表现为生产过程的媒介。若是从流通过程出发,又可以看到,两个流

---

❶ 马克思:《政治经济学批判》,第208页,北京,人民出版社,1976。

通过程中间是生产过程，生产过程又表现为流通过程的媒介。所以，社会化大生产条件下，生产与流通互为媒介，互为前提，相互制约。没有生产固然没有流通，而交换或流通又是社会再生产过程中不可缺少或不可分割的要素，没有它，社会再生产也无法进行。流通顺当，货畅其流，可以使生产迅速发展；流通阻滞，生产就寸步难行。

从产品二重性观点出发来看，流通作为社会再生产过程的一个必要阶段，作为一个重要的客观经济过程，它的主要内容包括两个方面：产品价值的补偿和产品使用价值的物质代谢。不论交换形式或社会形态有什么变化，只要社会化大生产在持续进行，那么流通过程中亿万次交换活动的这两个实质性的经济内容就会客观存在。

产品的生产过程是产品价值的形成过程，也是消耗各种旧使用价值创造新使用价值的过程。

经过交换过程，产品的价值必须得到等量的补偿。在交换中，产品生产者不仅要收回产品价值的 $c+v$ 部分，以补偿生产产品时的消耗，还要得到 m 部分，以扩大生产规模，增加个人和社会集体消费。如果在交换中他得到的价值量小于 $c+v$，那么，它连简单再生产也不能维持。所以，按照价值量相等的原则进行交换，是补偿生产中的劳动消耗所必需的。在流通过程中，等价交换是必须遵守的一条极其重要的经济规律。我们经济中的许多毛病都同不尊重等价交换规律密切相关。工农产品的不等价交换，农业生产部门所创造的价值被转移为全民所有制工业企业的超额利润，是农业扩大再生产困难、农业生产发展缓慢、农民生活较低的一个重要的经济原因。不少行政手段之所以对生产有害，并不是不应该使用行政手段（到了共产主义也还会有经济工作中的行政手段），而是因为这些行政手段违背了客观经济规律，其中特别是违背了等价交换这个客观规律。

交换过程也是产品物质内容（即使用价值）的新陈代谢过程。产品生产过程中在实物形态上所消耗掉的各种使用价值，必须在流通过程中经过交换得到更新，也就是生产者在产品价值实现之后，用以换回的物品，必须在使用价值形态上（包括它的数量和质量）能够替换已消耗的各种物资。或者说，生产者必须交换到同他生产消费和生活消费相适应的使用价值。交换过程中的这种物质新陈代谢是保证社会再生产持续进行、保持整个社会经济正常运转的绝对条件。企业生产的产品不符合别人的需要，或者反过来说，企业再生产所需要的各种使用价值得不到及时的替换，它的再生产就无法正常进行。

因此，是否依照价值量相等的原则进行交换，能否按需要及时地替换已消耗的各种使用价值，是交换或流通直接对生产发生强有力影响作用的两个主要因素。

10.3　流通领域的劳动、流通费用

社会主义政治经济学中长期存在着一个牢固的观点，认为流通领域中的劳动是非生产性的劳动，是不创造价值的劳动。这种观点根深蒂固，成了轻视流通过程的重要原因之一。

在资本主义条件下，流通领域中的劳动是为资本家实现剩余价值服务的。因此，马克思认为在流通过程中的劳动，即商业职工的劳动，除了从事运输、包装、保管等工作作为生产过程在流通领域中的继续，算作创造价值的劳动以外，一般商业工作人员的劳动，都是为实现资本家所剥削去的剩余价值服务的，是不创造价值的。

社会主义社会是消灭了剥削的社会，用在流通领域的劳动，不再像资本主义社会那样是为实现资本家攫取剩余价值服务的，而是为了满足人民大众日益增长的物质文化需要服务的。在生产

领域中直接生产产品的劳动和流通领域中把产品传送给消费者的劳动都是为满足消费需要这一目的服务的。产品从生产领域到进入直接消费领域之间的流通过程，都是生产过程在流通领域的继续。不仅产品运输、保管等劳动是生产过程劳动在流通中的继续，而且售货员把商品交给购买者，实际上也是广义上的商品运输过程，或者说是运输的终结过程。

任何产品，在它进入消费之前，并不是现实的产品而只是潜在的产品，只有"在消费中产品才成为现实的产品……它在消费中才证实自己是产品，才成为产品。消费是在把产品消灭的时候才使产品最后完成"❶。产品的使用价值是生产过程创造的，但它只是潜在的使用价值，只有经过流通中的劳动使它转入消费时，这个使用价值才能实际地被使用，它才变成现实的使用价值，才真正有"使用价值"。

在社会化大生产条件下，正如没有流通就没有生产一样，没有流通中的劳动，也就不可能有生产中的劳动。就产品的最终消费来说，流通中的劳动同直接生产过程的劳动是同样必要的，同样重要的。流通中存在着非生产性的劳动是资本主义生产方式的特殊产物，不是社会化大生产的共同现象。

肯定社会主义流通领域劳动过程的生产性，有助于区分资本流通与公有制条件下产品流通的不同本质，有助于克服忽视流通、轻商思想，大大改善在流通领域从事辛勤劳动的人员的社会地位，有利于正确贯彻按劳分配原则，发挥流通领域劳动者的积极性，搞好流通，加快生产发展。

产品从生产到消费领域转移过程中所花费的活劳动和物化劳动构成流通费用。

同社会主义社会中流通领域的劳动性质相适应，社会主义社

---

❶ 马克思：《政治经济学批判》，第201页，北京，人民出版社，1976。

会的流通费用也不再像资本主义社会的流通费用那样,分为生产性费用和纯粹流通费用两个部分。在资本主义社会里,因生产过程在流通领域继续而花费的活劳动和物化劳动,属于生产性费用;为资本家实现和占有剩余价值所发生的费用属于纯粹流通费用。在社会主义条件下,产品经过流通进入消费领域而花费的各项劳动支出所构成的费用,都是属于生产性费用,都是使产品最后完成(被消费)所必须花费的。只有流转环节过多、产品迂回运输,以及因货不对路而造成的储存时间过长、产品损耗过大、超过客观需要以上而占用的人力和物力等,才是一种"虚费",是社会劳动的一种浪费,是产品总价值的一种直接扣除。

降低流通费用是节约社会劳动的一个重要环节。社会主义应该也有可能使流通费用低于资本主义社会的流通费用,使它降低到最低水平。

10.4 流通规模、流通时间

在社会化大生产条件下,社会再生产过程的两个阶段——生产阶段和流通阶段,相互联系,相互制约,客观上要求有相互适应的比例关系:社会用于流通领域的劳动量(包括活劳动和物化劳动)必须同生产的发展、同消费的需要相适应。它具体表现为流通领域所占用的人力和物力(交通运输、通信设施、仓储设备、营业网点等一切产品流通所必需的技术设备),要同进入流通过程的社会劳动产品数量的增长,保持适当的比例关系。因此,必须按照一定比例在生产过程和流通过程之间分配社会劳动量,使流通领域所占用的人力和物力,能够保证全部社会产品以最快的速度和最小的耗费从生产领域进入消费领域。所用的劳动过少(例如商业网点过少)或过多,都将会造成社会总劳动的浪费。

在这里需要特别强调的是,交通运输事业的发展,一定要适应流通过程的需要。多年以来,我们已经吃够了由于交通运输事业的发展不适应流通过程而带来的苦头。现在,应该是总结经验教训而重视交通运输事业的时候了。

社会再生产过程中这种客观存在的比例关系,在资本主义制度下是在盲目、自发、无政府状态中实现的,社会主义条件下可以自觉地有计划地去进行。这种比例关系适合产品的生产和流通的要求,适合满足消费的需要,是整个社会产品能够以最短的时间、最小的花费走完流通过程的重要前提条件。

产品从生产领域出来直到进入消费领域的时间是产品的流通时间。流通时间与生产时间相互制约,互相排斥。

无论是个别企业还是整个社会,在再生产物质条件(在价值形态上即是资金总额)既定条件下,流通时间愈长,生产时间就愈短,生产效率就愈低。反之,流通时间愈短,生产时间愈长,生产效率就会愈高。

个别产品以至全部产品流通时间的长或短,决定于交通、通信、仓储设施等物质条件,也取决于产品的消费特点和产品销售范围、原料来源的变化(马克思指出,商品消费的不同——有的一次性消费,有的多次地逐渐消费,商品容易腐坏的物理性能,使商品的生产与消费有不同的间隔时间,因而商品能够有长短不等的时间停留在 W—G 的阶段上❶),还取决于整个流通过程的组织形式及具体组织工作的效率。

整个社会流通时间的长短,流通过程工作效率的高低,流通经济效果的好坏,集中反映在流通领域所占用的资金数量的多少和资金周转速度的快慢上。目前,我国流通领域占用资金数千亿元,年周转速度不到 2 次。如果加快周转达到 2 次以上,或 3 次,

---

❶ 参阅马克思:《资本论》,第 2 卷,第 145 页,北京,人民出版社,1975。

那么就可以节约出几百亿元的资金，这个数字是十分可观的。

10.5 研究流通过程的目的，研究对象

流通是社会再生产过程的一个必要阶段。不能离开生产过程、离开社会再生产运动孤立地去研究流通过程中的问题。

研究流通过程的目的，是使流通过程同生产过程相适应，寻找出正确的组织形式和有效的组织方法，使社会劳动产品能以最短的时间和最小的花费从生产领域进入消费领域，缩短再生产周期，加速社会生产的发展速度，更好地满足各种消费需要。

流通过程虽然是社会再生产过程的一个阶段，但是作为一个客观经济过程，它又有自己的相对独立性。产品一旦离开生产过程进入流通领域，它就会有自己的独立的运动规律。

因此，流通过程的研究对象，首先就应该是产品流通过程中的客观经济规律。不仅要研究比如两大部类比例关系、价值规律等在流通过程中的表现，而且更重要的还要研究流通过程自身所特有的一些客观规律性。

其次，要研究流通过程中的各个方面的各种物质利益关系。因为，劳动者所创造的、包含在每个产品中的新价值，要在流通中得到实现。原有价值也要在流通中实现。流通过程是生产者以及整个社会成员相互间的经济利益关系比较集中的场所。研究流通过程中的经济利益关系，正确处理好这些关系，是组织好流通过程的一项基本问题。在存在不同公有制形式的社会主义阶段，必须研究各种不同交换关系中的利益问题，不仅要具体研究商品交换、产品交换中的经济利益关系，而且要研究它们之间的互相影响。处理好流通过程中的生产者之间、生产者同社会之间的经济利益关系，才能使各个有关方面都努力为组织流通而工作。

再次，各个企业之间、各个地区之间、各个部门之间经过交

换发生的经济联系,或者说整个社会范围内通过交换产品不断进行的物质新陈代谢的流通过程,是建立计划经济管理体制和组织形式的关键所在。因此,不仅要研究流通过程中的各项经济规律,而且要具体研究公有制条件下产品流通的组织形式、管理体制和各种流通渠道问题。研究这些具体组织形式如何与一定时期(经济发展阶段)的生产力发展相适应问题,即研究哪种具体流通组织形式最有利于当时生产力发展和公有制巩固的问题。为此,还要研究资本主义经济中符合社会化大生产客观要求的流通组织形式,用作建立和健全计划经济组织管理的借鉴。

最后,还要研究如何加快企业资金周转和整个社会的资金周转和产品周转的问题。我们不仅要从微观经济学角度研究个别企业的流通问题,而且更要从宏观经济学角度上去研究产品如何以最短的时间、最小的耗费走完流通过程进入消费领域。为此,要研究整个社会的流通规模(包括交通、通信设备、仓储设施、营业网点和设备、组织流通的人员等,即社会用于流通过程的人力和物力的总和)如何同进入流通过程的产品总量的增长相适应。

11 企业"资金"的循环

11.1 前言

用最小的劳动费用去取得最大的经济效果,这不仅是生产过程中的根本问题,而且也是流通过程中的根本问题。我在《导言》和《生产过程编》中曾经强调过,经济效果是由生产费用和效用的比较来表示的。这里所讲的生产费用,在我看来,它在生产过程中是表现为劳动消耗,而在流通过程中则表现为"资金"占用。等量"资金"(体现为一定的物化劳动和活劳动)的周转速度不同,其产生的经济效果也是不同的。加速流通过程中的"资金"周转,这与减少生产过程中的劳动消耗,是同等意义的问题。

长期以来,经济理论界对"资金"占用的研究是不够深入的。就我来说,尽管早在"文化大革命"前就曾强调学习马克思《资本论》第 2 卷对社会主义经济建设的重要性,强调按社会主义原则组织好流通的重要性,强调对"资金"占用研究的重要性,但却对企业"资金"的循环问题没有给予足够的重视。最近翻查了 60 年代我在人民大学的讲稿,那时曾说过:G—W 这个流通过程之后是生产,生产之后则是 W—G,这一资本循环公式的内容,它在资本主义生产方式下是实现问题,把商品生产出来后卖了它,这中间有不同所有制、不同所有者、工业资本、商业资本,等等。能否使劳动被社会承认应当有流通过程,我国和这不同。有的同志认为，社会主义下有实现问题存在。我认为，在社会必要劳动问题上存在如果高于它就不被承认，但不用通过卖得了卖不了的问题来实现。如果社会主义下存在这种卖得了和卖不了的问题，这只能说明计划不周，因此流通过程不用说明形态变化。现在重新审查这些观点，发现我对固定"资金"和流动"资金"周转问题的研究显得还不够完整、不够严密。比如，我比较多地从价值补偿角度强调了加速"资金"周转的重要性，却对在物质替换中可能遇到的困难估计不足。我认为，在社会主义条件下，类似资本主义的资本循环的形态变化是根本不存在了。但是，在价值补偿和物质替换即产品二重性意义上的"资金"循环还是存在的。毫不讳言，这种循环在共产主义社会也还是存在的，何况在社会主义社会，更何况现今多种经济成分还存在。另外，还要看到社会主义是处在资本主义到共产主义之间的过渡社会，在这个社会中，新的因素和旧的因素，此长彼消，变化多端，错综复杂。因此，我们在研究它的时候，固然要运用科学的抽象法，从纯粹的全民所有制出发，寻找解决现实经济问题的钥匙。但与此同时，也还是要从实际出发，不仅要看到全民所有制这个"普照之光"，而且要看到受这"普照之光"照射的其他各种经济成分及其相互之间的经济关系。在这个意义上来说，从理论上来分析一般商品形态上的"资金"循环，也是十分必要的。

请读者注意，我在这里所讲的"资金"都是加了引号的，因为正如我在《导言》"抠概念"一节中所讲，"资金"比"资本"更具有资本主义的味道。但是，目前经济学界都通用资金，以区别于资本主义的资本，我也只好暂时借用这个概念。然而我在以下的叙述中，将把它所体现的社会关系同资本加以严格区别。

11.2 社会主义企业的"资金"

资本主义企业的资本，是资本家的私有财产。马克思在《资本论》第1卷的研究中指出，资本不是物，而是在物掩盖下的资本家对工人进行剥削的经济关系，它能给资本家带来剩余价值。但如果我们的认识仅仅停留于此，还是不够的。因为这仅仅是从"静态"角度对资本做了研究。《资本论》第2卷则是从"动态"角度做了进一步的补充。马克思指出："资本作为自行增值的价值，不仅包含着阶级关系，包含着建立在劳动作为雇佣劳动而存在的基础上的一定的社会性质。它是一种运动，是一个经过各个不同阶段的循环过程，这个过程本身又包含循环过程的三种不同的形式。因此，它只能理解为运动，而不能理解为静止物。"❶ 这就是说，资本主义企业的资本，是在不停的运动中给资本家带来剩余价值的。

社会主义企业（指全民所有制企业）的"资金"，是社会主义社会的劳动积累。它是国家允许企业占用来从事各种物质生产或其他经营活动的一定量物化劳动、活劳动或者一定的价值量。企业对"资金"占用应该是有偿的，并且有独立经营使用和支配的权利。企业通过自己有目的的生产活动以收抵支，为社会主义建设的发展提供更多的"资金"。社会主义企业的"资金"，体现着社会主义国家、地方、企业和劳动者个人之间在根本利益一致基础上的新型经济关系。当然，社会主义企业"资金"所反映的这种新型经济关系，也只有在"资金"不断的运动中才能被反映出来。如果社会主义企业"资金"只是在人民币形态上压在"钱柜"里，不能转化为生产或其他经营活动的要素（人的要素和物的要素）；如果它只是在在制品或半成品的形态上放在"车间"里，不能生产出合格的产品；如果它只是在产成品的形态上藏在"仓库"里，不能实现对社会的使用价值，那么，所谓新型的经济关系还是不会从社会主义企业"资金"中体现出来。

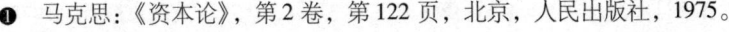

❶ 马克思：《资本论》，第2卷，第122页，北京，人民出版社，1975。

11.3 社会主义企业"资金"的循环

此节分析的总思路是：先从马克思的资本循环的总公式讲起，着重说明 G—G′、P—P、W′—W′三种循环的统一性。然后从三个不同角度来观察这个统一过程，着重说明马克思分析资本循环时所提示给我们的一般原理及其对社会主义流通的适用性。

按照恩格斯给阿德勒如何读《资本论》第 2 卷第 1 篇的提示，我们领会马克思的资本循环理论的重点应该放在供、产、销及其统一性即总循环上。对产业资本来说，三个孤立的循环公式在实际生活中是不存在的。

先简略介绍马克思的资本循环理论。

产业资本在运动中必须经历购买、生产和销售三个阶段，它在这三个不同的阶段具有不同的形态和职能。

购买。

产业资本以货币资本的形态出现，资本家用它从市场上购买生产资料和劳动力。货币在这里之所以成为资本，并不是因为它执行了货币的职能，而是因为它在购买了生产资料的同时，还购买了特殊的商品即劳动力。"$G—W{<}^{A}_{Pm}$ 不仅表示一种质的关系：一定的货币额，比如说 422 镑，转化为互相适应的生产资料和劳动力；它还表示一种量的关系，即用在劳动力 A 上面的货币部分和用在生产资料 Pm 上面的货币部分的量的关系。这种量的关系一开始就是由一定数量的工人所要耗费的超额劳动即剩余劳动的量来决定的"[1]。

生产。

---

[1] 马克思：《资本论》，第 2 卷，第 33 页，北京，人民出版社，1975。

产业资本以生产资本的形态出现，劳动者和生产资料在资本家的监督下进入生产过程，劳动力被消费，生产资料被耗损。资本主义的生产过程是劳动过程和价值增值过程的统一。商品被生产出来，其中包含了劳动者新创造的剩余价值。"生产资本在执行职能时，消耗它自己的组成部分，使它们转化为一个具有更高价值的产品量"。❶

销售。

产业资本以商品资本的形态出现，商品在市场上被售卖，通过商品到货币的转化，实现预付的资本价值和新创造出来的剩余价值。商品资本"一开始就表明是产业资本的总和运动，既是补偿生产资本的那部分产品的运动，又是形成剩余产品的那部分产品（通常部分作为收入花掉，部分要用作积累要素）的运动"。❷

马克思的上述分析是就产业资本在运动时间的继起性上着眼的，实际上，任何一种形态上的不间断的运动，都会有不同的循环形态。因此，产业资本在时间上的继起性，是以空间上的并存性为条件的。"每一部分的相继进行，是由各部分的并列存在即资本的分割所决定的"。"单个产业资本的分割必须按一定的比例数字进行。现有资本的量决定生产过程的规模，而生产过程的规模又决定同生产过程并列执行职能的商品资本和货币资本的量。但是，决定生产连续性的并列存在之所以可能，只是由于资本的各部分依次经过各个不同阶段的运动。并列存在本身只是相继进行的结果"。❸ 这就是说，没有产业资本三种循环形态上的继起性，就没有它们的并存性；而没有并存性，也就没有了继起性。

❶ 马克思：《资本论》，第2卷，第45页，北京，人民出版社，1975。

❷ 马克思：《资本论》，第2卷，第113页，北京，人民出版社，1975。

❸ 马克思：《资本论》，第2卷，第119—120页，北京，人民出版社，1975。

因此，马克思称"三个形式的现实的统一"❶为产业资本的总循环。如公式：

$$G-W\genfrac{}{}{0pt}{}{A}{Pm}\cdots P\cdots W'\genfrac{[}{]}{0pt}{}{W}{+w}-\genfrac{[}{]}{0pt}{}{G}{+g}-W\genfrac{}{}{0pt}{}{A}{Pm}\cdots P\cdots W'\genfrac{[}{]}{0pt}{}{W}{+w}-\genfrac{[}{]}{0pt}{}{G}{+g}-W\genfrac{}{}{0pt}{}{A}{Pm}\cdots$$

（1）（2）（3）

如果在总公式中孤立出一种形态的循环运动，那么：①为 G—G，称货币资本循环；②为 P—P，称生产资本循环；③为 W—W，称商品资本循环。

总循环说明了资本运动连续性的极端重要性。如果资本循环只是处在生产资本形态上，那么流通过程就会中断，不能 W—G，预付资本的价值和剩余价值就不能实现。如果资本循环只是处在货币资本形态上，那么生产过程就会中断，不能 $G-W\genfrac{}{}{0pt}{}{A}{Pm}$，剩余价值就失去了来源。所以，马克思说："总循环对资本的每一种职能形式来说，都表现为它的特殊的循环，并且每一个这种循环都决定着总过程的连续性；一种职能形式的循环决定着另一种职能形式的循环。"❷

剩余价值的实现问题，是产业资本总循环的本质特征，剔除这个特征要素，从产品价值补偿和物质替换这个一般意义上来说，它对社会主义经济还是适用的。它告诉我们：作为社会化大生产，供应、生产、销售必须衔接，"以供保产""产销见面""按需定产"，做到供、产、销平衡。如果原材料供应有"缺口"，产品销售无"出路"，都会破坏生产的连续性。

---

❶ 马克思：《资本论》，第 2 卷，第 117 页，北京，人民出版社，1975。
❷ 马克思：《资本论》，第 2 卷，第 120 页，北京，人民出版社，1975。

在社会主义条件下，全民所有制生产企业是独立的经济核算单位。它占用国家拨给一定量的人民币即直接的价值量来从事物质生产经营活动。这种人民币形态上的价值量随着供、产、销过程的进行，也是始终处在不断的运动中。它首先从人民币形态开始，顺次通过供应、生产、销售不同阶段，分别采取了生产"资金"、产品"资金"不同形态，然后再回到人民币形态上来，这叫作社会主义企业"资金"的循环。在循环中，如果国家拨付给企业的"资金"价值量不变，称简单再生产；价值量增加，则称为扩大再生产。企业生产能否正常连续地进行，要看企业"资金"不同形态的比例是否恰当，是否能顺畅地依次通过不同阶段。

供应。

企业"资金"以一定价值量的人民币形态出现。"不论生产的社会形式如何，劳动者和生产资料始终是生产的因素……凡要进行生产，就必须使它们结合起来。实行这种结合的特殊方式和方法，使社会结构区分为各个不同的经济时期"。❶ 在社会主义条件下，劳动力已不是商品，劳动者直接对社会生产进行管理，因而可以与生产资料实行直接的结合。在社会主义条件下，劳动者与生产资料直接结合的形式应该是多种多样的，特别是在我国劳动力资源丰富的条件下，更不应该搞一刀切。但是结合的方式是否合理，应以能否推动生产力发展为依据。

生产。

企业"资金"以生产"资金"的形态出现，劳动者集体按照社会需要，有计划地运用生产资料从事物质生产活动，转移旧价值，创造新价值，为社会创造物质财富。

销售。

---

❶ 马克思：《资本论》，第2卷，第44页，北京，人民出版社，1975。

企业"资金"以产品"资金"的形态出现，销售产品以实现对社会的使用价值，同时又使耗费在生产资料、原材料上的价值量，连同劳动者新创造的价值量，从产品形态上转化为人民币形态。如前所述，这一顺畅的循环，就使企业生产过程中的物化劳动和活劳动的耗费从价值形态和实物形态上都得到了替换和补偿，从而保证了生产的连续性。

上面是全民所有制企业"资金"的循环。在现实经济中，还有集体所有制企业，另外还有合资经营的企业、个体经济等。不同所有制之间的交换，尽管已不同于资本主义条件下的商品交换，但还具有商品交换的一般特征。在这种条件下，全民所有制内部的产品流通，还具有一定程度的商品性。因此，研究社会主义企业"资金"循环时也要注意到商品循环的变形问题，以便既按产品价值规律又按商品价值规律的内在要求，组织好社会主义流通。

11.4 影响企业"资金"循环的障碍

一是对"资金"统收统支、无偿占用。

过去，国家对企业"资金"实行包干供给制，吃"大锅饭"，统收统支，无偿占用。这使得企业缺钱伸手要，缺料到处调，"资金"无定额，不讲人民币价值量循环；生产无核算，不讲生产"资金"循环；产品无需求，没有产品"资金"循环，从而"资金"占用效果很差。马克思曾分别研究了产业资本的三种循环形态，其中"每一个这种循环都决定着总过程的连续性；一种职能形式的循环决定着另一种职能形式的循环"[1]。但这种研究却使我们能从不同的角度认清每一种循环形态在总循环中的职能。

---

[1] 马克思：《资本论》，第2卷，第120页，北京，人民出版社，1975。

如：G—G′，产业资本在货币资本形态上的循环，掩盖了剩余价值的来源，给人以假象，似乎货币能使价值增值。"货币资本也就表现为能够生出货币的货币了"❶。但是，这个循环形态却"最明白地表示出资本主义生产的动机就是赚钱"❷，因而这也就成为产业资本最片面的，也是最明确而富有特征的现象形式。我们剔除资本主义的特征要素即劳动力成为商品，那么在一般意义上来看 G—G′，能使我们从既定的生产规模上来研究如何加强企业"资金"的管理，从而搞好经济核算，提高"资金"利润率。

又如：P—P，产业资本在生产资本形态上的循环。它掩盖了资本主义生产的目的是追求剩余价值，给人以假象，似乎资本主义生产是为了生产，"忽视生产过程的确定的资本主义形式，而把生产本身说成是过程的目的，好像就是要尽可能多和尽可能便宜地进行生产"❸。但我们从社会再生产的意义上来分析社会主义企业生产"资金"的循环，可以自觉地改善生产资料和劳动者的结合方式，提高企业管理水平。

再如，W′—W′，产业资本在商品资本形态上的循环。它掩盖了资本主义商品售卖的目的，给人以假象，似乎资本主义的生产还能满足社会的需要。但我们从社会总产品物质替换和价值补偿的统一中来研究社会主义企业产品"资金"的循环，能够使企业更好地做到按需生产。资本家不过是把使用价值当作实现剩余价值的手段，而我们才真正把使用价值当作目的。当然，实现使用价值的同时也就实现了新创造的价值，为扩大再生产提供了财力、物力。这对组织好企业再生产与社会再生产是有极大好处的。

二是对产品实行计划调拨、统购包销。

---

❶ 马克思：《资本论》，第2卷，第69页，北京，人民出版社，1975。

❷ 马克思：《资本论》，第2卷，第68页，北京，人民出版社，1975。

❸ 马克思：《资本论》，第2卷，第107页，北京，人民出版社，1975。

过去的这种做法，无论是对 G—W，还是对 W′—G′，都人为地制造了循环上的困难。原因是我们固守斯大林的模式，不准生产资料产品进入流通，否认等价交换，用调拨代替流通，用配给代替交换。这使企业在许多情况下出现：①产成品进库积压，找不到销路而呆滞，W′—G′困难；②上级强制配给，货不对路，货到地头死，超储，A 与 Pm 不相适应；③原材料供应没有保证，有钱无货，物资短缺，G—W 困难。这种从人民币形态向产品（商品）形态转化或从产品（商品）向人民币形态转化时的梗阻现象表明，企业"资金"运动的继起性遭到了破坏。马克思讲得十分清楚，"相继进行一停滞，就使并列存在陷于混乱。在一个阶段上的任何停滞，不仅会使这个停滞的资本部分的总循环，并且会使整个单个资本的总循环发生或大或小的停滞"❶。

目前，还有一种传统的说法比较流行，认为社会主义产业企业所生产的产品，如果是生产资料的话，基本上是由国家按计划直接调拨；如果是消费资料的话，那就会由国营商业部门在事前按计划进行订货，或者在事后进行统购包销。因而，社会主义产业企业的产品，就不会像资本主义企业一样，在 W—G 阶段上遇到销路无着的问题。至于国营商业的业务，因为人民大众购买力稳步地提高，更不会在 W—G 阶段上发生停滞的问题。这些说法是不符合事实的。计划调拨、统购包销，这是在非常情况下不得不采取的行政办法，它很难适应客观经济规律的要求。特别是随着社会主义经济的发展，它已成为阻滞社会主义流通的两大障碍。要保证企业"资金"循环的继起性，提高资金占用效果，应该实事求是地对它从根本上逐步改革。

---

❶ 马克思：《资本论》，第 2 卷，第 120 页，北京，人民出版社，1975。

12 企业"资金"的周转

12.1 前言

企业"资金"的周转,是在对循环研究的基础上继续对全民所有制企业"资金"运动加以考察。

研究循环,为的是弄清企业"资金"处在供、产、销三个阶段的不同职能以及实现连续性的条件,以便根据企业生产经营的特点,恰当分割处在不同形态上的资金比例,搞好资金管理。

研究周转,为的是弄清企业"资金"周而复始的运动对经济效果的影响,以便能尽快加速"资金"周转,做到用钱少,办事多,效果大。目前,我们的经济建设急需大量的财力和物力,但却有大量的生产资料和消费资料呆滞在流通领域,不少企业还闲置着一批设备,占用了巨额的流动资金和固定资金。

12.2 企业"资金"的周转

马克思研究产业资本周转,是以 G—G′ 和 P—P 为对象的,而不是以 W′—W′ 为对象,这是"因为资本的周转总是以货币形式或商品形式的资本价值的预付开始,并且总是使循环中的资本价值回到它预付时的形式。至于循环Ⅰ和循环Ⅱ,那么,在主要是研究周转对剩余价值的形成的影响时,我们应该抓住前者;而在主要是研究周转对产品的形成的影响时，我们就应该抓住后者"❶。这个研究方法，对我们研究社会主义企业"资金"周转时在原则上同样是适用的。比如我们在以下的分析中，研究固定资金周转是以 P—P 为对象，研究流动资金周转是以 G—G′为对象。

先重述马克思的资本周转理论。

马克思在研究了资本循环之后说："资本的循环，不是当作孤立的行为，而是当作周期性的过程时，叫作资本的周转。"❷

在社会主义条件下，企业"资金"随着企业再生产的连续进行，其循环也不间断地进行。人民币形态的"资金"不间断地转化为生产的要素，产品形态的产品"资金"要不间断地转化为人民币形态，由此保证生产"资金"形态不间断地转化为产品。企业"资金"循环周而复始、不断反复的过程，我们称其为企业"资金"的周转。

如本章前言所述，研究周转，为的是加速资金周转，提高资金利用效果。在实际工作中，企业资金周转速度是用一年内资金周转的次数来表示。当然，反过来说，也可以用周转一次需要多少天来表示，计算方法如下：

$$\text{周转次数} = \frac{\text{一年内资金（固定和流动）周转的价值总额}}{\text{企业资金总额}}$$

周转次数或周转天数，可以表明资金周转的速度。影响资金周转速度的因素大致可分为两类：

一类：固定资金和流动资金周转的快慢和它们在生产"资金"中所占的比重。

二类：企业"资金"在生产过程和流通过程中所占的时间。

前者将在以后分别加以分析，这里主要分析后者。

马克思说："这种周转的持续时间，由资本的生产时间和资

---

❶ 马克思：《资本论》，第2卷，第173页，北京，人民出版社，1975。
❷ 马克思：《资本论》，第2卷，第174页，北京，人民出版社，1975。

本的流通时间之和决定。"❶《资本论》第2卷第5章还有第12章至第14章中所叙述的一般内容,对缩短社会主义企业"资金"的周转时期还是适用的,现简要列表于下:

流通时间 G—W(供)	生产时间		流通时间 W′—G′(销)
	原材料储备时间	生产过程时间	
		劳动时间	工艺和生产组织中断时间	

先分析流通时间。

由上表可以看出,流通时间由供应、销售两部分组成。要缩短企业"资金"周转时间,就应该缩短生产"资金"的流通时间,而这关键在于组织好产品的销售和原材料的购买。

就销售 W′—W′ 来说,还有许多问题值得进一步研究和反复实践。习惯性的看法认为:国家直接调拨和收购,可以使这部分时间缩得很短,以至几乎接近于零。实际情况并不是如此,问题实在太多了。比如:属于国家调拨的那些产品,许多部门都为此按行政层次设立了管理机构和仓库,甚至在同一地区还设立几个同类型的机构和仓库。实践中的事实说明,"产销见面"应该是缩短这部分流通时间的好办法。生产单位按需要安排生产,消费单位按需要选购产品,打破调拨、包销,还有行政区划的框框。社会化的大规模生产与大规模的售卖是紧密相连的,所以,组织直达供货,成立专业销售公司,广开销路,以便用最短的时间,最少的环节,最省的费用,把产品从生产移到消费者手中去。

就购买即 G—W 来说,我们也走过不少弯路。长期以来,有种传统的观点,认为供不应求是社会主义的优越性,是必然的,说什么在社会主义生产和建设高速度发展的进程中,经常会出现某些原料的供应落后于需求的现象。不认为"票证"是生产衰退

---

❶ 马克思,《资本论》,第2卷,第174页,北京,人民出版社,1975。

的征兆，反而提倡用"票证"来限制 G—W 的转化，说什么国家对于城市居民的某些重要生活必需品，实行了定量供应。根据计划，国家每年或每月发给居民一定量的粮票、油票、布票和其他一些消费品的购货本；同时，还发给一定量的工业券。从而它限制了 G 把"社会的权力变成私人的私有权力"。另外，在实际工作中，影响 G—W 转化的因素还有"小而全""大而全"，使原材料的供应失去保证。

再分析生产时间。

在社会主义条件下，缩短生产时间和劳动时间之间的差额以缩短"资金"周转时间是必要的，其主要办法可归纳为三方面：一是全面采用最新科学技术于生产过程，缩短劳动对象受自然过程作用的时间；二是改进工艺和组织管理，合理调配工作时间；三是加强对生产储备的定额管理。

储备是保证企业再生产连续进行所必要的，但储备量的大小要根据需要和可能来规定一个合理的限额，这属于马克思所讲的"自愿的储存"。但也有一种"非自愿的储存"，这种储存实际上是流通停阻的征兆。马克思说，储存量是可以减少的，"但这要取决于各种条件，而这一切条件实质上不外就是，要使必要数量的原料能够更迅速地、更有规则地、更有保证地不断得到供应，而不致发生任何中断。这些条件越不具备，从而供应越没有保证，越不规则，越缓慢，生产资本的潜在部分，即生产者手中等待加工的原料等等的储备就必然越大"❶。在一个很长的时间内，由于我们的计划总是留有"缺口"，使得原材料供应非常"不安全、不规则、不迅速"，在这种情况下企业不得不"宽打窄用"，盲目进货，造成超储积压，浪费资金。

---

❶ 马克思：《资本论》，第 2 卷，第 160 页，北京，人民出版社，1975。

12.3 固定资金的周转和管理

12.3.1 固定资金（固定资产）的特点

马克思在《资本论》第1卷研究价值和剩余价值的创造时，把资本划分为不变资本和可变资本；在第2卷从资本的运动过程研究剩余价值的实现时，又把资本划分为固定资本和流动资本。在社会主义条件下，已经没有了剥削剩余价值意义上的资本概念，但为了有别于资本，在前面的叙述中，我们使用了资金这个概念。从资本和资金所反映的社会关系的内容来看，二者是完全不同的，但它们在经济学的研究中又有共性。这是因为任何社会要生产就必须有生产资料和劳动力，剔除掉社会关系上的特性，就实物形态来说这一切都是没有区别的。因此，我们在说明固定资金的特点时，不能离开其在实物形态使用上的物理特点。

固定资产在实物形态使用上与生产物相对立的特点，是十分重要的，它虽然在实物形态上直到报废前不变，但其价值却逐步地已经分好几次转移到生产物中去了。这种转移是片断地比例于磨损程度。

资本家对固定资本的特点即实物形态上的固定不动和价值形态上的片断转移，是十分清楚的。他一定要通过商品的销售，把预付在固定资本上的价值捞回来，使价值得到补偿，实物形态在一定的时期得到替换。否则，整个厂房、设备、机器都会垮台的。而我们受自然经济论的影响，不懂固定资金价值特殊的流通方法，因而提出的某些管理制度严重阻碍着技术的进步。这将在下面详加分析。

12.3.2 固定资金的损耗及其补偿

要使企业再生产正常进行，企业应当保持有各种生产要素，

其中如机器、设备、厂房等，而且还经常加以更新、改造，以保持原来的实物形态。要做到这一点，就要把那部分生产要素能在实物存在（使用时期）而所生产的产品中移转过去的部分价值重新捞回来，积累起来，以便在一定时期内购置新的。

这里的中心问题是折旧问题。

但要讲清这个问题，必须首先研究固定资产的损耗问题。

损耗分两种：

一是有形损耗。二是无形损耗。

苏联经济学界曾流行一种否认无形损耗的观点，认为无形损耗是资本主义经济的观点。苏联斯特鲁米林以及我国反对计算无形损耗而提高折旧的人有个理由，认为还没有用完就报废，这是浪费，这是喜新厌旧。其实我的看法很明确，我一直反对人为地提高折旧，而是主张把折旧提得恰到好处，因为提少了，要丢老本；提多了，会坑害消费者。提折旧是一回事，折旧提完了的机器是继续使用还是报废当作废铁处理，这是另外一回事。

12.3.3　固定资金的管理问题

如前所述，无论有形损耗，还是无形损耗，它都反映了固定资产在生产过程中逐步丧失技术性能以及其价值转移到新产品中去而引起价值减少的过程。折旧仅仅是固定资产的价值转移到新产品中去的过程。所以，损耗与折旧是有联系但又非等同的两个概念。我们在对损耗研究的基础上，还要集中研究折旧问题。

首先要批判妨碍技术进步的从苏联照搬过来的老一套固定资金管理体制。这个体制的要点可归纳为：第一，固定资产无偿使用制，企业利润上缴任务根据生产指标来确定，与固定资产的占用量不发生联系，增加固定资产不付利息，这是鼓励争投资；第二，固定资产折旧率非常低，因此计入成本中的折旧费微乎其微，而多争到的设备又是备而不用，造成浪费；第三，固定资产折旧作为财政收入上缴财政部门，企业设备和建筑物的更新，作为新的投资，由企业向财政部门申请，并作为新的基建项目处理，而按惯例，对老企业的设备更新的投资又抓得很紧，不给批准。这三条是明显矛盾的，一方面鼓励争投资，鼓励设备和资金的浪费；另一方面对花钱少收效快的设备更新即技术革新、技术革命的费用，卡得很死。然而，这个体制中最不合理的是第四，财政部门按规定比例从折旧基金中拨给了企业一定款项作为固定资产的日常维修和大修理费用，但附有严格规定，大修理不准增值变形（即不准技术革新和技术革命），如要增值变形，就要由企业作为新的基建投资向上级打报告，请求审批，而这又是很难批准的。因此，本应成为技术革新和技术革命的最好机会的大修理，就成了古董复制。

12 企业「资金」的周转

1961年8、9月间，我在北戴河列席全国计划会议时遇见李先念副总理，他问我，折旧费能不能算财政收入？我说，折旧是固定资产价值转移到产品中的部分，是老本，不能算财政收入。他说，那你为什么不写文章。我问，这个问题能在刊物上公开讨论吗？他说，有什么不可以呀！这一年，我就在全国计划会议和全国工业会议的小组会上都陈述了我对这一问题的看法，指出折旧是老本，把折旧当财政收入上缴是吃老本；同时还指出，"吃老本"会损害老企业、老工业基地的生产发展。狠狠地批判了"吃老本"的做法，这动摇了老一套固定资产管理制度的理论基础，因而引起旧制度卫道士的憎恨，由此开始了一场争论，这逼得我写了《固定资产管理制度和社会主义再生产问题》这份内部研究报告，比较详细地叙述了我的一套观点。其中，我根据固定资产价值的特殊流通方法，要求把折旧基金全部下放给企业，从而把设备、建筑物的更新任务也交给企业，上级业务部门从技术政策方面，上级财务部门从财政制度方面进行监督检查。只有在某种特殊情况下（由于资源枯竭）需要紧缩生产时才按预定计划抽调老本。最近，张劲夫同志提出折旧基金下放给企业是对的，但也要看企业的经营状况，经营不好，本来已经在亏本，还要占用折旧基金，这不合理。这个观点我是赞同的。

由折旧基金的研究，引申出了我对"大权""小权"即扩大再生产和简单再生产的界线划分问题。按照马克思的观点，所谓简单再生产就是企业资金经过每一次循环，仅仅按照原有的价值量得到补偿；所谓扩大再生产就是资金经过每一次循环，不仅原有的价值量得到了补偿，而且还增加了资金的数量。属于扩大再生产范围以内的事是国家的"大权"，国家必须严格管理，不管或管而不严就会乱；属于简单再生产范围以内的事是企业的"小权"，国家多管或乱加干涉就会管死。固定资产的更新、改造，显然属于简单再生产范围以内的事，理所当然归企业去办。

现在有一种观点，主张把扩大再生产的一部分"大权"也下放给企业，我不大赞同（注：材料与论述待补）。

12.4 流动资金的周转和管理

12.4.1 流动资金的特点

按照马克思的分析，产业资本中按价值转移方式来区分，除了固定资本以外，还有两部分，一是投在原料、辅助材料上的不变资本；二是投在劳动力上的可变资本。前者在生产过程中实物形态一次耗尽，价值也是一次转移到新生产物中去。后者即垫支在劳动力上面的价值部分，也会通过生产过程一次转移到生产物中去。所以，流动资本的价值会经过生产过程全部加入生产物中去，也会由生产物的全部售卖从流通中转回来，并再重新垫支下去。这种价值一次转移，又经过一次售卖收回，构成了流动资本的特点。

12.4.2 流动资金的管理原则

过去,流动资金通常是分为定额流动资金和非定额流动资金。前者由财政部门核拨,无偿占用;后者由银行信贷供应。这种分口管理的办法弊病很多,况且资金占用多少又与企业经济利益没有关系,所以浪费很大。因此,一定要改变这种管理,实行流动资金全额信贷。

在实际工作中,考核流动资金利用效果主要有两个指标:
一是产值资金率,公式如下:

$$产值资金率 = \frac{流动资金平均余额}{工业总产值} \times 100\%$$

二是流动资金周转率,公式如下:

$$周转次数 = \frac{产品销售收入总额}{流动资金平均余额}$$

(注:周转天数 = $\frac{360 \text{ 天}}{周转次数}$)

这两个指标实际上都有不足之处,前者只反映企业生产量所占用的资金比率,周转情况看不出来;而后者却会受价格变动的影响。所以,我主张还应该采用流动资金利润率的指标,公式如下:

$$流动资金利润率 = \frac{销售利润总额}{流动资金平均余额} \times 100\%$$

总的来说,应该用资金利润率的原则来改革对流动资金的管理。所以,提高资金利润率的措施,对加速流动资金的周转,一般来说都是适用的。当然,从社会不同部门来说,流动资金利润率的可比性还要受别的因素的影响。

13 全民所有制企业相互间的交换

13.1 全民所有制企业相互间交换的经济内容

我在本书《生产过程编》有关章节中，曾提出了划分商品和产品的两条界限：一是所有制不同；二是有无计划。按这两条界限来分析全民所有制企业相互间的交换性质，它属于产品交换，而不是商品交换。这是因为全民所有制企业属于全体人民和整个社会所有。全民所有制企业相互间的交换是在同一所有制内部进行的，它不引起交换双方对产品所有权的转移。还有，全民所有制企业相互间的交换，是由代表全民利益的社会中心（现阶段即为真正代表全民利益的无产阶级国家）根据社会需要有计划地组织进行的，它不会呈现出商品生产的那种无政府状态。

应该重申，我这里所说的"产品"，是指社会化大生产的产品，而不是原始氏族公社或个体生产者之间以其所有易其所无的那种产品，前者在交换中反映了社会化大生产的各种社会经济关系；而后者只是自然经济的产物。

还应该指出，在现阶段的社会主义社会中，除全民所有制外，还有集体所有制、个体所有制等多种经济成分。也就是说，在流通领域，除全民所有制企业间的产品交换外，还有不同所有制企业间的商品交换。生产力发展水平不高，全社会范围内客观存在着的商品交换关系，不能不影响到全民所有制内部中来。作为完整的社会主义生产关系来说，全民所有制企业之间的交换也还具有一定的商品性。

全民所有制的企业都是相对独立的经济核算单位，它们在生产过程中的劳动消耗（包括活劳动和物化劳动），要在流通中从价值形态上得到等价补偿，从物质形态上得到相应的替换。在这里，社会必要劳动量调节着企业之间的补偿和替换。如果企业的劳动消耗高于社会必要劳动量，那么它在流通中就不能得到等价补偿，从而亏损；如果企业的劳动消耗低于社会必要劳动量，那么它通过流通不仅能得到等价补偿，而且还要赢利。

全民所有制企业相互间交换的产品，主要是生产资料产品，供方企业所生产的产品"卖得了"还是"卖不了"，需方企业所需要的产品"买得到"还是"买不到"，这直接涉及整个社会再生产的正常进行。因此，有计划地组织好它们之间的交换十分重要。这里所说的"计划"，并不是习惯中所理解的那种自上而下的指令性计划，而是立足于社会真实需要、建立在价值规律基础上的计划。

13.2　组织全民所有制企业间产品交换的教训

斯大林讲生产资料不是商品，这是我赞同的。但他讲生产资料产品不能进入流通，不能在企业间相互交换，价值规律不对它们起调节作用，这是我反对的。在我看来，斯大林的这种理论是自然经济论。30年来，我们信守斯大林的观点，否认生产资料产品流通，运用调拨和配给，这给我们的经济工作带来了极大的危害，这主要是：

货不对路，此处积压，彼处脱销。不少产品表面上年年增产，但由于生产不符合社会需要，因此生产出来的产品却进了仓库，这既消耗了能源，又占了运输，而市场需要却不能满足。

货不畅流,手续繁杂,环节冗多。一般市、县属企业的物资申请计划,从企业编制,主管局、计委审核综合就要三道关,省一级的企业要二道关,因之集中到中央起码有七八道关。配给计划下达也是如此。企业从上年8、9月份编制计划,往往要到这年的4、5月份才能收到分配指标,而且还要再提卡片、搞订货。为了抓物权,层层还设库扒皮,使计划与需要的"缺口"越拉越大。

计价背离了价值,价格完全成了社会必要劳动的"哈哈镜"。产品加工和原材料的比价非常不合理。行政调拨完全破坏了各种产品之间的合理比价。

否认生产资料产品流通的观点,是自然经济论。蒲鲁东是小资产阶级的社会主义者,他站在小生产者的立场上曾批评过资本主义,但他认为资本主义的一切祸害主要是在流通过程,因此,他主张改造市场,取消流通。斯大林的自然经济论观点,其思想根源就在蒲鲁东。我们从第一个五年计划开始,接受了斯大林否认生产资料交换的模式,把千千万万不同规格的原材料产品从供、产、销的产品交换或商品交换的渠道中剔除,而集中到物资管理局,由物资局采用行政办法配给调拨。

刘少奇同志在1962年到1965年曾对物资工作做过8次讲话,实践证明,这些讲话的基本原则和主要内容还是比较妥当的。其中最主要的是批评了物资部门的官僚衙门作风。1962年4月17日他说:"你们(指物资部门)没有什么特殊,不是特殊部门,是个综合部门。你们也是个商业部,你们要基本上照商业部的办法。商业部能供应6亿人民,难道你们就不能供应21万个企业?问题是你们不搞。"同年10月10日又说:"前几年商业部门搞得还好,这几年有了问题。这次会上,很多人谈到商业部门现在机构重叠,中间环节多,影响了生产的发展。这个教训,物资部门必须吸取,必须避免,不要把机构官僚化了……物资部门也是商业部门,是管生产资料的商业部。"

20多年来,说实在的我没有给物资部门说过一句好话,我甚至主张体制改革的中心问题是取消物资局。当然,这只是改革的结果,而不是开始。我这里并不是对物资局有偏见,而是觉得那种否认生产资料产品流通的管理体制是根本违反社会主义社会化大生产要求的。

13.3 合理组织好全民所有制企业间产品交换的途径

总的原则,一是要建立供、产、销平衡的合同制,并且在基层的供货、销售合同基础上形成自下而上的全国的综合平衡计划,不留"缺口",把计划放在价值规律上;二是要按照流通领域内客观存在的经济规律办事,使产品(商品)按着费用最小、环节最少、时间最短的运动规律,冲破行政措施的约束和地域区划的限制,用最快的速度从生产者移转到消费者手里,完成价值补偿和物质替换的运动。

根据这个总的原则和生产资料产品品种多、规格杂、技术性强、运输量大的特点,合理组织好全民所有制企业间产品交换的途径主要有:

定点供应,直达供货,这主要是对大宗需要的产品,以减少中转环节。刘少奇同志说:"东西没有经过你,你只盖个章子,就要收百分之几的手续费,这是不劳而获,收自己的税,等于旧中国时代的税卡,等于是拦路打劫,要向一、二级站人员讲清楚,绝不许他们阻碍物资流通,一定要发展定点供应,直达供货。"当然,把点定死,这是否恰当,还可以考虑。

对技术性要求特别高的产品,可以实行产需订货,按合同生产和供货;少量的需要,通过供应网点进行供应,设立生产资料批发和零售商店;也可以让生产单位自设门市。

物资部门是综合部门，因此，要统筹全社会的需要，对某些关系国计民生而又一时紧缺的物资，也可以暂时实行计划分配，但要产需见面，需方可按分配指标持"供应票"到物资供销部门选购。物资部门也可以根据社会需要，对一些产品实行统一订货、经销。

总之，合理组织好全民所有制企业间产品交换的途径，其关键在于按价值规律办事。

14 集体所有制各经济单位之间的商品流通

14.1 集体所有制各经济单位之间的商品交换形式及社会性质

集体所有制各经济单位之间的商品交换包括：农村各集体经济单位之间的交换，城镇各集体经济单位之间的交换，以及农村、城镇各集体经济单位之间的交换等。

在我国现阶段，由于生产力水平还很低，为了使社会主义生产关系的建立与这种生产力水平相适应并促进这种生产力迅速发展，社会主义公有制不能不有很大一部分要采取集体所有制的形式，特别是在广大农村更是这样。与此同时，各个集体经济单位之间由于自然条件不同，或是由于经营传统不同，不能不存在某种社会分工。既然各个集体经济单位之间存在着社会分工，而又存在着不同所有制，那它们之间的产品交换就必然在等价交换的原则下发生产品所有权的转移。并且，这种交换也必然具有自由交换的性质，而不可能直接纳入社会主义国家计划。从而，这样的交换，就不能不是商品交换，就不能不通过商品交换实现社会劳动的物质变换，即把不同集体所有者的产品实现为社会产品，把不同集体所有者的劳动实现为社会劳动。不言而喻，由这种交换所构成的流通当然也就是商品流通。

党的十一届三中全会以后，各地逐步实行以家庭为经营单位的承包责任制，家庭经营成为社会主义集体经济的一个经营层次。现在广泛展开的它们之间特别是重点户、专业户之间的商品流通，也属于广义的集体经济单位之间的商品流通。

社会主义集体所有制经济单位之间的商品交换和流通，不同于以私有制为基础的简单商品交换和资本主义的商品交换。由于交换的产品是集体经济单位的产品，以公有制为基础，交换又要受全民所有制经济单位之间直接计划产品交换，以及全民所有制经济单位和集体所有制经济单位之间商品交换的影响、制约，并且又处于从属的地位，所以，这种商品交换是社会主义商品交换，是社会主义条件下分工协作、互通有无的商品交换。而这种商品交换所反映的经济关系，基本上是社会主义的不同集体所有制经济之间在物质生产过程中互相交换劳动的关系。

14.2 集体所有制经济单位之间商品交换的地位和作用

社会主义的各个集体经济单位为了生产和生活，为了不断地进行简单再生产和扩大再生产，在自己没有或缺乏某些必要的生产资料和生活资料的情况下，就必须以自己所有的多余农副土特产品等去和别的经济单位进行交换，以便互通有无，实现其生产与生活的物质代谢。

各个集体经济单位的对外交换，除了我们在以上所说的同国营企业进行商品交换外，各个集体经济单位之间也要互相进行商品交换。在存在复杂社会分工的现阶段，集体经济单位在生产消费和生活消费方面需要的产品种类很繁杂，而且其中的不少产品又是社会主义国营经济单位所没有的或缺乏的，因而是不能通过商品交换由它们来提供的。但是，集体经济单位之间却可以通过商品交换来调剂余缺，互相提供彼此需要的某些产品。

集体经济单位之间的商品交换，主要是某些农、林、牧、副、渔和其他农副土特产品的交换，如种子粮、树苗、仔畜、鱼苗等。此外，还有某些社、队工业企业和城镇街道集体工业企业的产品，如砖瓦、石灰、小农具等。当然，这种交换也还包括某些少量的劳务，如农产品加工、请专业师傅——木工、泥瓦匠等。从交换的价值总额看，集体所有制经济单位之间的交换金额，肯定要比集体经济单位同国营企业之间的交换金额少得多。但是，这也不能说明这种交换不重要，问题是，尽管这种商品交换的价值总额不算多，但却是别的任何交换或流通形式都无法代替的。正因为如此，这种交换和流通也是集体经济单位正常地进行简单再生产和扩大再生产所必不可少的渠道。

当前，我们正在大力发展城乡社会主义集体经济，集体经济单位之间的商品交换和流通，同集体经济的生产一样，在国民经济中就显得更为重要，更不可忽视。

总而言之，为了实现社会的简单再生产和扩大再生产，各个集体经济单位在同国营企业进行商品交换的同时，还必须在他们彼此之间互相交换产品，互通有无，以便实现再生产所必需的社会劳动的物质变换。由此就不难看出：集体经济单位之间的商品交换和流通在社会主义经济中确实占有重要的地位，起着重要的作用。

14.3 解放思想，努力发展集体经济之间的商品交换

如上所说，集体经济单位之间的商品交换在社会主义现阶段仍然起着重要的作用。然而，令人遗憾的是，在过去的20多年中，我们政策规定上一般都不允许集体生产单位经营商业，而如果它们要去运销自己生产的某些产品，就认为是资本主义活动而加以禁止。在这种情况下，集体经济单位之间的流通渠道除了通过供销合作社与国营商业沟通，进行部分交换外，只在集市上进

行一些交换。但由于供销社商业从 1958 年以后实际上已经变成了"国营"商业，在很多情况下集体经济单位的某些产品，特别是某些农副土特产品并不能被及时收购，并且它们所需要的某些产品（包括农副土特产品和工业品）供销社不能及时供应或根本不能供应。同时，也由于集市贸易在多年之中几次遭到破坏，所以，集体经济单位之间必要的、正常的交换与流通，实际上几乎被堵死。这样，就影响了集体经济的发展。显然，这是由于人们思想被某些不正确的观念——如认为社会主义经济越大、越公就越好，从而不能正确对待集体经济相互间的交换，不能正确对待农村集市贸易等——所束缚的结果。

几十年的实践向人们表明：以往的那些做法行不通，不利于社会主义集体经济的发展，而必须加以改变；集体经济单位之间的商品交换是一种客观的需要。而为了适应这种需要，人们就应该解放思想，大力发展集体经济单位之间的商品交换，有组织有计划地疏通已有的商品流通渠道，并协助开辟某些新的流通渠道。

当然，如何具体化，这需要进一步通过实践去探索，有些可以先经过试点，比如，重新建立合作社商业，加强合作商业同集体经济生产单位的联系；允许集体经济的生产单位兼营商业，向大中城市运销自己的产品，并在城镇设立商店；支持集体经济单位在地区之间调剂余缺、互通有无；集体经济单位的产品既可以卖给国营商店和供销社，也可以卖给直接消费者；集体经济单位之间大批量的、长时间的、比较稳定的商品交换可以建立固定的协作关系，以合同的形式把它变成直接的供货关系；集体生产单位可以同大的销售单位联合经营某些土特产品的国内外运销，等等。总而言之，在向四化前进中，在社会主义集体经济迅速发展的新形势下，必须大力发展多种商品交换形式，以尽快地解决好集体经济单位之间的商品流通问题。如果说过去这种商品交换关系还不大被人们注意，那么现在是应该关注的时候了。

集体经济单位之间的交换，虽然也是社会主义的商品交换，但由于彼此利益上的差别存在，也可能会出现某些无政府主义的自发倾向。为此，社会主义国营商业要对它起到应有的调节作用，使它受计划经济制约。同时，无产阶级国家也必须采取一些符合客观经济规律的行政管理措施，引导它沿着社会主义的轨道前进。

14 集体所有制各经济单位之间的商品流通

15 全民（和集体）所有制对居民的交换

15.1 全民（和集体）所有制对居民交换的经济内容

全民所有制企业同居民之间交换产品的经济活动，就其性质来说，仍然是一种商品交换关系。因为，这种交换活动的结果，产品的所有权发生转移，即产品由国家所有变为个人所有。职工用货币到商店购买消费品的时候，货币仍然作为一般等价物与所有商品相对立，实际上还是以流通手段的姿态出现在市场上。由这种交换活动所构成的商品流通过程表现为 G—W（货币—商品）。

这里的问题是：这种相对于典型商品流通公式 W—G—W 来说，是不完整的和不充分的半截公式，为什么能形成社会主义社会的商品流通过程？或者说公式的前半截 W—G 是怎样运动的，其实际内容和性质又怎样呢？

众所周知，W—G—W 对于小商品生产者来说，W—G 中的 W（商品）是他们自己劳动的产物。在资本主义社会，对资本家来说，W 是孕育着金蛋的母鸡，是包含着 m 在内的待实现的价值量；而对于一无所有的工人来说，W（商品）就是他们的劳动力。

社会主义条件下，生产资料公有制代替了私有制。工人是公有制企业的主人，不再是出卖劳动力的被剥削的雇佣劳动者。劳动力成为商品是资本主义私有制的产物，尽管这种商品是在一般商品出现之后很久才形成的一种特殊商品，但它却先于一般商品而结束自己的商品发展史。社会主义社会劳动力不再是商品，社会主义企业职工的货币收入是国家按每个人向社会提供的劳动数量而付与他们的劳动报酬。马克思在《哥达纲领批判》中明确指出过，共产主义初级阶段只能实行按劳分配原则，这个原则实际上仍然"是商品等价物的交换中也通行的同一原则，即一种形式的一定量的劳动可以和另一种形式的同量劳动相交换"❶。既然职工按劳分配到的货币工资具有等量劳动相交换的性质，职工手中的货币（G）是按等量劳动取得的，那么，这就包含了它（货币）能够同在价值量上相等的商品相交换的可能性。在这里，我们可以再次看到社会主义条件下产品与商品二重性和劳动券与货币二重性的现实表现。从等量劳动（经过各种扣除之后）可以领取等量产品的原则上看，职工所得的货币收入具有劳动券的性质，因为它无非是领取消费品的一种凭证；而从商品交换通行原则上看，它也就是实际的货币，仍然是一般等价物，因为有了它就可以去购买各种商品。所以，职工用货币购买商品所构成的商品流通的半截公式 G—W，是以按劳分配中的等量劳动相交换的原则为基础的。如果把这种等量劳动相交换的原则理解为〔W〕—G，那么全民所有制同职工之间的交换，也要用〔W〕—G—W 来表示。实际生活也表明，在存在商品货币关系的条件下，通过商品交换来实现按劳分配，是广大人民群众熟悉的简便易行的方式。这种方式很可能一直延续到按需分配完全代替按劳分配时为止。

近年来，有人力图用社会主义条件下劳动力仍归劳动者个人所有（部分的或全部的）来论证全民所有制与职工间的商品交换

---

❶ 参阅马克思：《哥达纲领批判》，见《马克思恩格斯选集》，第3卷，第11页，北京，人民出版社，1972。

关系。其实，这无助于问题的解决。很明显，劳动力从来都是也只能是附着在劳动者的肌体上。只有在资本主义这个特殊历史阶段上，它才似乎可以离开这个肌体而当作商品来出卖，说劳动力属于劳动者个人所有，并没有在理论上前进一步。

社会主义社会的集体所有制，一般都是独立的经济单位，都是自主的商品生产经营者。它们把自己生产的商品卖给城乡居民的交换活动，其商品性质是不言自明的。

15.2 商业的主要职能是把产品运送给消费者

社会主义条件下，全民所有制与集体所有制同城乡居民的商品交换，主要是通过各种商业组织进行的。社会主义社会各种商业组织的主要职能是完成产品从生产领域到消费领域的转移。

商业通过购、销、运、存等经营活动，沟通城乡之间、工农之间、各不同经济形式之间的经济联系，把商品运送给消费者（包括生产的消费和个人的消费），所以，它在社会主义经济生活中起着"桥梁""纽带"的作用。商业的产生和发展是商品交换的客观需要，许许多多商品生产者买卖商品的时间集中由商业企业来进行，可以大大节约所有商品生产者的买卖时间，从而缩短整个社会的流通时间，有利于生产的发展。马克思说，商人"可以通过他的活动，为许多生产者缩短买卖时间。因此，他可以被看作是一种机器，它能减少力的无益消耗，或有助于腾出生产时间"❶。

否定商业作用，轻视商品流通，是不懂得流通过程对生产过程的巨大作用的一种自然经济观点。否定流通或者说无流通论的观点，不仅造成整个社会的轻商思想盛行，而且一直发展到商业

---

❶ 马克思：《资本论》，第2卷，第148页，北京，人民出版社，1975。

等于资本主义的荒谬地步。在这种理论观点和指导思想影响下，30年来商业和整个流通组织机构遭受了两次大冲击：一是1956—1959年，三大改造中急于求成，急于"过渡"，公私合营商店一律上升为国营商店，合作商店、合作小组有的上升，有的合并，城乡间的小商小贩、城市中的摊贩、走街串巷的流动商贩所剩无几，农村集市贸易被关闭；二是"文化大革命"期间，不仅合作店（组）、小商贩、农村集市贸易被当作资本主义尾巴被大量割掉，而且不少地方还把社会主义商业人员当作资产阶级或为资产阶级服务者，驱逐到农村去劳动改造。

这两次大冲击使得整个社会的流通渠道单一化——城市只有国营商业，农村只剩供销合作社商业独家经营，使流通环节增多，商业服务网点、人员严重不足。其后果是，商品流通远不能同生产的发展和人民消费的需要相适应。一方面虽然商业服务人员劳动强度增大，但仍不能满足生产与消费的需要，阻碍着生产的发展和人民生活的改善。另一方面商业服务质量下降，"官商"作风严重，损失浪费惊人。由于地方党政权力的加大，作为整个社会经济上有机联系的循环系统的商业网点被分割成一块又一块，自给自足，盲目排外，相互封锁，阻碍商品流通的趋势有增无已。

社会主义商业是生产与消费之间的媒介，是实现社会主义生产目的的重要手段。因此，商品的经营方式——包括各种商业形式和商品交换方式，不能不受生产和消费状况以及商品自身流通特点的制约。在生产领域，由于社会生产力还没有达到高度发展，客观上要求有多种经济形式并存。在流通领域，商业服务对象的分散性和许多产品的生产与消费特点，如集中生产，分散消费；一地生产，各地消费；季节性生产，经常性消费；以及各种鲜活商品要求及时消费等，这些都要求有多种商业形式、多条流通渠道和遍布城乡每个角落的商业网点来适应商品流通的需要。

因此，不仅要发展国营批发、零售商业企业，而且还要发展集体的、合营的商业服务业和个体的、流动的方便群众消费的商业、服务业。有了多种商业形式和多条流通渠道，便于互相比较，有利于打破地区间的封锁，使商业在更广阔的范围内（在全国，以至在国际上）进行交流。货畅其流，商品的生产才能不断发展。

15.3 商业购销活动对生产有巨大影响作用

商品购销形式直接关系着商业对生产的作用。长期以来，我们在工商间实行统购包销制度，农商间则是统购、派购制度。实践证明，这种统购、包销制度是同商品交换本性或者说同商品交换规律背道而驰的。首先，商品交换规律要求交换商品的价值量相等；其次，它要求交换来的使用价值与购买者的消费需求相适应。正是这两点基本要求，才使得每个生产者努力降低单位产品的价值量，竭力使产品的使用价值更适合消费需要，也就是要尽全力使自己的商品物美价廉。而统购、包销制度则恰恰相反，它不问商品价值量的大小，不管商品使用价值是否适销对路，工业对商业有则必卖，商业对工业有则必买；商业内部上对下强行调拨；商品对顾客硬性搭配。商品生产者一旦销路有了保证，就根本不必再去考虑降低成本、增加品种、提高质量、改进花色与款式。我们的商品"三十年一贯制"，年年不变，在国内人们不愿问津、在国际上毫无竞争能力的客观事实，就是对统购包销这种购销制度的有力"批判"。

过去，由于国民经济重要比例关系长期不协调，积累率过高，基本建设投资过大，重工业项目筹建过多，建设周期过长，以及农业、轻工业发展缓慢，因而我国国内市场消费品长期供不应求。这种主要由于计划不周、国民经济重要比例关系安排不当而造成的供应紧张局面，在相当长时间内曾被认为是社会主义经济的客观必然性,甚至美言它是社会主义优越性的表现。无疑这是一种完全错误的观点。在这种思想观点的影响下,加上上述违反商品流通规律的购销制度,不能不在很大程度上加剧了整个市场商品供不应求的状况。

要发挥商业对生产、对消费的经济影响作用,必须从根本上改革商品购销形式。正如我们在前面所讲到的,要开辟多条渠道,发展多种商业形式,发挥价值规律的作用,按照商品自愿交换原则去组织整个社会的商品流通过程。在工商之间、农商之间、商业企业相互之间广泛推行经济合同制度,逐步地把交换双方在自愿基础上签订的商品购销合同作为整个社会流通计划的基础,并通过经济法使合同的义务与权利得到法律的保护。这样,才能使我们社会主义经济中的流通计划建立在自下而上有可靠经济根据的基础之上。

这里有一个首要的问题,即如何发挥每一个商业企业的积极性,主动地根据居民的需要组织商品购销,使工业、农业企业为需要而生产。

商业企业作为商品经营者,比商品生产者更加需要有灵活机动的、适应市场变化的自主经营之权。这种经营自主权是发挥商品经营者的主动性、积极性的前提。把职工个人利益和企业集体利益同整个社会、国家利益结合起来,使工作好的企业和职工能获得现实的物质利益,是发挥商品经营者主动权、积极性的基础。

长期以来,影响社会主义物质利益原则贯彻的一个重要因素,是我国的价格脱离价值,并且过分集中的经济体制又使得那些脱离价值越来越远的计划价格得不到及时调整。由于价格不合理,有的商品,商业企业得不到合理的利润,有的则导致经营亏损,越是努力,经营得越多,则亏损越多。加之,商业系统的利润全部上缴,这就使商业企业经营好坏同企业及其职工个人利益无关。难怪"官商作风"有增无已，损失浪费甚至贪污盗窃之风难以减轻。

应当按照价格要符合价值的客观要求，使工业、商业企业的生产经营都有利可图。根据社会主义大生产商品流通规模日益扩大、交换范围越来越广的趋势，客观上要求流通费用相对增长。如果以产品成本与其零售价格之间的差距为100，那么，工商企业之间就不应该把"工大于商"作为千古不变的分配毛利的原则。过去通行的工业大利商业小利、工业微利商业保本、工业保本商业赔钱的办法，似乎是一种支持生产的方针。其实，这是不利于甚至是打击商品经营者积极性的措施或政策，到头来还是要打到商品生产者的头上。应当充分运用价格（使其不断接近价值）、税收、利息等多种经济杠杆，为工商业创造均等的外部经济条件，使他们因主观努力不同、经营成果不同而有不同的利润水平。以此为基础，采取一定形式，把企业及其劳动者的物质利益同它们所创造或实现的利润挂起钩来，使企业在不断努力提高经营水平和经济效果中增加自己的物质利益，从而促进企业从经济利益上关心扩大经营、增加生产，千方百计地去满足居民的需要。

15.4 降低流通费用，提高经济效果

恩格斯明确指出过，费用与效果的比较是一切经济的根本性问题。流通的经济效果，首先表现为一定时间内用在流通过程中的活劳动和物化劳动，能够把多少产品从生产领域运送到消费领域。流通中的活劳动和物化劳动，消耗在商业企业经营活动中表现为一定数量的流通费用。

商业流通费用在资本主义制度下分为两种：一是同生产过程在流通中的继续有关的费用，如运输、包装、挑选整理等，称之

为生产性流通费用；二是单纯为了商品价值形态的变化而花去的费用，如广告、簿记等，称之为纯粹流通费用。社会主义条件下这种划分已没有重要意义。无论是前一种费用或是后一种费用，都是商品流通所必需的费用，都要力争降低，费用花费得越少，则流通效果越大。前一种生产性费用，并不因为它的生产性就越多越好，超越社会平均必要费用水平以上的部分，不会形成价值，实际上是等同于流通中的一种浪费。后一种费用，在社会主义条件下已经失去了单纯商品买卖性质，❶ 而是商品最终进入消费领域、成为最终完成品所必需的。这种"燃烧劳动"不再是社会的一种"虚费"。当然，同样也是花费得越少，社会就越是节约。

绝对地和相对地减少流通费用，提高流通经济效果的途径在于：

（1）加速商品周转速度。商品周转加快可以减少资金占用额，即使在费用额不减少的情况下也可以降低费用水平。有些费用如运费等直接费用虽然会随商品流转额扩大而增大，但它们也会在商品周转加速情况下相对有所降低。

（2）减少流转环节，合理组织运输。必须彻底改革按行政单位、行政区划设置流转机构和组织商品流转的办法，而要按商品的经济流向，选择最短的运输路线，以尽可能少的流通环节把商品送到消费者手中。"文化大革命"中，全国成千个地区增加二级批发站，实际上等于层层设卡（扣留商品），大大拖长了商品流转时间，延缓了周转速度，增加了流通费用。这种状况必须改变。

（3）把商品库存保持在周转所必需的水平上。要打破不计周转速度把库存增大视作"形势大好"的传统观点，打破所谓"对

---

❶ 马克思说，"单纯买卖时间的费用只是由生产过程的一定的社会形式产生"的。《资本论》，第2卷，第152页，北京，人民出版社，1975。

市场负责"的多存惜售的供给制思想。应该指出,自 1953 年批判所谓"泻肚子"以来,商业企业保守惜售,不计商业成本,不计周转时间的倾向一直在流通中居统治地位。谁都知道,商品要经过交换才能到达消费者手里,社会化大生产是在不断周转、运动中发展的。商品储存是为了商品流通之"流"能够持续不断。除去粮食、布帛之外,不能在所谓"保障供给"的口实下存而不售。商品堆积在库房里最终会窒息商品生产,会扼杀社会化大生产的生机。生产过程与流通过程统一的社会化大生产,"出售越迅速,再生产过程就越流畅"。❶ 另一方面,商品储存要随着商品销售额的扩大而相应地增长。在实际工作中,人们都有实践的经验,知道各类商品在多大销售量的情况下需要多少储量。

为了便于考察商业企业的经营效果,应把国家战略性储备同商品流转正常库存分别开来。专设国家储备局,由财政拨款储备战略物资。

最后,需要顺便指出的是,以上所说的关于降低流通费用、提高经济效果的理论原则,不仅适用于全民所有制和集体所有制对居民的商业活动,而且适用于社会主义条件下从事其他产品、商品交换的活动。

---

❶ 马克思:《资本论》,第 2 卷,第 155 页,北京,人民出版社,1975。

16　集市贸易

16.1　集市贸易存在的必然性和它的经济内容

集市贸易是我国农村一种传统的地区性商品交换形式，从古到今已有三四千年的历史了。

现阶段我国城乡集市贸易存在的经济条件是：社会生产力，特别是广大农村的生产力还很不发达，全民所有制商业供应的商品不能满足城乡人民的需要；旧的社会分工依然存在，农村和城镇还必然要存在各种大小不同的集体所有制经济，农村集体所有制经济还实行以家庭承包为主要形式的联产计酬责任制，加入集体所有制的农民还要从事家庭副业经营；城乡还存在少量的个体劳动者。正因为如此，集市贸易的继续存在就仍然具有历史的必然性。

现在，参加集市交易活动的主要是广大农民、城镇居民和集体经济单位，以及少量个体劳动者。这些参加者既服从于自然形成的社会分工，又处于不同所有者的地位，因而就只能以不同所有者和不同具体劳动者的身份互相发生经济关系，交换其产品。这些进入交换的产品，本来就属于不同的所有者，不纳入国家统一的产品交换计划。它们或者是农民经营家庭副业自给有余的产品，或者是集体经济单位和承包户在完成国家实物税、统购和合同收购任务后自给有余的产品，或者是集体、个人专门为了上市交换而生产的产品。在集市贸易中，经过交换产品的经济活动，把直接属于个人或集体的产品转化为社会的产品，把直接属于个人或集体的劳动转化为社会劳动。具有这种特点的产品交换，当然是商品交换。

诚然，现在的集市贸易仍具有小商品经济的某些特点，比如交换主要由价值规律起支配作用，供求关系变化大，自由商议的价格变化比较大，等等。但是，它已经不是旧社会那种集市贸易了。这就是说，现在的集市贸易虽然还具有集市商品交换的一般特点，但它却既不同于个体私有制基础上的集市商品交换，又不同于资本主义条件下的集市商品交换；而是在社会主义公有制经济占统治地位这一条件下的集市商品交换。在这种集市交换中，主要的交换者是集体化了的农民和其他已走上社会主义道路的劳动者；交换主要是为了使用价值的互通有无，为了生产和生活消费的需要。特别是，这种集市交换活动，不仅是在无产阶级国家工商行政机关管理之下进行的，而且还要受到社会主义计划经济的制约和影响。因此，决不能把社会主义现阶段的集市贸易等同于旧社会的集市贸易或资本主义的自由市场。

16.2 集市贸易的历史地位和作用

在人类社会的发展中，任何社会现象只要有其存在的历史必然性，那它自然就会在社会发展中占有一定的历史地位，起到应有的作用。现阶段的农村集市贸易也是如此。

问题很清楚，既然在现阶段社会生产力水平还比较低，农村还存在集体经济和实行家庭承包经营，农民还必然要经营家庭副业，城乡都还必然要存在某些个体劳动者为社会生产一部分产品，以满足人民生活的需要。从而，城乡集市贸易就必然要在社会主义现阶段占有一定的社会历史地位，在社会经济发展中还起着积极的作用。这些积极作用表现在各个方面。

生产决定交换，但交换也反作用于生产，刺激生产。市场的存在和扩大虽然由生产的状况来决定，但它也必然对生产的发展有刺激作用。集市贸易既然是地区范围内商品交换的市场，它的存在当然也就会刺激城乡集体经济单位、农民个人及个体手工业者努力发展生产，特别是发展农副土特产品的生产。有集市市场可以出卖多余产品，产品有出路，人们当然就会努力地发展这些产品的生产。因此，集市贸易有利于活跃城乡经济，可以促进农业和手工业生产，特别是零星稀少的农副土特产品生产向大批量和专业化的方向发展，增加商品品种，扩大商品货源。

交换和流通媒介生产、媒介生活。它有助于人们正常地生活，正常地生产。集市贸易是地区范围内沟通生产与生产、生产与消费的一个媒介，是广大农民、城镇居民及集体经济单位互通有无的一个流通渠道。它的存在有利于人民正常生活，有利于地区范围社会劳动的物质变换，即有利于正常生产与再生产的物质代谢，在促进生产与再生产的顺利进行和促进人民生活特别是城镇居民生活的改善方面，弥补着社会主义国营商业的不足。

市场是生产与消费是否平衡、供给与需求是否平衡的一面镜子。在现阶段，集市贸易这个市场的存在，为我们领导、组织社会主义经济，从侧面提供了一面能够如实反映实际情况的镜子。毫无疑问，这面镜子可以在一定程度上促进人们改善经营管理，更好地按照消费需要组织生产，按照市场需求组织供应，按照价值制订计划价格。总之，有利于人们按照客观经济规律组织管理社会主义经济，克服官商等官僚主义作风。

另外，大中城市的集市贸易（或叫农副产品市场）同大中城市的货栈相配合，货畅其流，这就能够使更多的农副土特产品，特别是那些具有鲜、活和季节性特点的农副产品流向大中城市，补充城市、工矿职工生活上的部分需要及某些生产企业的需要，

16 集市贸易

弥补大中城市国营商业的不足。

总之，集市贸易在现阶段有许多积极作用。正是从这个意义上说，它是社会主义市场不可缺少的组成部分，是社会主义流通必不可少的一条补充渠道。

当然，集市贸易在主要发挥其积极作用的同时，也会附带地产生一些消极的东西。比如，由于经常存在着市价与牌价的差距，就会使不法分子有机可乘，因而就有可能产生无政府主义，有可能冲击社会主义的计划经济。但是，这不是问题的本质和主流，决不能因此就否定集市贸易在现阶段存在的必要性和积极作用。人们往往把现阶段的集市贸易贬得有百弊而无一利，并且对它采取了种种强制性的代替或取缔措施，显然，这是非常错误的，是主观唯心主义的、违反客观规律的和妨害生产发展的。

16.3 总结历史教训，加强对集市贸易的领导管理

中华人民共和国成立30年来，农村集市贸易的存在和发展经历了几起几落的大反复。在1956年生产资料社会主义改造基本完成后，有些人便认为，集市贸易同社会主义计划经济不相适应，于是在许多地方强行取消集市，结果行不通，不久又不得不把它恢复。1958年搞所谓"大跃进"，陈伯达、张春桥等人鼓吹消灭商品货币关系，有些人也认为物资已大大丰富，共产主义就要实现了，于是又有不少地方强行取消集市，结果还是行不通，在三年经济困难时期，又不得不予以恢复。在所谓的"文化大革命"中，林彪、"四人帮"变本加厉地推行极"左"路线。他们把现阶段的集市贸易完全混同于资本主义的自由市场，并要当作"资本主义的尾巴"来割掉。他们到处靠强力关闭集市贸易，鼓吹所谓"哈尔套经验"，要用什么"社会主义的大集"来取代传统的集市贸易。其结果，危害更大。它不仅严重地破坏了农村经济，

给城乡人民的生产和生活带来了巨大的灾难,而且大大地助长了各种不法分子利用无法取缔的黑市交易进行倒买倒卖,从中牟取暴利。正因为如此,在打倒"四人帮"以后不久,党的十一届三中全会又重新决定恢复集市贸易。几年来,集市贸易的开放以铁的事实显示了它在社会主义现阶段存在的历史必然性及其积极作用。

16 集市贸易

实践是检验真理的唯一标准。实践表明,每当人们用行政手段强行关闭集市贸易时,结果却必然挫伤广大农民的积极性,妨碍农副业生产的发展,有害于农村经济生活的活跃。反之,当人们尊重客观经济规律,承认并开放集市贸易时,农民的积极性就得到鼓励,农副土特产品的生产就得到了发展,城乡人民生活便得到了改善,整个农村经济生活便迅速活跃起来。

历史的教训是应该记住的。现在,农村集市贸易虽然已经得到了恢复,但是,决不能因此就掉以轻心,好了伤疤忘了痛。重要的是,应该痛定思痛,认真地总结和吸取历史的经验教训,进一步正确地认识和对待集市贸易,更好地领导和管理集市贸易,以便充分地发挥其积极作用,抑制其消极作用,力求达到"管而不死,活而不乱"。

领导和管理集市贸易必须从经济和行政两个方面去做。首先是应该按照客观经济规律,运用经济方法领导和管理集市贸易,引导集市贸易沿着正确的方向前进。比如,可以按照价值规律支配集市价格的趋势,通过国营商业和合作社商业适时吞吐某些商品,以平抑集市价格,防止其大的波动。同时,还可以有计划地逐步缩小集市贸易价格和牌价之间的差价。这样,就可以渐渐地消除投机倒把的客观经济条件,使集市贸易更好地发挥积极作用。其次是必须按照需要运用适当的行政方法领导和管理集市贸易,促进其更好地发挥积极作用。比如,可以制定有关的政策、法令,明确什么是正当的集市贸易,什么是非法的交易活动,以便使人们有所遵循。当然，在两种方法的结合上，应该以经济方法为主，以行政方法为辅，使经济方法与行政方法相辅相成。

过去，我们曾经反对过利用集市贸易搞长途贩运；现在随着经济形势的变化和认识的提高，有必要重新认识这个问题。应该说要反对的仅仅是违法性质的长途贩运，而对于那些由集体或个人从事的地区间互通有无、调剂余缺并仅仅只赚运输劳务收入的长途贩运，则是要允许和给以合理的指导与组织，不能把它们当作投机倒把一概加以反对。

17 银 行

社会主义银行是在生产资料公有制为基础的计划经济中发挥作用。

银行是全社会的簿记中心，对社会经济活动起监督作用：

监督企业资金运用和生产经营情况；

监督国家经济计划和财政预算的执行情况；

反映生产过程和流通过程的经济活动，发现国民经济发展中的薄弱环节，预测国家经济发展的总趋势。

银行是全社会的金融中心，集中和运用货币资金，鼓励或限制社会企、事业的发展：

通过信贷活动影响企业的经营活动；

集中社会闲散资金，投放于社会最需要的部门；

通过短期、中长期贷款，吸取利息和回收本金的活动，加强企业经济核算，提高资金使用效果，特别是对新建企业的投资方向是否适当及其投资效果进行监督；

有计划地控制货币流通，使货币流通与商品流通需要相适应，使社会购买力与商品可供量趋于平衡。

银行作为国家对外贸易和外汇收入的国际清算中心，通过结算业务保证对外经济活动有利于国内经济建设的需要。

在社会主义社会中，货币具有劳动券和真实货币的双重性质，因此，银行也具有双重作用：一是银行作为三大中心，它运用作为特殊商品的真实货币，来计算和比较企业经营成果，监督全社会的经济活动；二是运用"劳动券"，有计划按比例地将活劳动和物化劳动分配于社会各个部门，按照个人付与社会的劳动量分配等量消费品。

第三编 社会再生产总过程

孙冶方

18 地区布局

前面着重讨论社会再生产两大部类之间以及国民经济各部门之间的关系，即部门平衡问题。这一章主要是讨论生产力的空间布局，即地区平衡问题。

18.1 搞好地区布局的意义

由于地理条件的差异和自然资源分布的不平衡，以及在私有制条件下地域分工的自发形成和发展，自古以来，各国地区之间经济发展总是不平衡的。

近代，随着资本主义经济的发展，在竞争和无政府状态规律支配下，资本主义各国工业畸形发展，地区间经济不平衡现象更趋严重。

战后，随着生产力的发展，某些资本主义发达的国家，虽然采取措施加速对落后地区的开发，但在资本主义私有制条件下，地区间经济不平衡的现象不可能得到根本的改变。

新中国成立前，在旧中国，3/4 以上的工业偏集在东部沿海地区，尤其是少数几个大城市。而广大内地，特别是边远少数民族地区，则几乎没有什么近代工业。

旧社会生产力布局的这种状况是很不合理的。这一方面使工业生产与原料、燃料产地和消费地区严重脱节，造成原料、燃料和成品的远距离运输，给社会劳动带来了巨大浪费。另一方面，又使远离交通要道的广大内地和边远地区各种丰富的自然资源得不到合理开发和充分利用，经济上长期处于停滞落后状态，严重阻碍着社会生产力的发展。

因此，无产阶级在夺取政权、建立社会主义经济制度之后，都面临着一个改变旧社会遗留下来的生产力不合理布局的严重任务。

社会主义计划经济，不仅要求国民经济各部门相互协调发展，而且要求对生产力进行合理的地区布局，使各地区在经济上得到比较均衡的发展。我国是一个幅员辽阔、人口众多的多民族的国家。我国社会主义制度是在半封建半殖民地的废墟上建立起来的，经济还比较落后，地区布局很不合理，搞好地区布局对我国有着特别重要的意义。这是因为，地区布局的合理化，不仅有利于合理开发和充分利用我国内地丰富的自然资源和劳动力资源，而且还可以使偏集于沿海地区和少数大城市的经济技术潜力获得更广阔的用武之地；不仅可以减少原料、燃料和成品的远距离运输，节约社会劳动，提高经济效益，加速国民经济的发展，而且有利于缩小地区差别和城乡差别，普遍提高全国各族人民的物质文化生活水平，巩固工农联盟，增强各族人民的大团结，有利于建设强大的战略后方基地，加强社会主义国防。

18.2 搞好地区布局的原则

在社会主义公有制条件下，国民经济发展的计划性取代了市场的盲目性和自发性，为社会"按照统一的总计划协调地安排自己的生产力"❶，实现"大工业在全国的尽可能平衡的分布"❷ 提

---

❶ 恩格斯：《反杜林论》，见《马克思恩格斯选集》，第3卷，第335页，北京，人民出版社，1972。

❷ 恩格斯：《反杜林论》，见《马克思恩格斯选集》，第3卷，第336页，北京，人民出版社，1972。

供了可能。但是，由于受各种复杂的客观经济条件的制约，社会主义国家对旧社会遗留下来的极不合理的地区布局仍然需要经历一个逐步改造的过程。当然，这一过程的长短会依各国的具体国情的不同而异。各国必须根据自己的国情特点，制定科学的布局规划，有步骤地实现地区布局的合理化和地区经济的平衡发展。

从总体上说，社会主义国家生产力地区布局必须按照社会主义经济的首要规律，即时间节约规律的要求，贯彻"以最小的劳动消耗，取得最大的经济效果"的原则，同时，要把无产阶级的当前任务和长远目标恰当地结合起来，兼顾社会主义国家的国防需要。

18 地区布局

根据这一指导思想，社会主义国家的地区布局必须坚持以下几个基本原则：

（1）在建立全国统一的独立完整的国民经济体系的前提下，充分利用地域分工，实行地区经济专业化，使全国各地区经济成为统一的国民经济体系的有机组成部分。既要反对不顾全国的需要，盲目追求地区经济专业化；又要反对不顾各地区的不同特点，搞千篇一律的地区经济模式。这样，不仅可以扬长避短，发挥各地区的经济优势，提高劳动生产率，缩短地区间的经济差距，而且有利于社会主义国家保持政治上和经济上的独立。

（2）在实行地区经济专业化的前提下，各地区必须围绕自己的专业化主导部门，适当地进行综合发展，建立各自特色的地区经济结构。既要反对各地区不顾自己的资源条件和经济特点，盲目追求建立自给自足的独立经济体系；又要反对单打一，搞片面的专业化。专业化有利于提高劳动生产率，适当的综合发展则有利于充分开发当地其他的经济资源和开展专业化主导部门的原材料和副产品的综合利用，提高经济效果。

（3）在充分考虑不同行业和产品的经济技术特点的前提下，使工业生产尽可能接近原料、燃料产地和消费地区。有些行业，如砖瓦等建材行业，其成品运输半径较小而又到处可以就地取材的，适合于分散布局，使其生产既接近原料产地，又接近消费地区。有些行业，如采矿、钢铁、重型机械、电力、化工、建材等行业，其产品互为原材料和燃料，而其基本原料和燃料（如煤、铁矿）又同时具备于同一地区的，在这一地区同时配置这些行业，也可以在很大程度上使工业生产既接近原料、燃料产地，又接近消费地区。对于那些不可能两者都兼的产业和产品，其生产的布局必须根据它们的不同经济技术特点和各地区的具体情况，加以区别对待。一般地说，加工过程中原料比重大，或原料价值低，容易腐烂变质，远距离运输经济上不合算的产业，适合于布局在原料产地；反之，加工过程中原料比重小，或成品体积大、价值低、易腐、易损、易爆，不宜远距离运输的产业适合于布局在消费地区；在生产过程中单位产品能耗大的产业，如采用电热工艺的化工和冶金行业，其电费占产品成本比重很大，适合于布局在大型的廉价能源中心附近；矿产资源缺乏而劳动力资源丰富，经济技术条件好的地区则适合于发展单位产品原材料消耗少、成品附加价值大、原料和成品便于运输的劳动密集型和技术密集型的产业和新兴产业。这样，既便于充分利用各地的经济资源，发挥各地的经济优势，缩小地区间经济差距，使工业生产比较均衡地分布于全国各地，又可以减少运输压力，节约运输费用，提高国民经济效益。

总之，社会主义国家生产力地区布局，首先必须遵循客观规律的要求，贯彻经济合理的原则。在这个前提下，还要根据国家物力财力的可能，考虑缩小工农差别、城乡差别和地区差别以及国防需要等政治、军事因素，尽可能加快落后地区的开发和建设，实现全国各地区之间经济的平衡发展。

18.3 搞好我国地区布局的几个特殊问题

为了改变解放前遗留下来的我国地区布局极不合理的状况，中华人民共和国成立后30多年来，党和政府在充分利用和积极改造沿海地区原有工业，努力提高其发展水平，发挥其在国家工业化过程中的根据地作用的同时，大力加强内地和部分少数民族地区的经济建设。国家把一半以上的基本建设资金投向内地，在西北、西南建成了一批新的工业基地，修建了一系列的铁路线，使我国地区布局的不合理状况有了明显的改善。但是，由于底子薄、资金积累能力差等各种客观条件的限制，以及经验不足等主观上的原因，我国地区布局的不合理状况还远没有得到彻底的解决。

切实贯彻上述地区布局的基本原则，进一步搞好我国的地区布局，还必须着重解决好以下问题：

（1）关于正确处理沿海工业与内地工业的关系问题

毛泽东同志指出："沿海的工业基地必须充分利用，但是，为了平衡工业发展的布局，内地工业必须大力发展。"❶ 这是我国地区布局中处理沿海工业与内地工业关系的正确方针。问题是，在实际工作中，我们不仅在这个方针提出之前存在着对沿海工业的发展"不那么十分注重"的偏向，而且在这之后仍然没有很好地纠正这个偏向。在连绵不断的"政治运动"中发展起来的"左倾"错误是造成这一偏向的重要原因，其具体表现是，对国际形势估计过于严重，忽视投资的经济效果，把过多的有限资金投向内地和三线基地的建设，从而影响了沿海老企业的更新改造和老工业基地的发展。闭关锁国政策也使沿海工业发展的路子越走越

---

❶ 毛泽东：《论十大关系》，见《毛泽东选集》，第5卷，第270页，北京，人民出版社，1977。

窄。忽视沿海工业的发展，造成国民经济效益的降低，影响国家资金的积累，到头来反而限制了内地工业的进一步发展，延缓了地区布局合理化的进程。我们必须切实纠正这一偏向，根据每个时期国家的需要和可能，从国民经济综合经济效益出发，适当地安排沿海和内地的投资比例，在继续大力发展内地工业的同时，充分注意沿海工业的发展，发挥它们在现代化建设中的作用。

（2）关于如何加快内地的经济发展问题

加快内地建设，提高内地经济发展水平，是实现地区布局合理化和地区经济平衡发展的重要问题之一。

我国内地自然资源十分丰富，有着广阔的发展前景。为了改变由于历史原因所造成的经济落后面貌，增加国家对内地的基本建设投资和沿海地区对内地的经济技术支援是完全必要的。例如，渡口市攀枝花钢铁基地的建设，如果没有国家的投资和沿海地区的经济技术支援是很难设想的。但是，要加快内地的建设，提高内地的经济发展水平，还必须依靠自己的努力。

因地制宜，发展专业化生产，同时开展综合利用，是发挥内地资源优势，提高经济效果，加快内地经济发展的重要途径之一。

加强与沿海地区的经济技术协作，吸收适宜于内地条件的沿海大城市的先进技术和管理经验，也是加速提高内地经济发展水平的一个重要途径。

为了加快内地的建设，还必须正确处理内地工业与农业的关系，正确处理重工业与轻工业的关系。每建立一个新的工业基地，凡是有条件的都必须在工业基地周围建立比较先进的农业供应基地和相应的农业区；在重工业基地，要利用大工业的副产品和边角余料以及当地的其他经济资源发展主要为当地生产和生活需要服务的轻工业。此外，内地新兴工业基地的建设，还必须正确处理生产与生活的关系，搞好教育、文化、卫生和生活基础设施的配套建设。所有这些，对于内地经济的协调发展，发挥劳动者的生产积极性，提高劳动生产率，缩小内地与沿海发达地区的差距，实现地区间经济的平衡发展，都有不可忽视的积极作用。

（3）关于边远少数民族地区的开发问题

边远地区，地处国防前线，又是少数民族聚居的地方。这里经济特别落后，许多丰富的自然资源基本上还没有得到开发。努力创造条件，积极开发边远地区的经济资源，对于我国生产力的均衡布局，加强民族团结，巩固国防都具有重大意义。

这些地区，主要是西北和西南的一些边远地带，生产工具极其简陋，生产方式十分原始，交通非常不便，长期处于封闭性的自给自足的自然经济状态。西北大片地区还被沙漠所覆盖，西南也有大片地区，如西藏，地处天寒地冻的高原，还有崇山峻岭把它们与内地分隔开来，开发的难度相当大。

为了改变这些地区的落后面貌，开发这些地区的经济资源，国家必须从物力、财力和技术力量方面给予大力的支援。要实行各种优惠政策，鼓励大城市和发达地区向这些地区进行投资、开发和进行合作经营，鼓励劳动者和各种技术管理人员向这些地区迁移、流动。在这些地区内部，要从实际出发，实行比内地更加开放和灵活的政策。

边远地区的开发，由于难度大，只能逐步进行，特别是在当前，我国经济还不发达，国家建设资金还非常有限，更要注意量力而行。但是，我们也不能望而生畏，对大规模的全面开发采取消极等待的态度，而是应该积极开展调查研究，进行全面的规划，积蓄力量，创造条件，迎接将来对边远地区展开大规模的全面开发的到来。

19 国民经济各部门之间的关系

本章主要论述农、轻、重在社会再生产中的地位、作用和它们之间的相互关系。对于现代生产的两个先行部门——能源和交通运输部门的地位和作用也分节进行阐述。

19.1 农、轻、重比例关系是两大部类比例关系的具体化

在我国国民经济发展水平不够高的条件下,在现实生活中,两大部类的关系,主要是通过重工业同农业、轻工业之间的关系,具体地表现出来的。重工业生产的主要是生产资料,体现第一部类;农业、轻工业生产的主要是消费资料,体现第二部类。

随着国民经济的发展,包括在实现四化过程中,光用农、轻、重比例关系来体现两大部类比例关系,问题越来越多。

比如,农、轻、重为序安排计划同属于重工业的能源和交通运输要作为先行部门有矛盾。

又如,农、轻、重不能全部概括国民经济各部门。建筑部门、商业部门、旅游部门、环境保护部门等,都没有包括在农、轻、重之内。

尽管如此,在现阶段,农、轻、重比例关系仍然是国民经济中最重要的比例关系。农、轻、重比例关系基本协调了,两大部类比例关系就基本协调,国民经济的平衡发展基本上就有保证;

农、轻、重比例关系失调了，两大部类比例关系就失调，就会破坏国民经济的平衡发展。

所以，现阶段最根本的任务，仍然是保持农、轻、重的协调发展。

19.2　农业是发展国民经济的基础

农业是国民经济的基础，是一切社会事业（包括文化、教育、科学等）的基础。这是适用于各个社会的共同的一般的规律。这就是说，人们要在吃饱穿暖之后，行有余力才能够办别的事，科学、文化、教育事业以及国民经济其他部门的发展，总是农业这一部门发展的结果。

马克思说："社会为生产小麦、家畜等等所需要的时间越少，它对于其他生产，不论是物质的生产或精神的生产所获得的时间便越多。"❶

"超过劳动者个人需要的农业劳动生产率，是一切社会的基础。"❷

"从事加工工业等等而完全脱离农业的工人（斯图亚特称之为'自由人手'）的数目，取决于农业劳动者所生产的超过自己消费的农产品的数量。"❸

要把农业是国民经济的基础，同农业在当前我国国民经济中的比重和地位、发展农业是我国当前的首要任务区别开来。

当前我国国民经济中，农业具有举足轻重的地位。农民占全

---

❶ 马克思：《政治经济学批判大纲（草稿）》，第1分册，第112页，北京，人民出版社。

❷ 马克思：《资本论》，第3卷，第885页，北京，人民出版社，1975。

❸ 马克思：《剩余价值理论》，见《马克思恩格斯全集》，第26卷Ⅰ，第22页，北京，人民出版社，1972。

国人口的80%。工业的广阔市场在农村，发展工业所需资金很大部分也要靠农业提供。由于过去一段时期片面发展重工业，农业的发展远远落后于国民经济的需要，因此加速农业的发展，具有特别重要的意义。但是，不能用这些来说明农业是国民经济基础的原理。否则就会认为，将来农业发展了，农民占全国人口总数比重减少了，农业在国民经济中所占的比重由于工业等的更快发展而降低了，农业就不再成为国民经济的基础了。这显然是不对的。像中国这样一个具有10亿人口的大国，即使将来经济发展了，实现了四个现代化，国民经济的发展仍然要以本国的农业为基础。

发展农业，加强农业这个基础，要解决如下问题。

调整生产关系。1955年以后，由于农业合作化"三步并作一步走"，一年内就匆忙实现了全国范围的高级合作化。1958年又搞人民公社化。这些都违背了客观规律，不符合生产关系一定要适合生产力性质的规律，挫伤了农民的积极性，不利于农业的发展。林彪、"四人帮"一伙关于"穷过渡"的理论与实践是完全违反客观经济规律的，只能是破坏农业生产，破坏社会主义的声誉。党的十一届三中全会以后，农村实行各种形式的生产责任制，包产到户、包干到户，调整了生产关系，大大促进了农业生产的发展。

贯彻工农产品等价交换原则。不能认为等价交换就是按国家规定的价格进行交换，或农产品价值进行了社会扣除以后剩余部分对等的交换。等价交换就是指等价值的交换，不能做别的解释。工农业产品交换中的最大问题是"剪刀差"问题。有人认为，整个社会主义历史时期，通过"剪刀差"从农民手里集中一部分社会主义建设资金是必要的，因此不能强调等价交换。这种办法既不利于调动农民的生产积极性——生产愈多农产品，给国家拿去的价值量就愈多，也不利于地区平衡和国民经济的综合平衡。农民为社会主义建设提供资金，可以只通过直接税一种形式，国家用明拿的办法解决。为了缩小工农产品价格"剪刀差"，三中全会决定从1979年起大幅度提高农产品收购价格的措施是正确的。

因地制宜，发挥优势，开展多种经营。我国幅员辽阔，各地情况千差万别，采取"一刀切"的办法必然会把事情搞糟。过去在自然经济思想影响下，要求各地农产品自给，把适宜种经济作物的地用来种粮食和其他低产作物，围湖造田，围海造田，毁林开荒，破坏了生态平衡，不但不能因地制宜发挥优势，而且造成许多恶果。同时，由于片面强调"以粮为纲"，结果不少地方是"以粮为纲"，把其他农业生产和多种经营几乎一网打尽。总结过去的经验教训，今后要因地制宜，发挥优势，开展多种经营，以便大大提高农业劳动生产率，提高农产品的商品率，取得更大的经济效果。

采用先进科学技术，实行科学种田。

19.3 工业是国民经济的主导

工业是国民经济的主导，有两方面的含义。

一方面，工业主要是其中的重工业，通过向国民经济其他部门如农业、建筑业、商业、环境保护业和科教部门等，提供物质技术装备，提高它们的劳动生产率。

另一方面，从事工业的劳动者，属工人阶级，他们对农民、对其他劳动者起领导作用，带领全体人民建设社会主义。

斯大林说："我国工业是整个国民经济体系中的领导因素，它带领着、它引导着我国国民经济（包括农业）前进。它依照自己的面貌和模样改组我国整个国民经济，它领导农业，通过合作

社把农民引上社会主义建设的轨道。"❶

30年来，我们发展工业的一个错误倾向是：重工业脱离农业、轻工业孤立发展；重工业没有很好地为农业、轻工业服务，而是为重工业而重工业。

马克思说："正如我们以前已经说过……不变资本和不变资本之间会发生不断的流通（甚至把加速的积累撇开不说也是这样）。这种流通就它从来不会加入个人的消费来说，首先不以个人消费为转移，但是它最终要受个人消费的限制，因为不变资本的生产，从来不是为了不变资本本身而进行的，而只是因为那些生产个人消费品的生产部门需要更多的不变资本。"❷

随着技术的进步和社会分工的发展，生产资料部类内部的分支越来越细化，特别是制造生产资料的生产资料部门有很大的发展，所以，重工业内部的交换和协作扩大，这是不可避免的。然而，为重工业而重工业，则是违反马克思的上述原理的。

重工业不但要用先进技术装备轻工业，为发展轻工业服务，而且要用先进技术装备农业，为农业服务，整个工业（包括轻工业）也要为农业服务。现阶段，由于工业主要是全民所有制，农业主要是集体所有制，工业支援农业，过去人们常常理解为是国家的财政支援。这是说不通的。由于存在工农产品价格剪刀差，在工业部门的利润中，包含了相当一部分从农业部门那里转移过来的剩余产品。因此，工业对农业的支援，其中心内容，并不在于把工业部门创造的价值量的一部分再分配给农业。实际上，我国工业建设所需要的资金相当大一部分来自农业，要依靠农业的支援。但是，从使用价值来看，农业则有赖于工业部门的支援。农业需要工业提供生产资料以便进行技术改造，提高劳动生产

---

❶ 斯大林：《关于苏联经济状况和党的政策》，见《斯大林全集》，第8卷，第121页，北京，人民出版社，1954。

❷ 马克思：《资本论》，第3卷，第341页，北京，人民出版社，1975。

率；农业还需要工业部门提供价廉物美的生活消费品。

19.4 农、轻、重协调发展是国民经济按比例发展的关键

30年的经验证明，只有按比例，才能有高速度。国民经济按比例发展是实现高速度的重要前提。

要使国民经济按比例发展，关键在于实现农、轻、重的协调发展。

我国两次出现的国民经济比例严重失调，主要就是农、轻、重比例失调。农业、轻工业发展相对落后，重工业孤军突出。

实现农、轻、重协调发展，就要做到：

（1）确定适当的积累率

积累与消费的比例，是国民经济最重要的一个比例关系，它在实质上规定了国家建设和人民生活的关系。正确的方针是：要重工业（代表国家建设），又要人民。也就是说，既要适当的积累资金，用于社会主义建设，发展重工业，扩大再生产；又要保证人民在生产发展基础上逐步提高收入和生活水平，保证农轻的正常发展。积累率要根据生产发展的情况来确定，并不存在一个固定的合理比率。

积累率过高（所谓过高，就是高积累不是建立在生产发展的基础上，而是人为地用缩减消费或大大降低消费增长的速度来提高积累率），必然使重工业孤军突出，影响农轻的发展。因为积累率过高，往往是把积累基金主要用来发展重工业。

积累率过低，则会影响国家建设，影响重工业的发展，影响国民经济的发展速度。在国民经济发展速度较快的情况下，积累率高一点是可以的，不会因此影响人民生活的改善。

(2) 确定适当的基本建设规模

积累一般是通过基本建设投资来实现的。所以，既要确定合理的积累率，也要确定适当的基本建设规模，以便正确处理生产和建设的关系。

如果基建规模太大，战线太长，必然会挤占当前生产，并且首先是挤农业和轻工业。我国在20世纪50年代末60年代初和"文化大革命"期间，由于经济建设指导思想上过急，基建铺大摊子，还提出物资要留缺口的错误方针，并美其名曰搞积极平衡。实际上这是在破坏资金和物资的平衡，确定基建规模超越物质资料提供的可能，并且日积月累，最后是大家互相拖住手脚，使基建项目长期不能完工，不但大大提高了工程造价，胡子工程一大摊，使扩大再生产不能很好实现。

(3) 正确确定投资方向

正确的投资方向，是保持农、轻、重比例协调的重要因素。调整投资方向，适当增加农轻投资的比重，增加非生产性建设投资的比重，是调整农、轻、重比例的中心环节。

调整投资方向的另一个重大问题是讲究投资效果。其中特别重要的是，在基建投资分配中要正确处理用于新建与改造原有企业的比例关系，适当提高用于改造原有企业的投资比重。

此外，要使农、轻、重协调发展，还要有合理的价格体系，要利用好税收、利息、资金等经济杠杆，等等。

19.5 能源

能源是工农业生产发展的物质基础。随着社会主义现代化建设的进行，能源的重要性越来越明显，能源的增长速度逐渐成为国民经济特别是工业生产增长速度的决定因素。

党的十二大提出在20世纪末工农业年总产值翻两番的经济发

展战略目标。而据估计，我国能源产量到 20 世纪末只能翻一番或一番多一点。这就要求在尽可能挖掘潜力、大力增产能源的同时，努力节约能源，提高能源的利用效率。

19.6　交通运输要成为真正的先行部门

马克思把运输业列为继采掘工业、农业和加工工业之后的第四个物质生产领域。他还说："商品在空间上的流通，即实际的移动，就是商品的运输。运输业一方面形成一个独立的生产部门，从而形成生产资本的一个特殊的投资领域。另一方面，它又具有如下的特征，它表现为生产过程在流通过程内的继续，并且为了流通过程而继续。"❶

交通运输业的革命作用是明显的。

马克思、恩格斯说："大工业建立了由美洲的发现所准备好的世界市场。世界市场使商业、航海业和陆路交通得到了巨大的发展。这种发展又反过来促进了工业的扩展。同时，工业、商业、航海业和铁路愈是扩展，资产阶级也愈是发展，愈是增加自己的资本，愈是把中世纪遗留下来的一切阶级都排挤到后面去。"❷

十月革命胜利初期，列宁十分重视发展交通运输业，说："运输是我们整个经济的主要基础，也许是最主要的基础之一。"❸

随着我国社会主义建设的进行，要求发挥各地经济优势，大力发展流通，实行生产高度社会化，发展社会分工和专业化协

---

❶ 马克思：《资本论》，第 2 卷，第 170 页，北京，人民出版社，1975。

❷ 马克思和恩格斯：《共产党宣言》，见《马克思恩格斯选集》，第 1 卷，第 252 页，北京，人民出版社，1972。

❸ 列宁：《全俄苏维埃第九次代表大会》，见《列宁全集》，第 33 卷，第 125 页，北京，人民出版社，1957。

作。这样，就必须大力发展交通运输业，以便使整个社会经济活动能够顺畅进行。

长期以来，交通运输业是我国国民经济中的一个薄弱环节。由于交通运输落后，严重影响着国民经济的发展。

发展交通运输业，使运输业真正成为先行，不但要增加对交通运输业的投资比重（恢复时期和"一五"期间，国家对交通运输业的投资占全国基本建设资金的17%以上，1958年以后，比重下降了），而且要十分注意投资的经济效果。

20 对外贸易

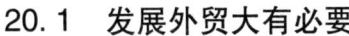

20.1 发展外贸大有必要

在经济学界，很多人往往把对外贸易放在流通过程去研究，而我在这里则是把它放在社会总生产过程来研究的。因为对外贸易这种国际的商品流通与一般的国内商品流通有所不同。它既要研究进口与出口的关系，又要研究外汇收支的关系，另外还涉及引进先进技术与自力更生的关系等。而这些关系又都是社会总生产过程中综合平衡关系的组成部分。

社会主义国家为什么要发展对外贸易，这种对外贸易是不是工业不发达时采取的暂时措施，社会主义国家在赶上或超过世界先进水平而完全实现工业化以后是否就可以不需要对外贸易了，等等，这些问题，即使在经济学界人们也不是认识得很清楚的。因此，这里有必要先谈谈对外贸易在社会主义国家中的作用和地位问题。

社会主义国家之所以必须开展对外贸易，就是为了"互通有无""调剂余缺"。长期以来，人们就是这样来解释社会主义国家对外贸易的必要性的。应该承认，这种看法有一定的道理，因为社会主义国家确实可以把对外贸易作为"互通有无""调剂余缺"的一种手段，通过对外贸易，出口自己多余的产品，进口某些由于自然条件和生产条件的原因不能生产或暂时不能生产和提供而又十分必需的产品和资源,以促进生产的发展和满足人民生活的需要。但是,这种认识显然是很不够的。按照这种观点,似乎社会主义国家,特别是像我国这样一个资源比较丰富的大国,一旦能够提供和生产自己所需要的全部或大部分产品和资源,就不再需要发展对外贸易,至少对外贸易就成为可有可无的了。

  与上面所说的这种观点相联系的一种传统观点认为,社会主义国家之所以必须发展对外贸易,是因为这些国家在社会主义建设初期,经济发展比较落后,需要通过对外贸易来引进发达国家的先进技术设备,以便加快实现社会主义工业化。随着工业化的逐步实现和技术水平的逐步提高,对外贸易在这些国家的经济发展中的作用就会逐步降低,直至变得无足轻重。20世纪30年代苏联曾经把对外贸易总额的逐年减少当作社会主义经济建设的"伟大成就"来宣扬,就是这种传统观点的反映。我认为,对于一个经济上不发达的社会主义国家来说,通过发展对外贸易来引进先进技术设备,加快社会主义工业化的实现无疑是十分重要的。但是,这绝不意味着工业化的实现就是宣告社会主义国家对外贸易的终结。

  在我看来,社会主义国家对外贸易更加具有重大意义在于,利用国际分工,实现社会劳动的节约,提高国民经济效果,也就是现在大家所常说的扬长避短,发挥优势,提高经济效益。其实,利用国际分工,通过对外贸易,即国与国之间的商品交换,出口本国生产条件绝对有利或相对有利的产品,换取本国生产条件绝对不利或相对不利的别国产品,可以获得差额利益,这在古典经济学者亚当·斯密和大卫·李嘉图的著作中早有论述。马克思在批判地吸收了李嘉图的"比较成本"学说的基础上提出了国际价值理论,指出在国际市场上,由于"国家不同,劳动的中等强度也就不同,有的国家高些,有的国家低些。于是各国的平均数形成一个阶梯,它的计量单位是世界劳动的平均单位。因此,强度较大的国民劳动比强度较小的国民劳动,会在同一时间内生产出更多的价值,而这又表现为更多的货币"。而且,"只要生产效率较高的国家没有因竞争而被迫把它们的商品的出售价格降低到和商品的价值相等的程度,生产效率较高的国民劳动在世界市场上也被算作强度较大的劳动……不同国家在同一劳动时间内所生产的同种商品的不同量,有不同的国际价值,从而表现为不同的价格,即表现为按各自的国际价值而不同的货币额"❶。因此,他一方面揭露,由于国际交换中会发生价值的转移,"比较富有的国家剥削比较贫穷的国家"❷;另一方面又指出,在国际分工和生产专业化条件下,劳动效率较低的国家虽然在国际交换中"所付出的实物形式的物化劳动多于它所得到的,但是它由此得到的商品比它自己所能生产的更便宜"❸。从而仍然可以达到节约社会劳动,提高国民经济效益的目的。

20 对外贸易

中国是一个发展中的社会主义大国。虽然我们国家大、资源比较丰富,但这不等于我们能够生产出满足自己所需要的一切。同时,由于我们经济还比较落后,技术水平比较低,现代化建设的资金还非常有限。因此,我们必须在坚持自力更生的前提下,实行对外开放政策,发展对外贸易,以便互通有无,引进国外先进技术,并参与和利用国际分工,扬长避短,发挥优势,节约社会劳动,提高国民经济效益,加速资金积累,尽快实现社会主义现代化。而且,即使实现了社会主义现代化,对外贸易也仍然会在这些方面,特别是在实现社会劳动的节约、提高国民经济效益方面继续发挥它应有的作用。

当然,到了全世界都实现共产主义并达到其高级阶段以后,

---

❶ 马克思:《资本论》,第1卷,第614页,北京,人民出版社,1975。

❷ 马克思:《剩余价值理论》,见《马克思恩格斯全集》,第26卷Ⅲ,第112页,北京,人民出版社,1972。

❸ 马克思:《资本论》,第3卷,第265页,北京,人民出版社,1975。

在国际之间或地区之间进行商品交换即对外贸易就不会再存在了。因为按照马克思主义的观点，到那时，国家将消亡，人类将实现共产主义的大同，旧的社会分工和不同的所有制将不再存在，从而，产品就不会转化为商品，不会有商品交换。不过，即使那时，由于地区之间仍然存在着自然条件的差别，劳动和产品仍然有所不同，而为了在全世界范围内调节生产和生活的各种需要，必然还会存在着地区之间的物质变换和由此而来的物资的运输转移。

20.2 关键在于搞好扩大出口

对外贸易包括出口和进口两个方面，这两个方面互相联系，彼此制约，既对立，又统一。发展对外贸易，实际上就是要通过对于出口和进口这一对立统一关系的正确处理来不断地促使这一矛盾的运动和发展。但是，要正确地处理好这一对立统一关系并促使矛盾的运动和发展，就必须抓住矛盾的主导方面。而这个主导方面就是商品的出口。在对外贸易中，抓住了出口，也就是抓住了问题的关键所在。

30年来的实践证明，每当我们的出口贸易搞得好的时候，进口和整个对外贸易也就搞得好，发展得快；反之，亦然。现在，我们要加速实现四个现代化，既要有计划地引进必要的先进技术设备，又要适当地利用一些外资；既要进口发展工农业生产所缺少的一些重要物资，又要进口调节国内市场、满足人民生活需要的一些必要日用消费品。但是，这一切花费，在最终都要偿付外汇。外汇越多，偿付的能力就越强，进而引进技术设备、利用外资、进口各种物资及日用品就会搞得更好、更主动。否则，就处处被动，难以搞好。在国家不可能生产出很多黄金的情况下，外汇只能主要靠出口商品才能换来，更多的外汇只能靠扩大出口商品才能取得。如果把出口商品的工作搞好了，搞上去了，那就会换回更多的外汇，就会提高外汇偿付能力。从而也就会把进口和利用外资搞好，就会把整个对外贸易搞活、搞上去。

当然，搞好出口的意义并不仅仅在于它对外贸工作本身有决定意义，而且它还有促进生产发展和产品品质提高的作用。通过搞好出口，可以让我们的各种产品到国际市场上去参加竞争，接受检验，以便发扬我们的长处，克服我们的短处，使生产不断发展，使产品品质不断提高。

在过去的几十年中，总的来说，我们的外贸出口是不断扩大的，出口商品的金额是不断增加的。但是，就目前的水平看，我们的商品出口额还只占世界出口贸易总额的 0.7% 左右。这不仅落后于工农业发达的国家，而且也不及第三世界的一些国家和地区。这种情况同我们这样一个地大物博、人口众多的国家是极不相称的，同我国对外关系的发展和现代化建设的需要是很不适应的。因此，我们必须把外贸商品的出口工作搞上去，必须努力扩大商品的出口。

为了扩大商品的出口，必须大力发展出口商品的生产，使出口商品有雄厚的货源。外贸商品的出口与外贸商品的生产这二者之间的关系，也就是流通与生产的关系。在这种关系中，虽然外贸出口商品的流通也起着一定的反作用，但是，说到底也还是生产决定流通。如果出口商品的生产上不去，外贸商品的出口也就无从谈起了；反之，如果出口商品的生产搞好了，扩大商品的出口也就有了保证了。因此，我们要扩大出口商品就必须狠抓出口商品的生产。

搞好出口商品的生产必须从以下几个方面去努力。

第一，要千方百计地提高出口产品的品质，注意改进花色、品种，改善包装、装潢，尽量生产适销对路的产品。这一条很重要，如果抓得好，就能使我们的出口商品在国际市场上具有较强

20 对外贸易

的竞争能力。令人遗憾的是，我们以往在这方面做得实在太差了。比如，我们向某个国家出口午餐罐头，因严重变质和污染而被退货，失去了在那里的市场；我们向某地区出口压路机竟出现了方向盘向左而车轮向右的事故，造成了退货，丧失了信誉；我们向某国某公司出口工具，因品质差，该公司决定以后不再从中国进口工具，等等。事实证明，阻碍我们扩大商品出口的关键就在于出口商品的品质差。而我们如果不千方百计地提高出口商品的品质，那就无法达到扩大出口的目的，就无法改变目前的被动局面。出口商品的品质问题，不仅是个经济问题，而且是个直接影响民族、国家声誉的问题。对于这样的问题，我们一定要认真对待，尽快解决，决不能再像过去那样继续下去了。

第二，要在保证商品品质、适销对路的前提下，努力发展出口商品的生产，增加出口商品的产量。如果国内有条件，就要尽量做到满足国际市场销售的需要。

第三，要发展多种出口商品的生产，扩大出口商品的种类。现在，我国的出口商品品种还很少，甚至很单调，是多年"一贯制"。我们必须改变这种情况，力争扩大出口商品生产的种类。与此相联系，就是要力争尽快地改变出口商品的品种结构，如提高工业品在出口商品中的比重，降低农产品在出口商品中的比重；提高多加工的产品在出口商品中的比重，降低原材料或初级产品在出口商品中的比重。

另外，为了搞好出口商品的生产，也还要从各方面调整好经济关系，如解决企业自主权问题、价格问题、税收问题和银行贷款办法问题等。

总之，就是要通过各种途径把出口商品的生产搞上去，力争扩大出口，提高出口总额。在过去的几十年中，我们已经在这方面积累了不少经验教训，采取了一些行之有效的措施，比如建立出口商品生产基地等。现在的问题是，我们还不能因此而满足。

更重要的是，应该进一步总结经验教训，创造出更好、更行之有效的措施，以便把出口商品的生产迅速搞上去，使出口有一个大的发展。

不过，还要特别注意的是，为了把出口商品的工作做好，在扩大商品出口的同时，还一定要搞好商品内销与外销的关系。内销与外销这一矛盾的处理，涉及积累与消费的比例关系，涉及人民群众的长远利益与当前利益的关系。我们在处理的过程中，既不能只看到当前消费的需要就片面强调国内市场销售的重要，而去大大地压低商品的出口；又不能只看到外贸出口的需要而忽视保证国内市场的基本供应，从而去盲目扩大出口，影响人民生活的基本需要。正确的态度应该是从全局出发，妥善地对待和处理这一矛盾及其所涉及的各方面关系。其总的原则无非也就是要把人民群众的长远利益和当前利益适当地结合起来，把出口外销与国内自销适当地结合起来，坚持统筹兼顾、适当安排的方针。中华人民共和国成立以来，我们在贯彻这个原则和方针方面，通过总结经验教训，进一步把它具体化为三个政策界限：其一是，凡有关国计民生的重要物资要限量出口；其二是，凡国内市场和出口都需要而货源又比较紧张的物资，要在积极发展生产的基础上挤出一部分出口；其三是，凡国内市场可多可少，可有可无的商品，应基本上供应出口。实践证明，这是行之有效的三条规定，它不仅适用于过去，而且适用于今后。当然，这并不妨碍我们再通过实践去继续总结经验而创造出解决内销与外销矛盾的更好途径和办法来。

从本质上讲，内销与外销的矛盾，说到底，还是由社会生产和社会消费需要这个根本矛盾决定的。因此，我们在解决内销和外销的矛盾过程中，决不能仅仅着眼于以上所说的原则、方针和具体规定的贯彻执行，而是还必须从根本上去考虑问题，立足于努力发展生产。这就是既要努力增加产品的数量，又要提高产品的品质，同时也还要扩大产品的品种。这样，产、销的矛盾就容易解决，从而内销与外销的矛盾也就容易解决。因此，发展生产是解决内销与外销的关键。

20.3 搞好进口，也很重要

前面，我已指出了搞好扩大商品出口是发展对外贸易的关键，但是，这并不等于说商品进口不重要。事实上，商品的进口在对外贸易中也是十分重要的一个方面，也是必须搞好的。

我国是社会主义国家，我们的对外贸易不是为了追求抽象的价值财富，不是为了出口而出口，而是为了具有一定使用价值的实在财富。出口是为了进口，出口表现为手段，进口表现为目的。我们不能只重视手段，不重视目的。如果我们既能把出口工作搞好，又能把进口工作搞好，就不仅使出口这个手段达到了服务于进口这个目的，而且使进口这个目的表现为出口这个手段的合理结果，我们就能够通过发展对外贸易，实现以最少劳动消耗取得更大经济效果的要求。为此，我们一定要在搞好和扩大出口的同时，把进口的工作也搞好。特别是，在进口的过程中，更要把引进先进技术设备的工作努力做好。

搞好进口工作，需要解决的具体问题很多，概括起来主要有以下四个方面的问题。

其一，要以自力更生为主，以进口为辅。

一方面，为了尽快实现我国的四个现代化，为了用人类已有的先进科学技术来武装我们的国民经济，以便迎头赶上世界的先进水平，我们一定要通过对外贸易，进口一些先进的技术设备。但是，另一方面，又不能依赖进口而忽视坚持自力更生的方针。我们的国家很大，人口很多，原来的基础又很差，不论是生产消费，还是生活消费，对于物质产品的需要量，特别是对于新产品和新技术设备的需要不仅种类多,而且数量大。我们首先要立足国内,走自力更生的道路。所谓自力更生的道路,就是在生产与生活上所需要的物质产品应主要地依靠自己来生产,而不能主要靠进口。即使是搞四个现代化所需要的先进技术设备,也不能样样都靠进口来解决,而是应该尽量发挥自己的科学技术力量来发明、创造。应该说,这不仅是必须的,而且是可能的。我们国家的自然条件比较好,物产比较丰富,我们的人民又勤劳勇敢,他们之中有大量人才。关键就在于要充分调动和发挥他们的积极性和主动性,更好地利用良好的自然条件和多种物产来创造自己所需要的各种主要产品,来发明创造我们所需要的先进技术设备。

20 对外贸易

但是,强调自力更生,也不是要把它片面化、绝对化,不是要搞闭关锁国。如前所说,我们需要通过对外贸易来进口一些物资,特别是要进口我们所需要的先进技术设备。问题是,必须把自力更生同进口商品正确地结合起来,以自力更生为主,以进口为辅,在自力更生的基础上,进口必要的物质产品和先进技术设备。

其二,引进先进技术设备一定要努力做到"洋为中用"。

我们的外贸进口设备,决不能仅仅为了引进而引进,而是要通过引进来学习和掌握先进的科学技术,并进而提高自己的科学技术水平。周恩来同志说得好,"外国一切好的经验,好的技术,都要吸收过来,为我所用"❶。而所谓"为我所用",也就是鲁迅先生所说的"拿来主义"❷。其基本的原则就是:既要反对盲目排外,不搞关门主义,不把外来的东西一概拒之门外;又要在学习、吸取的过程中掌握主动权,不去仰人鼻息,任人摆布。应该像毛泽东同志所说的那样,"必须有分析有批判地学,不能盲目

---

❶ 《中华人民共和国第三届全国人民代表大会第一次会议主要文件》,第14页,北京,人民出版社,1965。

❷ 《鲁迅全集》,第6卷,第44页,北京,人民文学出版社,1973。

地学,不能一切照抄,机械搬运"❶。这就是对"一切外国的东西,如同我们对于食物一样,必须经过自己的口腔咀嚼和胃肠运动,送进唾液胃液肠液,把它分解为精华和糟粕两部分,然后排泄其糟粕,吸收其精华,才能对我们的身体有益,决不能生吞活剥地毫无批判地吸收"❷。关于这一点,周恩来同志曾在总结经验的基础上做了精辟概括,即"一用二批三改四创"。按照这个原则,首先就是要学会使用,真正掌握其性能和使用技术;其次就是要在使用的过程中分析其优缺点,去糟取精;再次就是要在"用""批"的基础上,根据我国的特点改革和发展;最后就是要在吸取先进技术的基础上,再进一步创造适合我国具体情况的独有风格的新技术和新设备。总之,在引进必要的先进技术设备时,必须把学习与提高、引进与独创很好地结合起来。

应该承认,我们在以往对引进的技术设备有不少是做到了"洋为中用",比如,我们对进口维尼纶设备,经过"用批改创",到现在已能够自行设计、制造一部分设备,并收到了良好的技术经济效果。但是,在"洋为中用"方面,也还有不少问题,比如,我们对于某些进口设备,往往在多年内连技术性能也不能掌握,不会应用,有时候一个小小的零部件坏了就不能应用,而使整机抛在一边任凭大自然去消耗。这样,当然就谈不上批改创。我们一定要不断总结经验教训,努力做到对引进技术设备的"洋为中用",真正发挥对外贸易在引进先进技术设备方面的积极作用。

其三,要把有限的外汇用在急需物资和先进技术设备的进口上去。

---

❶ 毛泽东:《论十大关系》,见《毛泽东选集》,第5卷,第285页,北京,人民出版社,1977。

❷ 毛泽东:《新民主主义论》,见《毛泽东选集》,1—4卷合订本,第667页,北京,人民出版社,1966。

现在，我们的生产力水平还很落后，我们的生产设备还相当差，我们的技术能力还十分低，而所有这一切决定了我们出口商品的规模小、品质差，在国际市场上缺乏竞争力，外汇收入很有限。从而也就决定了进口支付能力很有限。当然，在短时间内，进口也可以采取暂时的利用外资措施，如贷款等。但这毕竟不是长久之计，因为外资在最终还得以出口换汇去偿付。因此，在进口时，如何才能把国家有限的外汇支付能力用得更好，就是一个十分重要的现实问题。

20 对外贸易

从我们几十年来的经验教训看，要把进口和引进工作做好，必须根据我国经济建设的具体条件，从实际需要与可能出发，对外汇资金做统筹安排，合理地使用；必须有计划、有步骤地按轻重缓急来进口物资和引进先进技术设备。这就是说，进口物资和先进技术设备，必须全面考虑，既要避免该进口的不去及时进口，以至影响四化建设的需要；又要防止把一些不必进口的东西也进口了。进口的正确原则应该是：第一，凡是国内能够生产的物资和制造的设备，即使暂时品质差一些，最好不要去进口，而要千方百计地尽快提高自己产品的品质；第二，对于只需要引进技术而国内又能够生产制造的设备，就应只引进先进技术即购买专利，而不必进口设备；第三，对于关键设备还不能制造而配套设备自己能够生产而又技术过关的，就应只进口关键技术设备，而不应进口配套设备；第四，引进先进技术设备必须在认真调查研究的基础上，周密地考虑国内的消化、吸收能力，即必须考虑国内基本建设力量的大小，燃料、原料及电力供应的情况，以及水陆交通运输条件的好坏等，以便避免这些条件的不具备或不适应，而使引进项目长期不能形成生产能力或不能充分发挥作用，造成严重经济损失。

总之，我们的外汇支付能力很有限，为了使有限的外汇能发挥更大的经济作用，必须把它运用到四化建设中急需物资和先进技术设备的进口上去。

其四,要力争做到进口支付与出口换汇保持平衡。

进口物质产品,特别是进口先进技术设备和软件,总是要偿付外汇的,但支付外汇又是靠出口换汇取得的。出口的换汇收入制约着进口所需外汇的支出。因此,进口物资或先进技术设备,一定要考虑外汇的支付能力,有多大的外汇支付能力,就进口多少物资技术设备。外汇多就多进口,外汇少就少进口。一般来说我们要力争使外贸保持收支平衡,并略有节余。决不能离开外汇的偿付能力而随意扩大进口。否则,就会使外贸出现逆差。年积月累,就会造成外债累累的严重后果。总而言之,外贸经济工作,也必须量入支出,有多少钱买多少货,力争进口与出口平衡,避免逆差,保持顺差。当然,不应绝对地孤立地理解进出口平衡,而应在国民经济总体的综合平衡上来对待。在5年到10年甚至再稍长时期内,我们可以有计划地利用外资,造成逆差,但同时我们要计划妥当,分年偿付外债(外资)的本息,而不受制于外债。同时,出口和顺差也不是越多越好,过多的外汇储备(顺差),时间长了,即意味着国家物资和财力长期转移国外,为外人所利用,反而破坏了国民经济整体的综合平衡。这是辩证法,是艺术。

20.4 对外贸易价格问题

在对外贸易中,进出口商品的价格问题,也是一个十分重要的问题。它不仅涉及国家的经济利益问题,而且关系着外贸政策的贯彻执行。它既影响商品的出口,又影响着商品的进口。为了同世界各国人民发展平等互利的商品交换,为了促进出口商品的扩大,以换回更多的外汇,为了进口价廉物美的物资或技术设备,使有限的外汇用得经济、合理,我们在国际市场上必须进行有理、有利、有节的竞争，贯彻价值规律的要求，确定合理、有利的进出口商品价格。

按照马克思的国际价值理论，由于我国目前的劳动生产率低，在参与国际分工、发展对外贸易方面，总的来说，处在不利的地位。因此，我们一方面要尽快地提高我国的劳动生产率，争取早日赶上或超过产品生产上的国际社会平均必要劳动。另一方面就是要在发展对外贸易的过程中，根据赢利性的原则，扬长避短，发挥优势，调整好进出口产品的结构。同时，要很好地掌握和运用价值规律，确定好进出口商品的价格。马克思指出："通过欺骗行为，由于一个人得到了另一个人失掉的东西，也可能获得利润。在一个国家内，亏损和赢利是平衡的。在不同国家的相互关系中，情况就不是这样。"[1] 在国际市场上，外国的资本家为了追求高额利润，利用机会，钻空子，搞欺骗的事是常有的。因此，我们同他们打交道，一定要提高警惕，防止受骗上当，尽可能做到"以出养进"取得赢利，提高对外贸易的宏观经济效益。

如何根据价值规律在国际范围内的调节作用来确定好进出口商品的价格呢？这可以从两方面来分析：

第一，在对出口商品作价时，一定要从价值规律在国际范围内的调节作用出发，结合交易对方的国别经济政策和我们的销售意图去确定和掌握。这就是说，一定要适时地按照国际市场供求关系的变化和市场价格的变化情况，对出口商品价格做到该涨的就涨，该落的就落，该稳的就稳。这样做，不仅是贯彻价值规律进行价格竞争的要求，而且是在对外贸易中争取和保护国家、民族利益的要求。因此，我们在出口商品价格的确定和掌握上，一定要力争既要使出口商品卖得好价钱，又要使出口商品卖出更多的数量，为国家换回更多的外汇。平等互利是政治手段、政治用

---

[1] 马克思：《剩余价值理论》，见《马克思恩格斯全集》，第26卷Ⅲ，第112页，北京，人民出版社，1972。

语。我们同发达国家搞贸易，只能力争国际价值规律上的等价交换，这是靠竞争、靠斗争、靠本身去争得来的。

第二，在对进口商品作价时，也同样要从价值规律在国际范围内的调节作用出发，本着平等互利的原则，根据国际市场的价格水平去给价。国际市场上的商品价格，总是围绕着国际市场价值上下波动的。并且，这种上下波动又往往以供给和需求的变动为转移。因此，我们在进口商品时，就一定要善于利用国际市场供求关系的变动和价格上下波动的情况，捕捉有利的进口时机，争取以较低的价格进口商品，尽量少花钱多办事，为国家节省外汇。当然，也不能单纯追求以较低价格进口商品，重要的是还要考虑进口商品是否品质好，技术工艺是否先进。总之，要争取进口商品能做到价廉物美。

第三，在进出口商品价格的确定上，一定要灵活机动，随行就市，进行必要的有理、有利、有节的"价格斗争"。在商品交换的市场上，任何一个卖者都希望自己的商品卖个好价钱，并卖得快，卖得多。同样，任何一个买者都希望商品买得便宜些，价廉物美些。为此，不仅卖者之间要进行"价格斗争"，而且卖者和买者之间也要进行"价格斗争"；不仅买者之间要进行"价格斗争"，而且买者同卖者之间也要进行"价格斗争"。这种"价格斗争"，实际上也就是"竞争"，这种"竞争"就是贯彻价值规律的形式。在国际市场上，情况也当然是这样。我们在国际市场上也必须参加这种竞争，进行这种价格斗争。这正像列宁所说的，"和狼在一起，就要学狼叫"❶。当然这种"价格斗争"，就是要力争在出口商品时斗掉被压低的价格部分，在进口商品时要斗掉被提高的价格部分。但是，进行"价格斗争"，一定要注意策略，灵活机动，做到有理、有利、有节。所谓有理、有利就是要使提

---

❶ 列宁：《论黄金在目前和在社会主义胜利后的作用》，见《列宁选集》，中文2版，第4卷，第579页，北京，人民出版社，1972。

价出口商品或压价进口商品符合国际价值规律，对我们有利。比如，要灵活机动地利用国际市场上供求关系的变化，在某种商品供不应求时，适当提高某种出口商品的价格；在某种商品供过于求时，争取低价进口该商品，等等。所谓有节，就是在对出口商品价格提价和对进口商品压价时，"斗争"要有节制，不能盲目地、无限制地斗下去，即不能无限制地提价和压价。"价格斗争"必须以国际市场价格的状况为依据，服从于我们的出口目的和进口目的，既要使出口商品卖得好价钱，又要使出口产品能畅销于国际市场；既要使进口商品价廉物美，又要使进口及时而保证国内的需要。决不能片面追求出口高价，进口低价。如果那样，就势必误了大事，使根本利益受到损失。比如某种产品的出口，如果我们无节制地为提价而进行"斗争"，那就会失掉顾主，造成出口商品的积压。又比如进口某种产品，如果我们无节制地为压价而进行斗争，那就会难以成交，延误急需进口新设备的时间，耽搁新的建设项目的投产。在某些时候，利用某些商品集中进口的优势，以压低进价，强迫对方出让技术，并以公道价格购进货物。改进进口工作，油水很大。宝钢，如果我们工作做得好，少出10亿美元是可能的。总之，要从各方面去算总账，算时间账，算得失账，不能片面地为追求高价或低价而盲目乱斗。

20 对外贸易

还应注意的是，由于对外贸易的价格问题不单纯是个进出口商品价格的确定问题，而且还是涉及用什么货币计价的问题。所以，一般说来，为了避免进出口商品受外币贬值的影响，在世界各国不断发生和存在通货膨胀的情况下，我们应该尽量争取出口商品时用"硬币"计价，进口商品时用"软币"成交。

由于对外贸易中的商品进出口价格是个十分复杂的问题，它不仅取决于国际社会必要劳动时间决定的国际市场价值，而且还受着国际市场供求关系变化的影响；同时还受着资本主义周期性经济危机、金融危机和外汇市场变化的制约，以及资本家投机倒把的制约等。所以，为了在进出口商品价格的确定掌握上能做到情况明、下决心快、定价合理，在"价格斗争"中能真正做到有理、有利、有节，就必须加强对于国际市场的调查研究，了解以上所说的各方面的情况及其变化趋势。否则就很难把对外贸易的价格工作搞好。

　　对外贸易中的价格问题，除了以上所说的进出口商品的国际市场价格的确定、掌握之外，在国内还有个出口商品的收购价格与进口商品的销售价格问题。从原则上说，只要某种商品有条件出口，即国内有原材料，有生产能力，国际市场上又需要，我们就要尽量扩大它的出口。但是，如果这种产品的出厂价格定得不合理，或者是不利于生产部门扩大再生产，或者是不利于外贸部门大量经营，那就达不到扩大出口这种商品的目的。反之，如果这种产品的价格定得合理，既有利于扩大生产，又有利于外贸经营，那就会有利于这种商品出口的扩大。另一方面，就进口商品的内销价格来说，也要在定价时定得合理，在这方面，我们要限制不必要的进口，鼓励国内新产品的研究试制，同时又要使外贸部门有所赢利，所以在定价时一定要偏高一些。否则，就会达不到进口商品的目的，反而会鼓励争着用进口设备、抑制自己新产品的研制等。当然，也不能把进口商品的价格定得过高，以至于不利于先进技术设备的及时利用。特别是某些生活消费品的进口内销价，更要定得适当，以便即使国家可以得到一定的赢利而补偿某些商品在出口价格上受到的损失，又不致使进口商品因价格过高而造成积压。

21　财政、物资、信贷、外汇和它们之间的综合平衡

（原稿内容空缺。——编者注）

第四编 消 费

孙冶方

22 消 费

——个人消费、集体消费和社会公共消费

引列宁《伟大的创举》一文中关于家务劳动使妇女愚钝卑贱的一段。❶

在资本主义条件下，消费只是劳动力再生产的条件之一，所以《资本论》中不设专门的章节。在社会主义条件下，消费具有了生产目的的独立意义，所以要以专编加以论述。

以家庭为单位的个人消费和以住宅区公寓大楼为单位的集体消费。

---

❶ 参阅列宁：《伟大的创举》，见《列宁选集》，中文2版，第4卷，第18页，北京，人民出版社，1972。

23 经济管理体制改革

国民经济管理体制改革的核心是正确处理国家集中领导和企业独立经营的关系。

24　结束语

（1）列宁说："劳动生产率，归根到底是保证新社会制度胜利的最重要最主要的东西。"❶

（2）毛泽东同志说："中国一切政党的政策及其实践在中国人民中所表现的作用的好坏、大小，归根到底，看它对于中国人民的生产力的发展是否有帮助及其帮助之大小，看它是束缚生产力的，还是解放生产力的。"❷

"解放中国人民的生产力，使之获得充分发展的可能性，有待于新民主主义的政治条件在全中国境内的实现。"❸

（3）以上二条归根到底说的是生产力发展水平问题。但只要速度快，水平就能赶上并超过发达国家。因此，速度是决定一切的。但速度快只能靠提高劳动生产率、提高经济效果来实现，而不能靠压低人民消费水平来实现。

（4）任务是艰巨的，必须全力以赴。

（5）批判。

①这是不要"世界共产主义革命"的说法。

社会主义革命取得胜利的国度如何支援世界革命。

---

❶ 列宁：《伟大的创举》，见《列宁选集》，中文2版，第4卷，第16页，北京，人民出版社，1972。

❷ 毛泽东：《论联合政府》，见《毛泽东选集》，1—4卷合订本，第980页，北京，人民出版社，1966。

❸ 毛泽东：《论联合政府》，见《毛泽东选集》，1—4卷合订本，第982页，北京，人民出版社，1966。

A. 经验介绍；

B. 物质的支援；

C. 榜样性的，或样板性或示范性的。

更重要是后者，如果我们以极大牺牲换得的革命胜利，在解放生产力这一点上只比过去半殖民地半封建略好，只比资本主义国家略好，则人们会说，社会主义制度是好，但就是代价太大了，不能吸引人。

②这是唯生产力论。

（此节在导言中说过，在这里是否重复，或仅作为承上启下的一段：用调整改革上层建筑及生产关系来促进生产力就不是唯生产力论。以社会主义政治经济学而论，则必须做到下面四条）

（6）概括直接生产过程中，根据生产力发展的要求，调整生产关系的要点。

（7）概括流通过程和社会总生产过程中，根据生产力发展的要求，调整生产关系的要点。

（8）马克思说："时间的节约，以及劳动时间在不同的生产部门之间有计划的分配，在共同生产的基础上仍然是首要的经济规律。这甚至在更加高得多的程度上成为规律。"❶

（9）坚持马克思主义政治经济学也是从上层建筑、意识形态方面来促进生产力发展的不可分割的一个部分。

---

❶ 马克思：《政治经济学批判（1857—1858年草稿）》，见《马克思恩格斯全集》，46卷（上），第120页，北京，人民出版社，1979。

25　附录——社会主义政治经济学的历史

（原稿内容空缺。——编者注）

孙冶方大事记

孙冶方，1908年10月24日生。江苏省无锡县玉祁镇人。原名薛萼果，字勉之，父亲是纱厂小职员。

1921年秋，孙冶方进无锡县立第一高小做寄宿生，因父亲背债，学费是由父亲的朋友、一个稍有名气的画家吴观岱支付。

1922年秋，孙冶方升入高小二年级，学校来了一位名叫张效良（又叫张志和）的教体操、图画的教员。张效良平日常向学生灌输反帝反封建思想，有时还同孙冶方谈一些社会主义、共产主义的革命道理。从此，在作文中孙冶方经常写进一些爱国、反帝、反对军阀混战以及有关社会改革的进步思想，成了张效良最喜欢的学生。

1923年初，孙冶方和另一位叫顾葆仁的同学由张效良老师介绍参加了共产主义青年团（当时是社会主义青年团）。不久张离校回老家宜兴。他在离开无锡时，把孙冶方及此时无锡仅有的另外四五名团员介绍给中共上海党地委派到无锡视察工作的董亦湘。后即成立了团支部，推举孙冶方做了团支部书记。此后，孙冶方经常与上海青年团地委联系（通信），上海党组织也经常派董亦湘和其他同志到无锡指导工作。

1924年初，时值国共已决定合作，中共上海地委决定在无锡发展党员并建立党支部，派董亦湘到无锡转达了地委的指示。孙冶方虽然未到党章规定的入党年龄，但考虑到工作需要，并认为孙冶方在担任团支书一段时间表现不错，因此决定提前把孙冶方转为党员,由董亦湘担任介绍人,并批准免除候补期。当时与孙冶方同时转为党员的还有两名团员。同时成立了党支部,大家推选孙冶方当党支部书记。根据董亦湘传达的党中央的指示,孙冶方等三名党员也同时参加了国民党,并且把建立国民党无锡县的区、县党部作为共产党支部的重要工作任务之一。同期,在无锡仙女墩开办工人夜校。

孙冶方大事记

1924—1925年秋,孙冶方担任中共无锡党支部书记(当时无锡党支部直属上海地委),领导学生参加"五卅"运动,组织工人罢工、学生罢课,参加游行示威,并根据党的指示在无锡建立了国民党组织。在江浙战争时,同他人一起,在乡下发行过油印的反内战小报。这时期,孙冶方还给中共上海地委写过《团无锡支部给"容兄"——请求派干部来锡》(1925年)、《团无锡支部关于团组织成员情况介绍》(1925年)、《团无锡支部关于援沪五卅运动情况及无锡各要人所抱态度》(1925年6月)、《团无锡支部关于援沪游行情况的报告及团中央的批复》(1925年6月7日)以及《团无锡支部关于青工、学校方面组织情况报告》(1925年9月29日)等几份报告,除汇报支部工作,还对当时无锡的政治形势进行了分析。"五卅"运动后,经上海地委同意,孙冶方到上海沪西工人联合会做宣传员工作,历时两个月。

1925年9月,孙冶方由中共中央派往苏联学习理论,11月底到达莫斯科,进中山大学学习(曾用名芬克),任党小组长。

1927年夏,孙冶方于中山大学毕业后,被派到东方大学中国学生军事训练班担任俄文翻译。11月,东方大学中国学生并入中国共产主义劳动者大学(前身即是中山大学),孙冶方在该校任政治经济学翻译并攻读马克思主义政治经济学。

1928年上半年,孙冶方被王明集团诬告为"反革命江浙同乡会分子",和董亦湘、俞秀松、周达明等一起受到打击排斥,被王明等利用当时任中央书记的叛徒向忠发打成"反革命",后虽然被以周恩来、瞿秋白同志为首的中共代表团、第三国际监委会和联共监委会三方面共同审查给予平反，但学校支部局始终把孙冶方等看作"反党分子"和"托派"嫌疑分子（直到孙冶方归国前，联共清党时全部破坏了托派秘密组织，才证明孙冶方与托派无任何联系）。

1930年上半年，托派组织被破获后，已证实全部名单中并无孙冶方的名字，但学校支部局领导仍说孙冶方是异己分子，主张开除党籍，后改为"严重警告"处分。

9月，孙冶方接到回国通知后，离开莫斯科，经海参崴坐轮船于中秋节回到上海。两三天后，中共中央派潘汉年与孙冶方联系，并分配他到恽雨棠负责的上海人力车夫罢工委员会工作，作为恽的助手。半个月后，恽由中央调到南京任市委书记，孙冶方接任上海人力车夫罢工委员会主席，继续组织罢工。后罢工委员会改为人力车夫总工会筹备委员会，孙冶方仍任主席。两个月后，被调到沪东区工联筹委会任主席。

1931年1月，恽雨棠到上海向中央汇报工作。恽约孙冶方见面时，两人交换了对当时正在召开的党的六届四中全会的意见。孙冶方根据他在基层工作的实际体会，认为李立三路线的确是盲动主义；对王明等（当时主持四中全会并窃取了党的领导权）能否领导中国革命表示怀疑。不久，恽雨棠同志被捕，沪东区委、区工联机关也被敌人破坏。上海总工联派人找到孙冶方，要他继续担任区工会筹委会主席的工作。孙冶方即提出了彻底改变立三路线的工会工作方法，不搞区工联等完全没有群众基础的空架子。提出党员应到工厂去做工，去做切切实实的群众工作，建立基层的党组织和工会组织，并请求党组织帮助在工厂找工作（因孙冶方刚回国没有社会联系，找不到人介绍去工厂工作）。几天后，孙冶方被一位姓周的同志邀请去一绍兴酒店交换对时局的看法，待走到邮政总局，被巡捕和特务逮捕（当时敌人所要抓的是周某)。由于孙与周暗中串好口供（孙冶方装作周的学生，是从外地来上海找老师介绍职业的），警备司令部的法官提不出任何证据，故判决"与本案无关，准交随传随到捕保释放"。一星期后，经陈翰笙的关系找到捕保被保释出去。孙冶方被捕释放后即失去了党的关系。陈翰笙用中央研究院社会科学研究所名义组织了一个宝山县（上海近郊）土地租佃关系调查组，孙冶方便以临时雇员身份参加了调查组工作，约半年时间。宝山县调查工作结束后，陈对孙冶方说，一个在上海出版的进步的英文刊物《中国论坛报》需要刊登一些有关上海工人运动的通讯，问孙冶方是否愿做这工作，孙冶方表示愿意。于是，陈翰笙便把孙冶方介绍给史沫特莱和《中国论坛报》的编辑，后孙冶方为该报写过几篇关于工运的通讯稿，其中有一篇是揭发托派破坏上海电话工人罢工的通讯。

孙冶方大事记

1931年，孙冶方以勉之的笔名写了《国际一月间》，刊发在《读书月刊》（1931年12月10日3卷1、2期合刊）。其中，他用大量的数据分析了世界经济危机中美、英、法、日等国家的经济以及政治现状。

1932年，孙冶方通过在沪西纱厂工人中的调查，写出了《上海纺织厂中的包身制工人》一文（使用孙宝山笔名发表在《华年》杂志上），以大量的事实揭露资本家及包工头对工人的残酷剥削和欺诈。他指出"包身制"是一种强迫劳动，是中世纪奴隶劳动的变相，这种劳动形式是代表现代中国社会的各种前期资本主义的劳动形式之一。这一时期，孙冶方一边从事理论研究工作，一边积极寻找党的组织，做一些对党对革命有利的工作。"九一八"前后，曾与社会科学研究所的同志在马路上写过标语，贴过自己编写的壁报。在"一·二八"事变以后，曾到工人区域和群众救亡团体中采访消息，并通过替陈翰笙转交宋庆龄给当时中共领导下的半公开的群众团体"民众武装自卫会"捐款的机会，试图与党接上关系（但由于被误解终未成功）。也曾用俄文写过一个简单的信，通过陈翰笙和史沫特莱转交第三国际的工作人员，向党报告了被捕、被释放的经过和请求恢复组织关系的愿望，但始终未接到对这一报告的答复。

1932年（"一·二八事变"以后），孙冶方经陈翰笙介绍，在前中央研究院社会科学研究所的经济组做了几个月的临时工（剪报员）。这期间，孙冶方常与薛暮桥、钱俊瑞、张稼夫、张锡昌等人一起学习马克思列宁主义著作，试图用马列主义来说明中国的土地问题。1932年夏，研究所迁到南京，孙冶方即离开研究所。年底，由于无职业，生活越来越困难，孙冶方便到无锡乡下住了半年多。

1933年9月、10月间，陈翰笙接受孙科的中山文化教育馆聘请，去广东做农村调查，陈邀请孙冶方参加。本调查至1934年5月、6月结束。在回上海之前，接到消息说国民党反动当局对陈翰笙此次到广东颇为怀疑，认为可能与策划"福建事变"有关系，故陈回上海可能受到迫害。有关方面建议陈去日本暂住，陈接受建议并劝孙冶方也不要去上海而去日本。孙冶方表示同意，并于1934年6月从香港直接到了日本。

1934年6月至1935年9月，孙冶方在日本东京，生活一半是靠广东农村经济调查团8个月的薪水积蓄，一半是靠协助李侠公（孙冶方的好友，也是莫斯科中山大学的同学）替商务印书馆翻译苏联经济学者卢森贝《政治经济学思想史》一书的稿费。这一时期，孙冶方除译书外，还在日文补习学校读日文。

1935年秋，孙冶方从薛暮桥等人来信中得知，被排挤出中央研究院的薛暮桥、钱俊瑞、张稼夫、张锡昌等人发起成立的中国农村经济研究会（孙冶方也为该研究会的发起人）出版了《中国农村》月刊，由薛暮桥担任主编。孙冶方于9月依照薛暮桥和钱俊瑞的建议回到上海。从这时直到1937年恢复组织关系，孙冶方都在中国农村经济研究会工作,协助薛暮桥编辑《中国农村》月刊,并做些研究会的会务工作。

1935年,孙冶方在《现世界》杂志上发表了《关于莫斯科托派案件真相》的长文,主要介绍了当时英、美、法、德各大报特派记者旁听公审后真实报道的材料,文章给予托派和国特以有力的打击。同年,孙冶方以席矩的笔名节译了 Dubrovsky 著的《商业资本的本质问题》《封建制度的本质问题》和《农奴制度的本质问题》,分别发表于《中国农村》1935年第5、6、8期。

1935年7月,孙冶方在《中国农村》第1卷第10期发表《农村经济学的对象》一文,认为农村经济学和理论政治经济学一样,是有历史性的一门科学。农村经济学的研究对象是某个社会形态中(与社会生产力发展之某个阶段相适应的某个社会形态)横在农业生产过程之上的社会生产关系,而不是生产力之本身,更不是脱离了生产关系而被孤立地观察的生产力。文章批判了庸俗经济学者把理论的农村经济学与农业经营学相混淆的观点,指出:他们在研究农村经济的时候,以现社会之永久存在为第一前提,他们并不去研究现社会的农业生产中的特殊的社会生产关系和它的发展规律,他们甚至非常害怕接触到这个基本问题,只想在现社会的框子内来改良农业生产。所以他们的研究侧重在人与自然界的关系(侧重技术方面),而疏忽了甚至放弃了人与人的社会生产关系。

同期,孙冶方在《中国农村》第1卷第10期发表《论农村调查中农户分类方法》一文,批判那种反对对农民进行社会划分(即划分为富农、中农、贫农三种等级)的观点,认为富农、中农、贫农之间的质的差异是客观存在着的事实,并不是统计学者主观地规定的一种计算标准,这种划分有重要的社会意义。同时也指出我们不能只注意富农、中农、贫农之间的质的差异(社会经济意义之不同)而否认了他们之间的量的差别(富力之不同)。

富农、中农、贫农之间的质的差异自然也包含有量的差异,但绝不以这量的差异为止。他认为,在做这种社会划分时,物质的因素是一个基本的尺度,但要根据实际情况来分析。以中国一般的实际情形而论,土地充当这尺度的物质因素比耕畜要适宜一些。除了这个物质的因素的基本尺度外,在农户分类时还必须以社会生产关系作为参考,在这里,最适当的生产关系便是雇佣关系。

9月,孙冶方在《中国农村》第1卷第12期发表《财政资本的统治与前资本主义的生产关系》一文,批驳了严灵峰和王景波等托派理论家的反动谬论;揭示了财政资本统治的性质,指出财政资本统治也是封建残余势力的维持者,财政资本统治是殖民地半殖民地的结果,一方面促进农民手工业者的破产,造成乡村的人口过剩;另一方面阻止了土著民族工业的发展。在都市中找不到出路的失业者都向土地上挤压,在生产中找不到应用的资本便转向地产公债等投机事业活动,并促成商业高利贷的发展,这样使一切旧的生产关系又继续着再生产下去。文章以亚洲、非洲殖民地的大量材料,特别是中国农村的社会关系,论证了国际财政资本的统治和封建的生产关系非但不相矛盾,而且二者是相依为命的。此文在当时与托派的理论斗争中具有很大的影响。

同期,孙冶方在《中国农村》第1卷第12期发表《一封讨论生产力和生产关系的来信》一文,认为政治经济学的研究对象是社会生产关系而不是物质生产或生产力本身。要阐明人类社会的整个发展过程,要阐明各种经济结构的生产和崩溃,非用生产力的发展来解释不可。但是对于生产力发展的某个一定阶段上所发生的社会经济结构(生产关系的总和)的解释,却非得更进一步分析这社会的生产关系本身不可。如果死守着"生产力决定一切"的原则,而不去直接分析生产力发展的各个阶段所决定的各种社会经济结构,就绝不会了解各种社会经济结构的实质。他认为,把资本主义社会分成两个发展阶段(手工业工场时代和机器工业时代）的观点是不正确的。典型的资本主义社会是以大规模的机器生产为基础的现代社会，手工业工场仅是近代典型的资本主义生产方式的雏形，仅是前资本主义社会的母胎中的一个资本主义社会的胚胎。认为在资本主义烂熟期的今日，资本主义社会随时都有发生崩溃的可能，新的社会形态随时都有取而代之的可能。这种客观的形势是生产力发展所决定的，但这种可能性的实现完全要靠其他许多条件（而且主要是属于上层建筑的各种条件）来决定的。

1936年，孙冶方翻译了布哈林所著的《是否有客观的历史科学？（论卜克洛夫斯基的若干本质的重要的但不能成立的观点)》，载于该年《新世纪》杂志第1期，旨在向中国读者介绍苏联历史学理论中较有价值的论文。

1月，孙冶方在《中国农村》第2卷第1期发表《私有？村有？国有？——"土地村有制"批评的批评》一文，批判了阎锡山的土地村公有政策，认为土地村公有制在原则上并没有否定地主的土地所有权，地主的财产并没有被损害，只是从土地的形式变为金钱的形式而已。土地村公有制实际上不是公有，而是"收买"，它是利用封建的政治机关来执行的土地改革政策。他指出，它的前途只有两个：第一，在出版物和会议上热闹宣传一番，起了些广告作用之后，就烟散云消了；第二，这政策如果真的施与实际，其结果毫无疑义是地主压倒了农民。他认为，土地问题绝不能脱离了其他社会问题而单独解决，如果资本主义商品经济不被铲除，土地村公有制即使实现了，但结果仍旧要重演资本主义经济中大经济吞并小经济的惨剧。如果不能获得民族的独立，在各帝国主义国家经济侵略政策下，中国土地问题不可能单独得到解决。文章还批判了为土地私有制申辩的观点，认为土地私有制足以阻碍农业生产力之发展，必须要废除。

2月，孙冶方以倪江的笔名在《中国农村》第2卷第2期发表《农村改进的理论与实际》，并发表译文《德国国社党政府的土地政策》（译自1935年11月29日的《真理报》）。

3月，孙冶方在《中国农村》第2卷第3期发表《从"物产证券"谈到一般的货币理论》一文，批判了物产证券理论。他指出，近代许多货币改革论者有一个共同的特点，就是他们都不敢从正面来观察现社会的病症，他们把现社会的一切病症都归罪于货币，想从货币改革着手来挽救大局。物产证券论者实际上就是这些货币改革家之中的一派。阎锡山所提出的推行物产证券的方案，是被复活了的乌托邦主义的糟粕，是一剂大众的迷魂汤。文章指出，金银本位的货币制度之废除，并不能解决整个社会问题，因为金银本位的货币制度的本身，是以少数私人占有生产资料为基础的资本主义商品经济的必然产物。如果不铲除资本主义商品经济之本身，而想废除货币制度，那就是舍本逐末的办法。

3月29日，吴觉农、薛暮桥、孙晓邨、王寅生、张锡昌出席中国农村经济研究会第二届、第三届理事会联席会议，孙冶方等列席会议。

4月，孙冶方在《中国农村》第2卷第4期发表《两个世界中的乌克兰农村》一文，对比分析了十月革命后东部乌克兰（成立了乌克兰社会主义苏维埃共和国并加入苏联）和西部乌克兰（成为波兰的属地）的社会经济状况及其发展趋势，深刻揭示了社会主义制度的优越性，同时也揭露了继续拥护殖民地式的西部乌克兰而死命攻击苏联乌克兰的旧时代乌克兰统治者的反动性和腐败性。

5月，孙冶方在《中国农村》第2卷第5期发表《为什么要批评乡村改良主义》一文，指出一切乡村改良主义运动都有一个共有的特征，即是都以承认现存的社会政治机构为先决条件，对于阻碍中国农村，以至阻碍整个中国社会发展的帝国主义侵略和封建残余势力之统治，是秋毫无犯的。在改良主义的领导下，一切乡村组织的任务是在维持、复兴并巩固帝国主义侵略和封建势力的经济体系,所以这种组织的性质是反动的;同样,改良主义的教育工作和提倡技术运动,是麻醉群众的一种工具。认为中国农村所需要的是推翻帝国主义侵略和铲除封建残余势力的统治,这才是挽救中国农村之崩溃并建立农村改造的必要前提,也是中国农村的唯一出路。

5月13日,吴觉农、薛暮桥、孙晓邨、钱俊瑞、王寅生、孙冶方(代张锡昌)、冯和法共同出席第三届理事会第二次会议。

5月28日,上海著作人协会在静安寺路基督教女子青年会礼堂举行成立大会,并在大会通过的宣言上签字。宣言号召全国民众联合起来,粉碎敌人的侵略压迫,挽救整个民族的危机。要争取最低保障生存的条件,争取言论出版自由和团结御侮救国的自由。在宣言上签字的有:子冈、王纪元、王造时、石西民、成舍我、艾思奇、吴全衡、李公朴、沈志远、沈兹九、沈体兰、沙千里、周谷城、周新民、金仲华、胡子婴、胡绳、倪文宙、徐雪寒、孙冶方、柳湜、张仲实、张明养、张执一、陶行知、章乃器、彭文应、张东荪、刘良模、潘大逵、诸青来、钱俊瑞、骆耕漠、薛暮桥等140人。

1936年夏,由沙文汉、陈修良介绍,孙冶方参加了当时《申报》编辑冯都良、冯宾符等人的《洁社》聚餐会,并曾以"亨利"笔名为救国会机关报写过数篇正面驳斥托派反统一战线政策的文章。

7月5日,薛暮桥、孙晓邨、钱俊瑞、王寅生、冯和法出席中国农村经济研究会第三届理事会第三次会议,孙冶方等列席会议。

7月,孙冶方在《中国农村》第2卷第7期发表《民族问题和农民问题》一文,认为民族问题和农民问题是要联在一起解决的。在目前,当民族危机严重到了极度,全国各阶级应该动员所有的力量一致对外的时候,提出农民问题,并不破坏民族的统一,不会减弱反帝阵线的实力,而且足以增强它的力量。因为农民是民族解放运动中的一个主力军,如果不让农民大众解除自己身上的苛重的封建桎梏,就无法使农民大众在反帝的民族斗争中尽量发展他们的战斗力。同样,民族解放运动如果没有得到胜利,那么,农民解放也不会单独成功的。当今的实践任务是把民族解放和农民解放这两种目前最迫切的工作巧妙地配合起来,这应该注意的最基本的原则就是:团结并且增强一切可能的解放运动的力量,给当前最主要的敌人以最致命的打击。根据这基本的原则,殖民地和被压迫民族的解放运动(民族的和农民的)在同一时期、同一国度里,不同的区域可以采用各种不同的战术。

8月28日,吴觉农、薛暮桥、千家驹、冯和法、孙冶方(代王寅生)、刘怀溥(代张锡昌)出席中国农村经济研究会第三届理事会第四次常会。会议听取了会务报告,对审查全国乡村工作讨论会提案,决定推荐薛暮桥、孙冶方二人会同生活教育社修改乡村工作纲领,然后分别向各理事征求意见。

9月,孙冶方在《中国农村》第2卷第9期发表《乡村运动大联合的基本认识》一文,认为社会各阶层的分化是事实,因为害怕救亡运动联合战线的破裂而讳言社会分化,是错误的。我们应当从社会分化中去求社会团结,从对立中去求统一。他指出,抗敌救亡是全国人民的共同任务。参与联合战线的各个个人和团体,应该鲜明地标榜起自己的独立的立场(即对整个社会问题的独自见解),但同时又应该了解在抗敌救亡的联合战线中,大家是为着一个共同的目标而作战,应该亲密地携手共进。只有这样才能使参加联合战线的各个个人和团体不至于"同床异梦,各怀鬼胎",只有这样才能使联合战线在现实的基础上巩固起来。

11月,孙冶方在《中国农村》第2卷第11期发表《"资本主义万岁"和"打倒资本主义"——关于中国社会经济结构的性质和当前的任务》一文,分析了中国社会经济结构的性质,认为它还不是一个资本主义的社会经济结构。资本主义社会的一切因素在中国都已存在着它的胚芽,但是这些胚芽的发育是不健全的,所以使它们没有成长为资本主义的社会,阻止这发育的主要原因便是帝国主义的束缚和国内封建残余势力的压迫。因此当前最迫切的任务是反帝反封建,但这与"资本主义万岁"绝不相同。反帝反封建斗争是以反资本主义为直接的发展前途的。如果不肃清帝国主义和封建势力,反资本主义的运动也绝不能广泛地展开。

11月22日,吴觉农、薛暮桥、钱俊瑞、张锡昌、孙冶方(代王寅生)出席第三届理事会第五次会议。会议讨论各地是否可以成立分会,议决各地可以采取叙谈会、读书会和联欢会等方式,毋庸成立分会;议决暂时不收团体会员。

1937年初,孙冶方经张登(即沙文汉)、陈修良夫妇的介绍,由中共江苏省委恢复了党的组织关系,在省委宣传部长沙文汉领导下做学生界党组织的工作。

1937年,孙冶方翻译了 E. Kchmelnitskaya 著《资本主义各国经济状况》(特译稿),发表在《文摘》1937第2卷第2期。

1月17日,薛暮桥、张锡昌、吴觉农、王寅生、冯和法出席第三届理事会第六次会议,孙冶方等列席会议。

1月,孙冶方以倪江的笔名在《现世界》(半月刊)第2卷第2期发表《反映在外国报纸上的莫斯科审判案(一)》。

2月,孙冶方以倪江的笔名在《现世界》(半月刊)第2卷第3期发表《反映在外国报纸上的莫斯科审判案(二)》。

3月,孙冶方在《中国农村》第3卷第3期发表《乡村工作人员应走的道路》一文,认为:批评改良主义的乡村工作,并不是鄙视乡村教育机关、合作社、改良农场和其他各种所谓乡村改进机关中的实际工作本身,更不是要乡村工作人员脱离了这些机关而来组织彻底的反帝反封建的团体,而是反对把"农村改进事业"当作"救国救民"的唯一大道并利用这事业来蒙蔽农民、阻止他们走上彻底的解放道路的改良主义。他指出,乡村工作人员还应留在原来的服务机关,尽量减除这些事业的毒素,努力用新的内容来充实这些事业,把这种事业看作是接近农民、团结农民、教育农民以达到最后目的——农民彻底解放——的一种手段。

3月,孙冶方在《自修大学》第1卷第1辑第4号发表《关于国民经济建设和国家资本主义》一文,认为在帝国主义统治未被推翻、民族解放尚未成功的条件下,实施巨大的国民经济建设是不可能的。要取得民族解放战争的胜利,主要不在物的因素,而在人的因素即社会的因素,所以目前的抗敌准备工作还是在唤起民众、组织民众和训练民众。文章还批评了认为"在中国的生产力还没有进步到近代资本主义的水准之前,我们绝对谈不到社会主义建设"的观点,指出这种估计是不正确的、机械的看法,认为在一定的条件下,落后的殖民地国家的社会经济发展是可以越过资本主义的途径的。

3月14日,吴觉农、薛暮桥、钱俊瑞、孙冶方(代王寅生)、冯和法(代陈翰笙)、秦柳方(代张锡昌)出席中国农村经济研究会第三届理事会第七次会议。

4月,孙冶方在《中国农村》第3卷第4期发表《财政资本的统治——帝国主义》一文,详细分析了帝国主义的五大经济特征。指出寄生性和腐化这个资本主义的固有特点在帝国主义时代空前地扩大而且表面化了。他认为,资本主义到了帝国主义阶段已经不能允许生产力再有显著的发展了,而且它是时时刻刻在预备破坏原有的生产力。要使人类社会及其生产力能够向前发展,必须换上一个更高级的社会经济机构。帝国主义是资本主义的最后阶段,在这阶段,建立新的社会经济机构的条件(大规模的、社会化的生产)已经具备。但建立新的社会机构还需要掘坟墓的送葬人和催生的产婆。

5月,孙冶方任中共上海学生会书记。

同月,孙冶方在《自修大学》第1卷第1辑第9号发表《国民大会和宪法草案》一文,认为今日之国民会议应遵循孙中山先生的遗训。当年孙中山先生对于国民会议所提出的两个主要任务(即解决民生问题和打破列强的侵略)也还是未来的国民大会应该解决的主要问题。不过,如今以全力抵抗某一帝国主义的任务暂时已经代替打倒一切帝国主义列强的口号;同时解决民生问题也应该看作是改善大多数人民的经济生活,以提高民族抗战能力的问题而提出来讨论。因此,民族抗战问题应该是成为未来的国民大会所应讨论的主要问题。若是丢开这个问题不谈,那么未来的国民大会即使制定了一个完全合于民意的宪法,也是不能满足人民的希望的。

同月,孙冶方在《中国农村》第3卷第5期刊发译文《西班牙人民阵线政府的农业设施》(译自 World Economics and Politics 1937年2月号)。

7月,孙冶方在《中国农村》第3卷第7期发表《如何"维护民族工业"》一文,认为中国民族工业所以不发达,帝国主义的经济侵略是重要原因。要发展民族工业,首先要粉碎帝国主义所发动的走私运动这个恶毒政策。在国家民族存亡的危急时刻,同心协力抵抗外来的民族强敌是全国各阶级最主要的任务。如果把"摧毁民族工业"的罪名加诸要求增加工资的劳工阶级身上,那就不仅是颠倒是非,而且是放松了民族工商业的真正敌人。

8月(上海"八一三"抗战爆发后不久),中共江苏省委指定孙冶方负责新成立的省委文化工作委员会的工作,并任文委书记。

8月14日,孙冶方提出,文化工作者应向内地,特别是向农村撤退,各自找社会关系,去组织广大群众,特别是发展游击战争。在此号召之下,中国农村经济研究会和《中国农村》社同仁成为从上海撤退的第一批文化工作者。

8月29日,中国农村经济研究会发表《战时乡村服务团工作纲要草案》。孙冶方曾经论及该草案的编写背景:"这次沪战爆发后,上海有许多热心的爱国运动者从上海回到内地去做乡村工作,而原来在乡村中的乡村工作者为了适应抗战开始后的新的要求,也有急速改变他们的工作方式的必要,他们都要求能够具体地告诉他们,目前在乡村中'可以做什么,要做什么'。中国农村经济研究会理事会为了适应这客观要求,就在匆忙中拟了一个非常时期工作大纲草案。在当时恐怕上海同内地的交通要发生障碍,因为我们希望第一批回乡去工作的朋友能够把我们的工作大纲草案随身带走!""这不是一个政治纲领,而只是为乡村工作者列举了若干在抗战爆发后马上应该执行的项目而已。""希望每一个乡村工作者在执行这一工作的时候应该了解,当前的中心目标不是土地革命而是求得民族解放的对日抗战,我们的工作绝对不能越过民族统一战线的总立场。"该大纲由薛暮桥从上海携至南昌,并在编辑《中国农村·战时特刊》时发表,"希望乡村工作者及农业专家加以讨论批评,以便修改后提供政府当局及各乡村团体之参考"。

9月9日,孙冶方与洪克平结婚。

9月20日,孙冶方在《中国农村》第4卷(战时特刊第1号)发表《最后胜利的把握在那里?》一文,认为决定战争胜负的因素有两个:物的因素和人的因素,在这两个因素中,人的因素起着决定的作用。抗战最后胜利的把握就在于一致希望抗敌作战的4.5亿民众的力量。在我国4.5亿人民之中,有3.5亿农民,所以在目前,农民大众的训练和组织工作应该是全国抗战总动员中的一件最重要的工作。

10月1日,孙冶方在《东方杂志》第34卷第18～19号(合订册）发表《抗战和农村》一文，认为农业是我国国民经济中最主要的部门。农业生产的情况对抗战前途有重大的意义，调整农业生产是抗战期中最重要的经济政策之一。指出战时农业政策的主要任务是：增加粮食生产，达到粮食的自给；增加而且调整粮食以外的其他农产品——尤其是出口农产品——的生产。认为技术落后、资本缺乏、农民知识缺乏等不是农业经济衰退的原因，而是其结果。农业经济衰退真正的原因是帝国主义的侵略和封建残余的束缚。在抗战未完成之前，这两个原因要根本铲除是不可能的，然而相对地解决是可能的。例如，帝国主义的压迫虽不能完全解除，但是对于它们的经济侵略是可以给予限制的；土地问题虽不能完全解决，然而农民负担之相当减轻是应该的，而且是必需的。只有这样才能相当苏醒我们困惫的农村，充实我们抗战的实力。

孙冶方大事记

10月10日，孙冶方在《中国农村》第4卷（战时特刊第2号）发表《〈非常时期乡村工作大纲〉的修正》一文，认为那种脱离了农民生活现状而从事空洞的抗日号召的做法是错误的。应在"非常时期乡村工作大纲"中列入"农民生活的改善"这一项内容，它包括：在现行政治机构和现行法令下所允许的经济生活的改善（如实行"二五减租"）、严禁重利盘剥和农民政治地位的提高。但是每一个乡村工作者在执行这一工作的时候应当明确：当前的中心目标不是土地革命而是求得民族解放的对日抗战。因此这一工作绝对不能越过民族统一战线的总立场。

10月20日，孙冶方在《半月》1937第3期发表《抗战和改善民生》一文。他认为，改善民主对抗战非但不矛盾，而且是抗战胜利的必要条件。他强调要用我们的政治优点弥补军事弱点，动员全国人民抗战，使人民感受到自己的利益与国家民族的利益有直接的关系；要整饬吏治，使各级政府机构民主化；要对物价严格统制。同期，孙冶方还撰写了《抗战的胜利与民众运动》

《抗战胜利的把握在那里?》《抗战中的民众组织工作》《从汉奸之多谈到乡村工作》等文章,分别载于当年《半月》第 1 期、《文化战线》第 1 期、第 3 期以及《抗战半月刊》第 1 号。

孙冶方在 1945 年的整风中曾总结了他参加中国农村研究会这一时期的工作,认为:"在同托派和国特的理论斗争中,《中国农村》几乎可以说是白区党大破坏后,坚持马列主义旗帜的唯一刊物。而我自己认为在这一理论斗争中,我在《中国农村》以及其他刊物上所写文章是把问题提得最尖锐的。""当时我们曾着重批评了乡村改良主义的反动幻想的一面,但赞扬他们的为大众服务的精神,并争取他们团结抗战。西安事变后,救亡运动和抗日统一战线大大发展了,当时我不仅批评了左的言论,而且批评了右的言论(如国民经济建设论,对国民党和蒋介石的过分乐观估计),抗战爆发之初,我对全国情况固然知道很少,对于党的实力和党的战略布署固然完全不知道,但是我根据自己对中国革命的一般规律性的认识,在'八一三'战争爆发后第二天,就主张文化工作者应向内地,特别是向农村撤退,各自找社会关系,去组织广大群众,特别是发展游击战争。中国农村经济研究会同仁是在这一号召下从上海撤退的第一批文化工作者。"

1938 年初,孙冶方受党的委派负责当时上海一个社会科学座谈会的党的领导工作,该座谈会的成员有潘蕙田(藩芳)、吴清友、(李)平心、王少文(王哲)、钱纳水等人。1938—1940 年间,孙冶方代表中共江苏省委文化工作委员会领导上海新文字协会(研究会)的中共支部工作。

1938 年 11 月—1939 年 2 月,孙冶方以孙一洲为笔名在《译报周刊》陆续发表了《展开全面战争》《向上海文艺界呼吁》(载第 1 卷第 9 期)、《孙一洲致〈译报周刊〉编者》(载第 1 卷第 10 期)、《民族解放和民族统一》(载第 1 卷第 11 期)、《进步的一年》《"一·二八"7 周年》(载第 1 卷第 16 期)、《抗战建国的好榜样》（载第 1 卷第 18 期）、《租界当局和居民对日方恫吓应有的认识》（载第 1 卷第 20 期）等时事评论文章，号召继续巩固抗日民族统一战线，坚持抗战到底，争取民族解放的胜利。在《向上海文艺界呼吁》一文中，他批评鹰准文章否定鲁迅短文在统战时期作用的观点，提出鲁迅文风问题的论争是一场无意思的义气论争，上海文艺界应负起民族解放战争中文艺阵线上的战士的责任，不应再继续做无谓的精力浪费，上海文艺界的同志应该加强文艺界内部的统一战线，面对共同的敌人而团结起来。

同期，孙冶方翻译的（苏联）列明著《中国抗战与国际关系》一书由黎明书局于 1938 年出版。

1939 年，上海党组织决定铅印出版延安新华社电讯，指定孙冶方负责编辑工作。在此期间，孙冶方以孙一洲的笔名发表《十月革命廿一周纪念》文章，印发在《文献》。他认为，十月革命是人类历史上根本铲除人与人之间的剥削制度的第一次社会主义革命，它的伟大的意义和它在国际上所发生的影响，超过了过去任何一次革命。同时，在文章中还论述了中国抗战的基础要建立在自己的实力上面，而不是建立在苏联的出兵上面的观点。同期，孙冶方还以叶非木的笔名在《文献》发表了《日本内阁改组》，以及撰写了《今后苏联在远东方面的外交政策》一文，刊发于郭萱编《欧洲战争与中国职业生活增刊》（职业生活出版社 1939 年版）。

1940 年，孙冶方以叶非木的笔名（第一作者）与他人合著《苏芬冲突与国际现势》，发表于《时事问题丛刊》（新中出版社 1940 年版）。

1940 年上半年，孙冶方得到中共江苏省委的通知说，上海租界的环境可能进一步恶化，为了上海地下党组织的安全，中央指示：党员中凡是有可能暴露了关系的都要撤退，中央指定调孙去延安工作。9 月、10 月间孙冶方离开上海，绕道香港和广东东江、梅县、韶关、衡阳、桂林、贵阳，两个多月后到重庆，找到八路军办事处。周恩来同志告诉孙冶方，中央已决定在苏北成立新的新四军军部和华中局，正需要干部，认为孙冶方去那里很合适。在征求孙冶方意见时，孙冶方欣然同意，于是又转回上海再经过敌占区和游击区，于1941年7月1日到达新四军军部，由华中局分配在宣传部担任宣传科长和干部教育科长。不久，任华中局党校教育科长兼马列主义课教员。

1941年7月13日，孙冶方（当时用宋亮名）给刘少奇同志写信（后附在刘少奇的《论党》一书中），认为我们党内在陈独秀时期存在着轻视理论教育的倾向，这种倾向妨碍了党员理论修养的提高，削弱了党对群众自发运动的觉悟的领导，指出"理论学习是党的领导者的任务"这种机会主义者的论调是一种错误主张。刘少奇同志收到孙冶方写给他的信后，于当天就复了一封2000多字的长信，即有名的《答宋亮同志》，充分肯定了孙冶方的意见。

1942年华中局党校成立校委会，孙冶方为校委员会委员，仍兼教育科长。

1943年4月，新四军军部转移到淮南以后，孙冶方即被派到淮南路西地委任宣传部长。10月担任党训班副主任，负责教育、行政、支部的日常工作。

1944年1月，淮南路西地委直属队成立总支，下设4个分支，领导全体在职干部及党训班的整风学习，不久又成立4个整风队，原党训班改为整风一队，孙冶方任队长。不久，区党委书记谭震林派孙冶方到几个县里去领导乡、保级干部整风大会和士绅座谈会。7月，孙冶方被调回华中局党校整风，任三队支委。

10月19日，孙冶方（用宋亮名）写了一篇题为《宗派主义无原则纠纷和自由主义都是反革命分子钻空子的最好机会》的墙报文章，认为自1927年夏季到1930年夏季，在莫斯科学习的中国同志中间发生的绵延不断、整整三年的纠纷，是一场宗派主义无原则斗争，"这斗争不仅妨碍了功课，而且在同志间养成了宗派主义无原则斗争的坏习气。如果追溯中国党内的宗派主义历史，那么当时莫斯科中国同志中的无原则纠纷，恐怕要算一个重要的根源了"。"过去的宗派主义无原则纠纷和自由主义替反革命分子造成了破坏党的良好机会"。这篇文章写出后，几位在莫斯科学习过的同志都发表了意见，其中有的赞成（陈修良即是）；也有的写了与之商榷的文章，主要是认为当时莫斯科中国同志间的斗争，在开头时是有原则的斗争，后来才转变为无原则斗争的；或认为基本上是一个有原则的斗争，但夹杂有无原则纠纷在内。对此，孙冶方于1944年11月6日又写出一篇《关于无原则纠纷》的墙报文章，进一步阐述了自己所坚持的意见。"我也同意，当时的纠纷不是纯粹的无原则纠纷，而夹杂有原则性的论争在内，但我认为，这并不足以否定当时的纠纷基本上是一个无原则纠纷……当时大家所以那么理直气壮闹个不休，主要就因为每个人都自以为是掌握着'原则'的，自以为是'十足的布尔什维克'，于是就狠命地斗下去，以至于'捣乱党内秩序与组织'而不自觉。明白些说，当时的纠纷的确不是为了吃饭穿衣或一言半语而引起的纯粹的无原则纠纷，而是如刘少奇同志所说的在原则斗争的大招牌掩护之下进行的无原则斗争，或无原则纠纷。""当时支部局曾提出了反对托派分子和国民党破坏分子的反党活动的口号……反对支部局的同志们提出了反对官僚主义、拥护代表团等口号……这些'大原则'并不曾成为双方争论的焦点，而只是争论的每一方抛给对方的'大帽子'而已，只是掩护（自觉或不自觉的）无原则纠纷的'大招牌'而已。重要的是，双方都固执着对方所并不反对的'大原则'互相斗得乌烟瘴气，捣乱了党内的秩序与组织，破坏了党内的团结和统一，即是说破坏了党的最高的组织原则。"

孙冶方大事记

1945年2月,孙冶方写了"整风自传"。华中局党校对孙冶方审查后,认为历史清楚。党校结业后,下半年(至1946年年底)孙冶方任苏皖边区政府货物管理总局副局长。

1946年,孙冶方撰写了《释物价上涨的原因及富农发展生产问题》一文,发表在《生活》第4期。文章解答了一个读者对该刊编辑提出的两个问题。一是解放区的经济不是"抗票"发多引起的问题,而是不可能不受区外经济的影响,如灾荒和物价上涨。他用事实说明,我们的民主事业越发展,"抗币"就越有保证。二是富农不想发展生产,认为很快要实行社会主义了,这只是少数人对新民主主义尚未认识的想法。中国当前的社会经济客观现实不能实行社会主义,只能实行新民主主义。

8月21日,孙冶方根据在乡村的调查,就当时土地改革运动中出现的违背中央关于土改的"五四指示"、侵犯中农利益的现象,以《关于土地改革中的"推平"政策问题》为题,给方毅同志及华中分局写了一封长达8000字的信,认为当时对中农利益的侵犯并非个别现象,而是根据一种'推平'政策(即平分土地)和机械的阶级划分法(即多少亩以上为中农,多少亩以上为富农)产生出来的。指出"如果我们的确实行了'推平'政策,则侵犯中农利益将是必然的结果,而中农利益若被侵犯,则中农必反对我们,贫雇农亦因自觉陷于孤立而对斗争畏缩。这样便会影响农民反顽斗争的积极性"。孙冶方在信中分7个问题,即"我们对中农的政策""'群众绝大多数的要求'和'中农多数同意'的问题""机械的阶级划分法""平分土地政策必然会造成普遍侵犯中农利益的现象""富农的田是否应献出""自耕农区域不侵犯中富农利益,贫雇农得不到好处,群众运动发动不起来的问题"以及"关于实行土地改革的方式问题",进行了详细的阐述和分析,提出了自己的意见。他主张:"(1)立即通知各地停止平分政策;(2)已平分之中富农自耕田,一律发还,对于先分到田现在又须退出的贫雇农,为照顾其情绪,可由银行以农贷或其他方式来照顾他;(3)中富农出租的田,一般地要他们拿出来,但为避免打击过重,仍可允其收回一部分自耕;(4)分局集中一批能力强的干部检查此工作。"

8月、9月间,国民党军队向边区政府所在地淮阴进攻,边区政府即从淮阴撤出,机关疏散下乡,孙冶方被调到支前司令部负责财粮工作。

10月15日,孙冶方就土地改革问题又给华中分局写了一封长信(约4000字),对华中分局1946年9月1日关于团结中农的指示提出不同意见,认为对中农的定义仅指出"平常年成不亏空,够吃够穿"是不够的,因为"不仅在理论上,而且从实践中,都可以证明中农不仅在'平常年成不亏空够吃够穿',而且还可能有某些积蓄,以至于上升为富农。这种积蓄和上升在我们解放区,应是相当普遍的现象。吴满有就是这样发展起来的。我觉得,如果不如此说明,我们下面干部就很可能把稍有积蓄的中农算作富农,而使农村中省吃省穿、勤俭起家的良好作风,一律被看作是富农剥削行为(富农与剥削者本是同义语)"。"如果执行两头平(地主富农、贫农雇农拉平)的政策,结果必然会使得我们的土地改革变成同时向封建地主和资本主义富农两面开刀……会影响到我们反封建的民主主义的统一战线。""平分富农自耕田……不仅是一个削弱了富农经济的问题,而且会影响到中农的生产情绪。而中农的生产情绪低落之后,即将影响到整个解放区的农业生产"。信中指出:今天的中国革命还没有脱离新民主主义阶段,应要求反帝国主义的阶层是广泛的,对富农应进一步去争取,而平分富农土地,从革命的战略观点来看是不妥当的。

12月底,涟水战役后,解放军主力从苏北撤到山东,华中支前司令部解散,边区政府财经机关干部也大批撤退到山东。党决定在山东滨海地区以货管总局名义设立一个办事处(名为"苏皖

孙冶方大事记

边区政府货物管理总局驻鲁办事处"），其任务是一方面继续打通对敌占区的贸易，进口各种军需物资以供应前方；一方面是收容华中撤退到山东而暂时没有工作的财经干部。指定孙冶方负责办事处工作（该机构于1947年1月、2月间成立，工作了三四个月时间）。

1947年5月、6月间，孙冶方奉命到胶东向华东财办领导汇报工作，时值国民党军队正向滨海地区进攻，因此上级决定"驻鲁办事处"撤销，干部撤退到胶东，孙冶方被留在华东财办工作。

11月，孙冶方任华东财办秘书长兼山东省政府实业厅副厅长，直到解放战争胜利结束。

同年，孙冶方以勉之的笔名翻译了EugeneLyons的文章《华莱士耍的什么把戏?》，刊发于《时与潮半月刊》第3期。

1949年江南解放后，孙冶方随中国人民解放军第三野战军进上海，任上海市军管会重工业处（后在此基础上成立了华东工业部）处长，并负责接管了国民党政府的资源委员会。

1949—1954年，孙冶方任华东工业部副部长（1950—1952年兼任上海财经学院院长）。

1950年，孙冶方在视察工业部管辖下的南京各厂和淮南煤业，考察了裕溪口码头（铁路、航运、煤总、淮矿等都在那里设有机构）之后，向上级写了《关于业务上垂直领导的公营企业与地方党委、政府的关系问题》的报告。他在报告中指出，财委会垂直管理的许多公营企业与地方党委、政府的关系不够密切，有些地方党委和政府对公营企业的配合也不够，有些同志对这个问题的认识是有偏差的，这种现象有相当的普遍性。他认为，党委若真要保证生产任务的完成，不仅必须做好党务、工会、员工教育等工作，而且必须把这些工作与对生产的监督作用联系起来，必须具体深入地去了解生产工作。

1950年7月底,孙冶方从工业部调财委负责整风工作。1951年1月又回工业部工作。6月7日住中山医院检查,被诊断为急性肝炎,25日转入保健医院治疗10月10日病愈出院,开始半日工作。11月即转入全日工作。

1952年1月,孙冶方陪同陈云参观工厂。不久参加"三反"运动,由于工作紧张,肝炎复发,于1月31日又住进保健医院。3月24日,译完《战后五年计划期间苏联经济中的技术进步》一文(在《生产与技术》第3~6期杂志上连续发表)。

5月12日,孙冶方看到有关同志的文章说《毛泽东选集》是每个人必须学习的,因为每个人都不能脱离政治。孙冶方认为这是把学习毛泽东思想当作一般的时事学习(政治学习),是浅薄的、不够全面的说法,其缺点也正是符合英国资产阶级学者们,也即今日中国有些学者们的歪曲。我们要学习毛泽东思想是因为它代表着真理,符合于事实,能帮助我们指导实践(社会的和自然科学的)。孙冶方认为,一切科技工作者都要读毛选,这不仅因为它是政治,因为它是胜利的中国革命的"蓝图"、5亿人民的翻身史,而且它是中国化了的马列主义的宇宙观——整个的宇宙观和方法论,它可以指导我们的社会斗争(革命),它也可以指导科学研究和技术革新工作。

6月23日,孙冶方开始向程毓秀学习高等数学。

12月11日,孙冶方给医院工作人员作报告,解答学习马林可夫报告中的一些问题。他着重说明了帝国主义国家间的战争不可避免性和苏联科学之先进性,提出苏联科学先进性有三个原因或条件:(1)以马克思主义辩证唯物论为武器;(2)有国家的有组织的领导;(3)科学工作者为人民服务,非为金钱。

1953年2月11日,中央人民政府第22次会议通过,任命孙冶方为国家统计局副局长。

4月1日,孙冶方为医院医务工作者翻译完成一篇俄文医学文章（关于肝功能）。陈毅同志到病室来看望孙冶方。

6月21日—11月1日，孙冶方赴青岛疗养。

11月17日，中共中央批准，国家统计局党组由薛暮桥、孙冶方、贾启允、王思华、贾云标5同志组成，由薛暮桥、贾启允分别担任党组正副书记。

11月20日，周恩来总理任命薛暮桥为国家统计局局长，孙冶方、贾启允、王思华为国家统计局副局长。

1954年8月，孙冶方到苏联治病半年。

12月6日，国家计委致电李强并转薛暮桥，告知陈毅副总理已批准徐达深和孙冶方分别担任中苏科学技术合作第一次会议中国代表团的专家和顾问。

12月9日，薛暮桥与孙冶方、中苏科学技术合作代表团7人一起参观。

12月30日，薛暮桥与孙冶方一同访问苏联中央统计局，与该局局长斯太洛甫斯基及副局长叶诺夫（曾任中国统计顾问组组长）会谈。

1955年1月中旬，孙冶方到任国家统计局副局长。他建议李富春副总理最好每一季度检查一次国家统计局的工作，听取汇报；一年之中，党中央和国务院至少要讨论一次统计工作。同时他自言，"统计局是学习经济学的好地方"，期间发表多篇重要经济研究论文。薛暮桥称孙冶方最重要的工作是在统计局完成的。

3月11日，薛暮桥与孙冶方、王思华一同找苏联专家谈话，讨论基数变动问题。孙冶方在日记中这样记录：从谈话中看来，我们有系统地向他们请教不够，专家对我们的情况也不完全清楚。若早向他们请教，最近引起全局埋怨的基数改变工作不会冤枉做的。我希望今后在沟通双方专家及了解这一点上略尽责任。

11月12日—12月5日，孙冶方到湖北、湖南、广东调研，并于12月5日给薛暮桥等写报告，汇报了调研的基本情况。

12月7日，孙冶方在杭州调研，参加了浙江省统计工作座谈会，并将座谈会的情况向薛暮桥等报告。

1956年3月，国家统计局副局长孙冶方在全国工资会议物价小组会上发言，题目是《加强劳动工资统计工作是做好工资工作的重要条件》。

7月、8月间，孙冶方率国家统计局代表团到苏联中央统计局考察（考察团成员有王一夫、杨波、黄剑拓、艾天白等），考察题目是：统计方法制度问题、国民经济统计平衡表的编制方法。在莫斯科考察期间，又接到捷克斯洛伐克中央统计局邀请并经请示国家统计局党组及李富春同志批准后，去捷克斯洛伐克中央统计局考察（约2个星期）。回国后在第六届全国统计工作会议上做"考察苏联统计工作的报告提要"（后以《介绍苏联国民经济平衡统计工作》一文发表于《统计工作》1957年第20期），认为统计工作要很好地为国家建设、国家管理工作服务，除应建立和健全各种专业统计工作以外，还必须建立和加强国民经济的综合平衡统计工作。只有加强国民经济平衡统计工作，才能全面地、深入地发现国民经济发展中的一些重大问题或不平衡现象，便于党政领导正确地指导国民经济的发展。

8月27日，薛暮桥致信周恩来，报告孙冶方等组成的赴苏统计工作考察团了解的几个主要问题。随信附上8月20日"国家统计局赴苏统计工作考察团与苏联中央统计局谈话简报"。"简报"中报告了4个问题：总产值问题、不变价格问题、农产品收获计算问题、价格和价值法则问题。关于总产值问题，"简报"谈到苏联中央统计局平衡司司长索包里主张编制计划和检查计划时除用总产值外，最好再加一个纯产值指标。至于计算国民经济各部门之间的比重，因总产值中有重复计算，不能真实地反映各部门的生产规模，应该用纯产值来计算。苏联同志劝我们发表工农业比重指标要郑重，以免束缚住了手足，陷于被动。关于不变价格，任务是要去除现价变动的因素，反映生产的实物量增长。不变价格使用期间过长便脱离实际，容易造成生产指导中一些混乱。因此每一个五年计划编一次不变价格，就较能接近实际，减少不变价格的副作用。关于农产品收获量计算问题，因苏联收获量的统计交给部长会议直属的收获量估算委员会，基层估算委员会中对估算数字有最后发言权的是机器拖拉机站代表，估算数字总偏高。基层统计工作者及其他有关人员提出较合实际的报告，常受到打击，后来造成宁可偏高不敢实报的倾向。关于价格和价值法则问题，"简报"称同我们谈话的苏联同志认为中国农产品采购价格与市场价格靠近的政策是非常贤明的。他们认为，苏联的价格政策有缺点，主要是农产品征购价格和重工业品价格偏低，这是与理论上否定和低估价值法则在社会主义社会中的作用有关。

11月8日，国家统计局副局长孙冶方在全国物价统计会议上致开幕词。他主要讲如何加强与改进今后的物价统计工作，并讲了价值规律在社会主义社会中的作用问题。他强调，要根据中国的实际情况，制定出一套符合中国国情的统一的物价统计报告制度。

11月28日，孙冶方写出《把计划和统计放在价值规律的基础上》一文（该文刊登于《经济研究》1956年第6期），批判了认为价值规律是商品经济的范畴、是与社会主义的计划经济互相排斥的传统观点，认为不论在共产主义社会的最高阶段或是初级阶段，价值规律将始终存在着而且作用着，所不同的只是作用的方式而已。国民经济的有计划按比例发展必须是建立在价值规律的基础上才能实现。那些无视价值规律、光凭主观意图行事的经济政策（包括价格政策）和经济计划，到头来就是打乱了一切比例关系,妨碍了国民经济的迅速发展。统计工作者也不应该把自己的任务仅仅限于国民经济计划执行情况的检查;而应该以更多的力量来掌握价值规律,来挖掘发展国民经济的潜力。孙冶方在这篇文章结束时特别注明写于"1956年11月28日恩格斯诞辰";并在《后记》中写道,当年初夏,吴绛枫(顾准)就提出价值规律在社会主义经济中的作用问题来同我研究,并把马克思《资本论》第三卷那一段关于价值决定的引证指给我看。

孙冶方大事记

11月,孙冶方写了《从"总产值"谈起》一文,提出了改进计划统计方法的基本原则。认为"总产值"这个指标的最大缺点是不能适应企业管理和发展生产的需要,不能据以评定企业工作的好坏,只能作为整个国民经济中算大账的指标。计划和统计可以把净产值和利润作为基本指标。利润是企业经营好坏的最集中表现,因此,应该把利润作为计划和统计的中心指标。之后,孙冶方把这篇文章译成俄文向索波里征求意见,索波里表示完全同意孙冶方的观点。

1956—1957年,孙冶方根据国家统计局党组决定,主要分工负责国民经济平衡统计表的编制工作,并经李富春副总理指示参加薛暮桥、杨英杰领导的关于国民收入计算、计划统计指标的体系和方法等小组工作(这些都是国家计委总结第一个五年计划并编制第二个五年计划工作的一部分)。这一时期,孙冶方根据在苏联中央统计局所收集的材料及后来回国后的分析研究,认为苏联政治经济学教科书中"国民经济的积累不能超过国民收入的25%"的说法是错误的,也与苏联的实际情况不符。于是他给李富春副总理写了一个报告,说明他的看法,并做了具体的计算,认为积累是可以超过25%的。"我当时的计算是以工业每年发展速度为25%,农业为5%作为假定的前提的。我证明:只要工农业的发展能保证这个速度,那么在消费水平每年提高5%条件下,积累在几年之间就可以超过25%","问题在于国民经济的发展数字是否有浮夸和虚假,特别是财政收入有没有浮夸和虚假"。

1957年2月,孙冶方参加全国农家收支调查会议并做《关于农家收支调查中的几个问题》发言(发表于《统计工作》1957年第6期)。他认为,正确处理社员户家庭经营的农副业生产和农业集体生产之间的关系,不仅是个经济问题,而且是个政治问题,加强农家收支调查是长期任务,是有关国计民生的大事;认为农家收支的范围问题实质上是一个研究任务问题,由于观察的角度不同,硬性规定一个统一使用的口径是不可能的;认为典型调查和抽样调查各有不同的任务和用途,没有科学和非科学的区别,如果能按照它的用途去使用,都是科学的,否则都是不科学的。

2月23日,国家计委党组向陈云、中央五人经济小组并报中央分组研究"二五"计划进展情况。根据毛泽东主席和中央各位领导同志历次有关总结第一个五年计划和制定第二个五年计划的基本精神和要求的指示,初步归纳了研究问题的提纲,并划分了三个研究组:薛暮桥、杨英杰、宋平、孙冶方负责第一组,研究国民收入的分配,即国力和建设的关系、积累与消费的比例关系、分配制度以及计划统计的体制和方法问题。那时,第一组已开了8次讨论会,初步探讨了工业、农业的计划范围,总产值和净产值指标的用途和利弊,生产资料与消费资料的划分,劳动生产率的计算,按劳分配的原则,第一个五年内国民收入等问题。(另外两个组:顾卓新等负责的第二组,研究国民经济各部门间首先是工农之间,以及工农、农业内部的比例关系;倪伟等负责的第三组,研究财政金融、内外贸易、轻工业以及人民购买力、利润、税收、物价、成本等问题。)

4月12日,孙冶方写出《关于生产资料和消费资料的划分问题》一文,并在国家统计局关于统计方法问题讨论会上发言。他认为,把社会生产分作第一部类和第二部类,主要是为了三种用途:(1)掌握投资比例;(2)观察发展速度;(3)计算每年有多少消费品可以提供人民消费,有多少生产资料可以提供作扩大再生产之用,并计算二者的比例关系。因此,正确的分类方法,应该是把生产劳动工具(机器)、动力、燃料、建筑材料、一切辅助材料的生产以及制造以上各种产品的原料的生产列为第一部类或甲部类,即生产资料的生产;把生产消费品及其原料的生产列为第二部类或乙部类,即消费品生产。只有这样的分类,以及根据这样的分类来分配投资和计算生产的发展速度,才能符合国家工业化的政策,并符合马克思的再生产学说。

4月、5月间,孙冶方到江苏去了解统计工作,参加了那里的农业生产合作社收益分配调查总结。6月初回京后,给李富春副总理和周恩来总理写了一个江苏省统计工作考察报告。对于农业合作社的建账工作和调查统计问题以及农村中其他几个重要的调查统计工作问题提出了一些意见。他认为,要了解和说明农村情况,必须加强农村统计工作,收集全面的或是抽样调查的资料。我们过去所惯用的典型调查方法,用以说明政治和经济上一些基本趋势是可以的,而且是简便易行的;但是,用以推算全面数字则往往失之偏高或偏低。孙冶方认为,农民家庭收支调查和职工家庭收支调查(即家计调查)对于了解工农消费水平问题是取得有关资料的最好办法,并请求国务院批准举办家计调查的方案。

春,薛暮桥与于光远、孙冶方共同发起和主持经济学界的系列内部学术座谈会"经济问题座谈会",会议一般在晚上举行,每两周一次(经济学界常简称"双周座谈会")。参会者既包括经济学家,也包括财经部门的实际工作者。座谈会先后讨论了南斯拉夫经济、凯恩斯经济学说、国民收入分配和使用、经济核算、积累问题、价值规律和价格政策、苏联政治经济学教科书(第三版)以及中国政治经济学教科书的编写、马寅初批判、高速度和按比例的关系、人民公社等大量问题。1959年庐山会议后不久,经济问题座谈会停止运作。

6月29日，国家统计局主持召开关于国民收入问题的座谈会，薛暮桥、孙冶方、王思华等参加了会议。

7月23日，孙冶方写信给薛暮桥同志并报李富春、薄一波副总理，认为积累与消费的比例在国与国之间很难做机械的比较，主要决定于生产水平。

7月25日，国家统计局党组召开扩大会议，进行整风。孙冶方在会上做长篇发言，认为中共八大以后，统计工作某些方面是退步的，如放松报表管理，否定抽样调查等。

8月16日，薛暮桥通知孙冶方，中国科学院向中宣部正式提出，要求调孙冶方到科学院工作。

8月21日，孙冶方给谭震林副总理写了一封万言书，就组织上拟调他去加强文教思想战线、搞文教科学工作问题谈了自己的想法，并着重就统计工作问题提出一些建议和意见："我承认中央和国务院是重视统计工作的……但是我总觉得中央和国务院对统计工作抓得不紧、不具体。负责同志在工作中经常要引用数字资料；但是不大询问取得这些数字的方法、口径以及统计机关本身的工作情况。""现在很多负责同志是在亲自搜集和整理统计资料。我们的计划机关也是一方面在做计划，一方面在做统计。领导同志和计划机关代替了统计机关来做统计工作，就永远培养不出一个得力的统计机关。统计资料必须统一地有计划地搜集整理，事先不下功夫，临时就拿不出东西来；临时分头从各方面去搜集统计资料，它的质量也值得怀疑，往往相互不可比，费力多，而收效少。中央和国务院应该好好地检查和整顿一下统计工作。"

在统计方法、制度方面，孙冶方认为是存在教条主义的，但也有不少的经验主义。统计方法上"其中有些错误，我们已经发现，而且自己能改正的，我们已在研究改进中；但有些方法上的问题则牵涉到理论问题,牵涉到计划体制、企业管理体制和财政体制等,争论很多,并非统计部门单独可以解决。例如,总产值指标的运用、工农业比重的计划方法、劳动生产率的计算方法等"。

关于报表管理方面的问题,孙冶方认为:"国家统计局要负起统一管理报表的责任,必须克服几点困难:首先当然是做统计工作的人自己要有挑起这个担子的信心和决心。其次,必须有中央和国务院的具体支持,而所谓支持不是别的东西,而是明确的任务和严格的、经常的督促检查……对统计工作的每一个缺点应该而且必须严格批评(如对报表没有管起来),可是不该统计部门负的责任,不应该记在统计工作者账上。统计工作干部没有把工作做好,可以严厉批评以至撤职查办;但是不要让批评把统计工作本身丑化了。最后是统计部门和各业务管理部门的合作,而且需要一定的时间。""报表管理还有一个原则,就是条条要严,块块要宽,就是说每一级的各业务部门的所有报表都必须在同级统计部门统一归口,但是必须允许下级在一定范围内有所增补,以适应当地党政领导的需要。条条不严下级就吃不消,就要泛滥……块块不宽,就会变成过死,使下级统计机关不能为同级党政领导服务。"

对于统计数字不全和质量不高的问题,孙冶方认为,国民经济基本指标的资料在企业的会计统计资料中都是现成的,问题就在平时缺乏有计划的调查搜集和经常的汇总整理。因此报表需要严格地统一归口管理,这就可以使报表大大精简,而节约下来的人力"正可以用来加强这种调查搜集和汇总整理工作,使我们的统计资料更全更完备"。为了提高统计数字的质量,"首先必须强调统一的科学的口径和方法制度,必须强调统计纪律,按照规定的口径方法和时间报送统计资料;在这方面不能片面强调机动灵活和估算。其次,统计部门必须加强自上而下的检查督促工作。

最后，必须使统计干部专业化，迅速终止现在的流动性"。

8月22日，孙冶方给国家统计局党组写信，提出："对科学研究，我是感兴趣的。我不想调动，只是怕再摸一个新机关而已。我看这次调干的总任务是推不了的。既然如此，已经点了名的，就不必讨价了。只希望今后中央对统计也能把它当作半个科学机关，多加强一下，至少不再削弱。""我希望这一时期，少管些新的工作，我要还掉几项债务：（1）在统计会上做一个关于苏联考察的报告；（2）把考察记录稿约30万字校好；（3）把农业抽样调查的方案和报告写出。"

9月11日至21日，第六届全国统计工作会议召开，李富春、薄一波到会讲话。薛暮桥11日在会上做"第一个五年计划期间我国统计工作的初步经验和今后任务"的报告，孙冶方16日做访苏统计工作报告，题目为《考察苏联统计工作的报告提要》。王思华做访印统计工作报告。

9月18日至23日，孙冶方出席中国科学院召开的社会科学界反右派斗争座谈会。同时出席并发言的还有郭沫若、范文澜、胡绳、于光远、薛暮桥等64人。经济学界的批判重点是陈振汉（北京大学教授，"六教授意见书"的主要执笔起草者）、徐毓枬、罗志如、谷春帆、巫宝三、宁嘉风起草的《我们对于当前经济科学工作的一些意见》（即所谓"六教授意见书"）。

10月10日，在国家统计局党组会上，薛暮桥传达了八届三中全会上毛泽东的《做革命的促进派》讲话，孙冶方传达了前三天国务院座谈会上李富春和周恩来的发言。

10月14日，孙冶方与薛暮桥一起到中央农村工作部邓子恢处谈农业统计。邓同意国家统计局提出的关于加强农业统计的若干重要措施的各项意见。

10月21日，孙冶方出席经济问题座谈会第十六次会议并发言。会议主要讨论国民收入及其分配问题。岳巍、樊弘、薛暮桥、于光远、江诗永等参加会议并发言。

11月1日,薛暮桥批示报送孙冶方代为起草的关于经济研究所领导关系的报告,请李富春、薄一波签发。

11月,为庆祝苏联十月革命胜利40周年,孙冶方向北京经济学界介绍访苏考察心得,对苏联经济学家索波里的经济理论进行评介。

12月,苏联中央统计局国民经济平衡司司长索波里应中国政府邀请,到国家统计局指导国民经济平衡表的编制工作,孙冶方负责接待工作。

12月30日,孙冶方出席经济问题座谈会第二十一次会议并发言,继续座谈关于工农业产品价格政策问题。出席会议并发言的还有薛暮桥、范若一、张翼飞、狄超白、宋涛、艾中全等。

年底,薛暮桥与孙冶方共同主持的国家统计局和中国科学院经济研究所联合调查组成立,准备开展第二次无锡、保定调查,拟把无锡、保定1929年第一次调查后近30年的社会性质变化及经济演变过程反映出来。

1958年1月,孙冶方根据国家计委主任李富春同志1957年11月12日给周恩来总理并报党中央关于"加强经济科学研究工作"建议的精神,草拟了关于经济研究所归中国科学院、国家计委、国家经委、国家统计局四方面领导的向中央的请示报告;后经书记处会议和国务院常务会议讨论批准,经济研究所归科学院和国家计委双重领导,在提供资料和出席会议方面,经委和统计局给予便利。为使经济学研究工作避免关在家里读书,而同实际联系,孙冶方还建议经济研究所要在农业合作社、工厂、商店各选择一个固定的点,与之经常挂钩,研究人员轮流下去蹲点搞调查研究,每个工作人员的体力劳动任务也在蹲点的地方完成。

2月8日,孙冶方同苏联塔斯社记者费里莫洛夫谈人口问题。他指出,新中国成立后曾发生过一种偏向,在一部分同志中,无视客观现实中存在的困难：穷国，经济不发达，存在大量失业者；反而教条主义式地奖励生育，反对节育，使人口繁殖率剧增，人民请求避孕者亦得不到协助。认为批评这种脱离现实的教条主义看法，提倡节育（有计划生育），是正视现实的看法。这与马尔萨斯的节制生育论是完全两回事。我们不把这看作解决社会问题的基本出路。

2月24日，薛暮桥告知孙冶方，李富春副总理决定把国家计委世界经济研究局划给中国科学院经济研究所，并征求孙冶方的意见。征得科学院裴丽生、潘梓年、刘导生的同意后，孙冶方致信李副总理及贾启允副主任表示同意。

2月28日，孙冶方与薛暮桥谈国家统计局世界局移中国科学院经济研究所、经济所搬家和补充干部等事宣。

3月2日，孙冶方与薛暮桥谈中国科学院经济研究所世界经济研究室干部和经济学研究工作等。

3月10日，孙冶方出席经济问题座谈会第二十六次会议并发言。这次会议主要讨论批判马寅初《新人口论》问题，杨世英、苏星、樊弘、郑新如、于光远、薛暮桥、秦柳方、骆耕漠等先后发言。

3月18日，《人民日报》刊发了孙冶方《利用发展经济科学的有利条件》的文章。他写道，哲学社会科学的研究工作，特别是同生产直接联系的经济科学，应该来个大跃进，为生产大跃进服务。他指出，过去的科学研究机关、大专院校和业务部门，报刊（特别是专业部门）的编辑之间很少联系，没有分工合作。力量没有组织起来，这是哲学社会科学没有充分发挥力量的重要原因。他建议，为发展哲学社会科学的研究工作，要发现和培养新生力量；要加速翻译和出版外国的哲学社会科学著作。

3月24日，孙冶方出席经济问题座谈会第二十七次会议并发言。这次座谈会主要讨论价格规律和经济核算问题，骆耕漠、薛暮桥等在会上先后发言。

春，孙冶方与薛暮桥共同主持，从陈翰笙、王寅生1929年组织的无锡农村调查团曾经调查过的33个自然村中选择了22个村，对这些村庄的4000多农户进行了全面调查。这一方面对1929年无锡调查做了全面系统的补充，并对1936年、1948年、1952年做了追溯调查，形成了比较完整的历史资料和数据；另一方面，又对上述村庄和农户的1957年状况作了详细调查，形成了1957年度的详细资料和数据。

5月19日，中国人民大学为提高教学与科研工作，加深理论联系实际，邀请薛暮桥等国家机关负责同志到校任教。受邀的还有黄松龄、于光远、宋平、孙冶方、骆耕漠、张锡昌、秦柳方、杨波、何畏、管大同、张执一、李正文等同志。

5月24日，邓小平在中南海居仁堂主持召开《红旗》杂志第一次编委会，谈成立编委会和写稿问题。该杂志编委36人，孙冶方为其中之一。编委名单曾报毛泽东审阅，其中有王力、邓力群、田家英、刘大年、艾思奇、陈伯达、陆定一、周扬、范文澜、胡乔木、胡绳、姜君辰、柯庆施、陶铸、康生、杨献珍、薛暮桥等。

1958年1—6月，孙冶方为苏联经济学家索波里组织了讲学活动，财经各部委和北京大专院校有数百人参加。孙冶方还陪同索波里到武汉、南京、上海、无锡等地讲学。3月，苏联经济学家涅姆钦诺夫来中国参加黑龙江综合考察学术会议，孙冶方两次邀请涅姆钦诺夫到经济研究所座谈关于经济研究所如何分组、如何进行研究工作等问题，并为其组织了报告会。

6月17日，孙冶方在北京经济学界纪念毛泽东同志《关于正确处理人民内部矛盾的问题》发表1周年座谈会上，作了《要懂得经济必须学点哲学——再谈学习毛泽东同志〈关于正确处理人民内部矛盾的问题〉的几点体会》的发言，认为：经济是"人"

和"物"两个因素的矛盾统一体,"人"和"物"(指劳动生产品)两个因素的关系也就是生产关系和生产力的关系,经济学应该同时研究"人"和"物"两个因素及其矛盾,而以"人"这个因素为主,而且"人"和"物"的矛盾最后是以生产关系的矛盾表现出来的。社会主义政治经济学是不能离开了物来研究人与人的关系的。社会主义社会中一切具体的经济矛盾的最深远的共同的根源或社会主义经济的最深远的内在矛盾,就是"人"与"物"的矛盾,也就是劳动两重性(抽象劳动和具体劳动)的矛盾和社会产品两重性(它的价值和使用价值)的矛盾,应把这一矛盾作为贯串社会主义政治经济学各个章节的一条红线。在这篇文章中孙冶方还指出:理论经济学落后于社会主义建设的实践——这是一个客观的事实。造成这种现象的主观上的原因,是我们的政治经济学界受到了一些唯心论和形而上学观念的毒害。政治经济学中的唯心论观点,就是否认或者轻视客观经济规律的观点,就是把政治同经济对立起来的那种观点,就是不用客观的经济规律来说明经济现象和经济问题,而是用政治和思想意识上的原因来代替客观经济规律。政治经济学中的形而上学观点,主要表现在把未来的共产主义社会的经济(以及社会主义社会中的全民所有制经济的内部关系)看作是像原始共产主义社会一样的实物经济,即没有抽象劳动、价值、价格和货币等概念的自然经济。上述这些概念被当作资本主义商品经济的专有物,同商品市场交换、交换价值、资本、危机等概念一起,从社会主义经济学的范畴中被消除出去了。因此要发展经济科学,使理论能为实践服务,首先必须肃清政治经济学界的唯心论和形而上学(自然经济论),插上唯物辩证论的红旗。

6月21日,中监委批准中央工业部对孙冶方历史问题的审查结论,承认1931—1937年孙冶方并非主动脱党,恢复了这一段时期的党龄。

11月6日，孙冶方到河北丰润县韩城镇参加中国科学院经济研究所和北大经济系工作组全体会议并讲话。

11月14日，李富春副总理召集工业、交通、商业、粮食、财政、贸易、银行等部门党组书记和副部长以上党员干部会议，会上传达了郑州会议上毛泽东的讲话，并决定从次日起，根据毛泽东的讲话和斯大林著《苏联社会主义经济问题研究》开始进行讨论。李富春提出4个讨论问题，并指定中心发言人：（1）有计划按比例发展法则（薛暮桥、宋平）；（2）关于商品生产和商品交换问题（刘岱峰）；（3）关于价值法则问题（孙冶方、刘明夫）；（4）关于过渡时期问题（贾启允、谷牧）。

12月9—13日，孙冶方到布拉格参加社会主义国家经济研究所协作会议，并做了题为《1958年全国工农业生产"大跃进"和人民公社化向中国经济学者提出了什么问题》的发言，提出商品生产价值规律问题是"社会主义经济学重要的问题"。

12月28日至1959年1月19日，孙冶方到匈牙利进行访问，也做了与上述内容相同的报告。

1959年1月21日—2月26日，根据中苏两国科学院的合作协定，孙冶方到苏联进行了访问。在苏期间，访问了苏联科学院经济研究所、苏联国家计委研究所、苏联科学院经济学运用数学和统计方法研究室、乌兹别克科学院经济研究所、苏联中央统计局等单位。在索波里陪同下，孙冶方与苏联经济学家涅姆钦诺夫、斯特鲁米林、加托夫斯基、费根等数十人交换了意见，着重就国民经济发展速度、商品生产和价值规律、经济学中运用数学方法等问题进行了了解。3月回国，将斯特鲁米林赠送的《在建设共产主义的道路上》一书，交给有关单位翻译出版，并为该书撰写了序言。在4月写出的《访问苏联科学院经济研究所的报告》中，孙冶方认为苏共二十次代表大会后，苏联经济学界在克服教条主义和联系实际上有所进步，学术讨论的空气比较生动活泼。苏联科学院经济研究所的工作虽然也落后于实践,没有能够解决实践中提出来的许多理论问题,但是从苏联整个经济学界来说,他们总还是首先把社会主义实践中的这些重大理论问题提了出来,而且有不少经济学家对这些问题提出了正确论点。他还认为,我国经济科学的专业队伍往往还不善于把实践中存在的有待于解决的问题提到理论的高度上来研究。这与我们经济学专业队伍的理论水平不高有关,我们需要向苏联经济科学学习。报告中也指出,苏联经济学者中不少人还受着"速度递减论"和"实际存在的速度是最合理的速度"等观念的影响。孙冶方认为,"速度递减论同土地报酬递减论的性质是一样的,速度递减只是在假定生产关系和生产力两方面的条件不变的情况下才对。生产关系改变(如生产管理体制改善等)和生产力改变(技术进步),从而使得社会所掌握的劳动时间得到更充分的利用,并使社会劳动生产率不断提高的情况下,发展速度就不一定是下降的趋势,而完全有可能保持长久的高速度"。报告还认为,苏联经济学界关于商品生产和价值规律问题的讨论,并非只停留在抽象概念的讨论,而是进入实质问题特别是同利用价值规律有关的重大经济问题的讨论,如价格形成、投资效果、经济核算等。孙冶方还指出:由于经济学和计划统计工作中运用数学方法和计算技术的研究是一门新的研究领域,它有着宽阔的发展可能性,因此我们必须及时地给予足够的重视。除了加强这方面的学术情报工作外,有必要把国内搞运筹学的一些力量集中起来,在中国科学院经济研究所内成立运用数学方法的研究室,在马列主义政治经济学的理论指导下,进行对大范围经济问题和小范围经济问题的试验研究。此外,还有必要从现在起派遣留学生到苏联有关研究机构去学习这门学科。

4月,孙冶方报告的上述内容刊发于中国科学院经济研究所编发的"访问苏联科学院经济研究所报告和资料"(内部刊物),

其题目分别为《关于苏联经济学界一般情况（报告）》《苏联经济学界关于经济发展速度问题的一些看法（报告）》《关于商品生产和价值规律的一些问题（报告）》《关于经济学中运用数学方法问题的报告》。

4月3日至22日，中国科学院经济研究所代理所长孙冶方出席经济理论讨论会上海会议，并任大会执行主席。孙冶方说，这次会议是1958年11月在北京进行关于人民公社问题座谈会期间决定召开的，由中国科学院经济研究所和上海经济研究所共同负责筹备在上海举行，讨论人民公社化运动中所提出的有关商品生产和价值规律的问题，以后又增加了计件工资问题。由于1959年12月将在布拉格召开的社会主义阵营各国经济研究所代表会议上，中国拟邀请各兄弟国家的经济学者在1960年到北京举行一次社会主义国家的经济理论讨论会，并初步确定讨论商品生产和价值规律的问题，因此，这次会议还将成为1960年社会主义国家经济理论会议的一个准备。出席这次大会的有于光远、王亚南、姜君辰、姚依林、许涤新、骆耕漠、薛暮桥等各地科学研究机关、大专学校、业务单位及党的宣传部门代表共177人。

孙冶方大事记

4月16日，孙冶方写出《要用历史观点来认识社会主义社会的商品生产》一文（发表在《经济研究》1959年第5期），认为在社会主义社会的两种所有制之间或是人民公社相互间所交换的商品不是"互相独立经营的私人劳动的产品"，这种交换同市场自发势力是无关的。他认为，在等价交换基础上的所有权的转移是商品交换的本质，社会主义社会的消费品是商品，在按劳分配的条件下废除或削弱消费品贸易，而过早过多地代以实物供应制是没有好处的。国营企业之间的经济往来在本质上已不是商品交换的性质了，因为国营企业都属于一个所有者，它们之间的交换并不引起所有权的转移问题。但在社会主义社会里，这种往来还要采取商品交换的形式或外壳，带有一定程度的商品性质。孙冶方认为，尊重商品交换和等价交换的原则是我国当前（指1959年时）的一个重大政治问题，是能否处理好城乡关系和工农关系的关键所在。强调商品交换和等价交换的原则是肯定人民公社为集体所有制的必然结果。

4月28日，孙冶方代表中国科学院经济研究所向中央理论小组的康生做关于经济所工作的汇报。朱理治、宋平、薛暮桥参加会议。

4月，波兰经济研究所所长明兹来中国访问和讲学，孙冶方在5月2日同明兹的谈话中批评了我国1958年的"大跃进"。4—6月，孙冶方为明兹组织了4次学术报告会。

6月，孙冶方参加了中国人民大学组织召开的关于计划规律的讨论会和国民经济发展速度和比例问题座谈会，并发表了讲话，认为从速度和比例两者来说，不能说速度是主要的，而应该说比例是主要的。批评"大跃进"运动把最好的原材料变成废钢铁，把已经创造出来的国民财富变成废品。

8月2日，孙冶方在青岛写出著名的《论价值》一文（发表在《经济研究》1959年第9期），提出广义价值规律和狭义价值规律的概念。他认为，价值和交换价值概念不同，交换价值反映着资本主义和个体经济的商品生产关系的特性，而价值则是物化在产品中的社会必要劳动本身，并非商品经济所特有。把计划和统计放到价值规律的基础上，这个价值规律不是指狭义的价值规律（即市场价值规律），而是指广义的价值规律（即社会平均必要劳动）。这个广义的价值和价值规律不仅在社会主义社会而且在共产主义社会（商品经济消亡以后）也依然存在。在这篇文章中，孙冶方主张要大大提高价值范畴在社会主义政治经济学体系中的地位，提出价值概念应贯串于社会主义和共产主义政治经济学的各篇章中，建议按《资本论》的程序来编写社会主义政治经济学教科书（即先分析生产过程，再分析流通过程，最后分析社会主义的整个生产过程），并为此设计了纲要。

10月14日，孙冶方以中国科学院经济研究所代所长的名义给捷克斯洛伐克科学院屠尔疆同志复信，欢迎他来中国访问，并做"捷克斯洛伐克1961—1965年第三个五年计划控制数字"任务分析的报告，以及关于建设社会主义物质生产基础的报告。

10月15日，孙冶方出席朱理治（代表国家计委领导中国科学院经济研究所）主持的会议，讨论：（1）1960年国际理论讨论会、全国理论讨论会；（2）成立经济学会问题；（3）经济研究规划问题。薛暮桥、姜君辰、于光远、骆耕漠、邝日安参加了会议。

11月30日，中央理论小组的康生和陈伯达召集武汉、上海、北京及中央有关机关座谈政治经济学教科书编写问题。孙冶方、林子力代表中国科学院经济研究所出席会议。

12月12日，李富春副总理要求薛暮桥、孙冶方研究两个问题：（1）根据八年计划初步打算，我国到1964年可否说已建成社会主义；（2）那时在我国经济中已有多少共产主义因素。

12月13日，孙冶方与薛暮桥、王思华、于光远一起讨论李富春要求研究的两个问题，决定由中国科学院经济研究所提供一些斯大林和其他苏共领袖对这两个问题的论述及苏联在谈基本建成社会主义时的经济实力方面的资料。

12月14日，孙冶方到中南海参加刘少奇同志主持的社会主义政治经济学研究工作座谈会。参加会议的还有康生、陆定一、胡乔木、熊复、姚溱、许立群、薛暮桥、于光远、王力、范若愚等。刘少奇同志听取他们对苏联《政治经济学教科书》的意见。孙冶方对社会主义政治经济学若干理论问题提出自己的看法，深得刘少奇同志的重视。

1960年2月，薄一波同志组织工交口各部党员部长以上干部在钓鱼台学习毛泽东对苏联《政治经济学教科书》（社会主义部分）的批语。孙冶方参加了学习并任学习秘书。在学习过程中，

孙冶方组织经济研究所的同志搜集了有关参考资料并汇编成书出版。在这次学习会上，薄一波同志还指示由经济研究所负责编辑一本《总结工业企业管理经验汇编》（后改为编写工业企业管理教科书），孙冶方委托经济所工业组同志积极进行筹备。

3月27日，孙冶方就苏联科学院经济研究所生产力布局组组长费根博士在我国东北讲学的情况向中国科学院领导小组和哲学社会科学部分党组（以下简称"分党组"）成员写报告。

3月31日—4月2日，孙冶方、于光远、罗元铮三人到布拉格出席了《和平与社会主义问题》编辑部和捷克科学院经济研究所联合召开的理论工作者座谈会，讨论社会主义国家的经济作用。3月31日，孙冶方在座谈会上发言，题目为《无产阶级专政的国家在生产关系变革中的作用》（后经记录载于《和平和社会主义经济问题》1960年第7期）。归国途中，孙冶方在莫斯科停留了13天，访问了苏联科学院经济研究所，并就在北京召开的社会主义国家经济研究所国际会议一事同苏方经济学界进行了磋商。在这期间，孙冶方还同近40位苏联经济学家（如斯特鲁米林、索波里、格·科兹洛夫等）交换了意见。回国后，6月7日，孙冶方给中国科学院哲学社会科学部分党组并中宣部、中央理论小组写了《关于访问几位苏联经济学家的汇报》，介绍了苏联经济学界的学术动态，认为在苏联经济学者中，形而上学和机械唯物论的思想方法较为根深蒂固，偏重物质技术基础的机械唯物论的思想倾向也反映在苏联科学院经济研究所的研究题目中。孙冶方认为，他们的研究偏重于现实经济中的具体问题，而忽视政治经济学基本问题的研究，"如所有制问题、向共产主义过渡问题、商品生产和价值规律问题、政治经济学社会主义部分的结构和方法问题，等等，他们都曾经反复讨论过，但是没有什么收获，现在他们似乎把过去这些讨论都看作是理论脱离实际"。孙冶方在报告中进一步指出："强调研究实际经济问题是应该的。但是，当政治经济学中许多基本问题没有研究清楚,甚至存在着许多糊涂的和明显的错误见解的情况下,轻视基本理论的探讨,偏重于具体经济问题的分析研究,只务实不务虚或少务虚的倾向是危险的。"

8月26日,孙冶方在中国科学院经济研究所全所大会上做报告,题目为《如何使进一步深入展开反官僚主义整风运动和反修正主义的学习运动同我们研究工作密切结合起来》。

9月,孙冶方做"关于如何做好经济研究工作,既要为宣传工作、为理论斗争服务,也要为经济建设服务的报告"和"关于经济研究所1960年第四季度和1961年全年研究工作计划的报告"。

10月,孙冶方组织经济研究所科研人员近40人,集中在中央党校,编写《社会主义经济论》。

11月,张闻天同志到经济研究所做研究工作。孙冶方请张闻天同志指导《社会主义经济论》的编写工作,并委托学术资料室为张闻天同志汇总整理了政治经济学各方面的重要争论问题。张闻天同志对孙冶方写书的指导思想很赞同,此后多次参加《社会主义经济论》编写组的讨论会并提出了一些意见。

12月19日,孙冶方给苏联专家索包里同志复信,收到索包里11月5日的来信和索包里的近著《国民经济平衡概论》。对于其中的观点,孙冶方曾在索包里来华讲学时与其交换过意见,并认为新颖和重要。他期待看到索包里在社会主义经济问题的论争中继续发表的文章和著作。

同日,孙冶方给苏联专家马雷舍夫同志写信,表示在《共产党人》和《经济问题》杂志上获悉马雷舍夫的大作《社会主义制度下劳动的社会核算和价格》已出版,很希望能够读到此书。

1961年2月23日,薛暮桥约见孙冶方,谈中国科学院经济研究所问题。此前孙冶方、勇龙桂、邝日安曾致信顾卓新同志并国家计委党组，送请审核《中国科学院经济研究所关于1961年度研究工作的请示报告》，提出经济研究所按中央指示，除受中国科学院的领导外，同时受国家计委的双重领导，但在过去一年多时间中，感觉在计委的直接领导下，为国家的建设事业而进行的研究工作做得实在太少，请求：（1）适当地交给一定的研究任务；（2）给予必要的一些条件和便利（如经过批准出席某些会议，阅读某些资料等）；（3）加强直接领导。

3月23日，孙冶方读《人民日报》上马建猷文章《关于农业生产中的群体概念问题的我见》，认为该文不仅是一篇很好的自然辩证法的文章，而且是自然科学家联系经济的实例。

4月10日，薛暮桥约见孙冶方，告知国家计委决定由他本人代表党组与中国科学院经济研究所联系，以及今后由孙冶方出席国家计委党组会议。

4月29日、5月2日，孙冶方分别接受无锡地方志编纂委员会办公室采访，谈自己入团、入党的经过，以及无锡早期第一个中共党支部的建立情况和支部的主要工作。

3—5月，孙冶方组织《社会主义经济论》中心编写小组成员在香山饭店开会，审阅并讨论已写出的《社会主义经济论》初稿，并邀张闻天同志参加。孙冶方把"以最少的劳动消耗取得最大的有用效果"作为贯串全书的中心思想。4月5日，孙冶方在中国科学院分党组会上发言，担心整风运动会影响《社会主义经济论》的写作进程。5月17日、18日，孙冶方两次向李立三同志汇报《社会主义经济论》的编写情况和争论问题，李立三同志对孙冶方的观点表示赞同。香山会议结束后，在孙冶方主持下写出了《〈社会主义经济论〉初稿的讨论意见和二稿初步设想》。

6月2日，孙冶方写出《关于全民所有制经济内部的财经体制问题》的研究报告，并上报国家计委。他认为财经管理体制的中心问题是作为独立核算单位的企业的权力、责任和它们同国家的关系问题,也即是企业的经营管理权问题。财经体制中的"大权"和"小权"、"死"和"活"的界线就是资金价值量扩大再生产和简单再生产的界线。属于扩大再生产范围以内的事是国家"大权",国家必须严格管理,不管或管而不严就会乱;属于简单再生产范围以内的事是企业应该自己管的"小权",国家多加干涉就会管死。按现行制度,固定资产基本折旧基金是作为财政收入上缴的,企业只掌握一笔大修理费用。折旧率很低,因而固定资产折旧年限很长,这造成了利润的虚假性,这个制度必须改革。孙冶方还认为,物资体制是财经体制中另一个重要问题,解决这一问题的关键是要强调企业间的分工协作,强调合同制。他认为,凡是改变原来的、传统的协作关系和供销关系,改变企业的生产方向,以及组织新办企业的供销协作关系是属于国家"大权"范围以内的事情;但在原来的协作关系、供销关系范围以内,在原来的生产方向和范围以内,企业相互间订立供销合同、商定供销数量和具体的品种规格是企业职权范围以内的事,国家和地方都不必过问。他还提出必须批判那种否认产品流通,认为商品才有流通的自然经济论的思想。

不久,国家计委发出《研究简单再生产的通知》,提出关于固定资产更新所需投资的管理办法的三个方案。孙冶方在列席全国计划会议和全国工业会议期间,陈述了"折旧是老本,把折旧当财政收入上缴是吃老本"的看法。

6月21日,孙冶方写出《关于等价交换原则和价格政策》一文,认为等价交换原则不仅适用于集体所有制内部,而且也必须适用于全民所有制经济和集体所有制经济之间的交换。社会主义建设资金的积累不能成为社会主义社会价格必须和价值背离、因而不能贯彻执行等价交换原则的理由。等价交换的原则必须贯彻执行,价格应该以不背离价值为原则,党的价格政策必须以等价交换的原则为依据。孙冶方认为,工农产品价格"剪刀差"这种隐蔽的间接负担形式是不合理的。用这种方式来动用农民的积累，使国家和农民双方都不能清楚知道国家到底从农民处取得了多少积累。

8月2日，孙冶方给李富春同志及国家计委党组写了一份《关于积累和消费比例安排的报告》（内部报告，后以《对积累率问题的几点意见》为题删节发表），认为不能笼统地说40%的积累率就一定太高，而不正常，24%的积累率就一定正常，而不算多。积累率是否过高，是否"正常"，不决定于积累率本身的高低，而决定于：第一，生产增加多少，特别是收入（即国民收入或净产值）增加多少；第二，在增加收入的条件下，人民的消费水平能否有所提高。如果收入不增加或增加很少，人民生活没有提高甚至降低了，那么即使是25%的积累率也是过高的；反之，则40%的积累率也不一定就过高而不正常。这几年的积累之所以过高而不正常，主要是因为这几年的积累的增加是建立在虚假的收入基础上的。

8月18日，孙冶方给陈伯达写信，报送"社会主义经济论"初稿的讨论意见和二稿的初步设想一册，并对今后改写的计划作了大概的介绍。他在信中写道，我们对进一步的学习研究提出了较具体的提纲，在探索中也提出了一些问题。例如，《资本论》的体系和方法是否适合社会主义政治经济，全民所有制内部生产关系有没有流通过程，等等。同时，孙冶方认为，无论从经济学理论角度，抑是从财经管理体制（特别是物资供应体制）的实际工作角度，社会主义经济有无流通，如何流通是必须加以研究的问题。

8月22日，孙冶方就关于在理论刊物上发表论述资本主义国家或民族主义国家有关经济问题的文章一事向陈毅同志并中国科学院学部分党组写请示报告。他认为，可以允许对这些国家的经济问题从理论上进行探讨，甚至发表不同意见；历史性和资料性的文章更可以发表；在必要的情况下，运用资产阶级国家官方的某些统计资料，只要有分析和有批判，也是可以的。陈毅同志8月29日批复：同意。

8月25日—11月5日，孙冶方率两个调查组到上海进行"企业经济核算和企业职权问题"的调查。通过调查解决的主要问题是：为了加强企业的经济核算，特别是为了加强企业固定资金的核算，为了促进技术革新和生产力的发展，建立最合理的固定资产（设备）的更新制度，固定资产折旧费是归企业自己掌握好，还是像原来制度规定的那样作为财政收入一律上缴中央财政部好。因为设备更新问题牵涉到重工业与轻工业两个部门之间的相互关系问题，所以确定到上海机床厂和国棉一厂做调查。调查结束后，孙冶方请上海市委、市计委负责同志约了机电、纺织两局的负责同志在锦江饭店开了一个汇报会，孙冶方做了汇报。"在这次汇报会上，我进一步肯定了把固定资产折旧基金下放到企业的主张。为了加强企业管理人员的固定资金核算观念，我主张企业多占用固定资金就应该相应地向国家多上缴利润，把固定资产的无偿占用改为有偿占用。为了论证我的主张，我在汇报会中介绍了我们调查的两个企业以及在上海参观访问过的其他企业中普遍存在的一种情况，那就是所有厂长甚至财务科长，对于本企业的固定资金总数，都要查账才能回答得出，但是对于本企业的流动资金数字以及当年和前几年新投资的数字，一般都能记得。我认为这就是固定资产无偿占用制度造成的结果"。"经过上海调查之后，我对固定资产管理体制问题的一些看法就更肯定了，而且也逐渐形成了一个观念，那就是对于折旧下放的主张，地方的同志，特别是基层的同志容易接受；管生产和技术革新的人赞成的多，管财务的人反对的多"。上海调查结束后，孙冶方参观了杨浦发电厂、吴泾电厂和南市电厂，并向工厂领导干部宣传了必须加强企业固定资产核算的理论。

孙冶方大事记

8月、9月间，《解放日报》发表一篇关于企业经济核算的社论（其中谈到会计的重要性），孙冶方看后认为文章甚好，"因为企业核算问题正是我们调查研究的问题，而根据我的主张，会计在社会主义计划经济中的作用是应该加强而不是削弱的；可是当时财务会计工作都被忽视，会计人员不安心工作，财经院校中，会计不被认为是一种科学。因此，我读了这篇社论之后，觉得社论的看法很符合我的观点"。后来孙冶方同起草那篇社论的顾树桢（当时的上海市财政局副局长）座谈了对一些经济问题的看法，其中重点谈了关于如何加强并改革企业成本会计的问题，两人的看法基本一致。当时顾谈道：我们现在的（指1961年）企业会计制度基本上是苏联式的，苏联的企业会计制度着重在按期迅速地向领导提出报表。这套会计制度的成本核算并不高明。孙冶方听后认为这个情况非常重要，"因为，第一，对于苏联党政领导不深入基层，依靠会计、统计来发号施令，等等，这是我在国家统计局工作时就有所体会的。我们党中央，特别是直接领导计划统计工作的李富春同志经常向我们指出并批评。顾树桢同志介绍的情况证实了这一点。第二，苏联企业会计的成本核算不高明是他们在理论上和实践中不重视固定资金核算和不重视价值规律的反映。在我认为，这两点都证实了我对这些问题原有的看法和我们的调查提纲的设想"。孙冶方还征求了顾对美国企业成本会计的看法。顾认为从成本核算来说，美式企业会计比苏式的高明，但美国的会计制度又是在私有制基础上形成的，反映资本主义生产关系，也不完全适合社会主义计划经济需要。孙冶方对此也很欣赏，"因为它证实了我的一个论点，即会计学不是一门技术科学，而是反映一定的生产关系的"。

9月5日，孙冶方访问了上海经济研究所，并委托上海经济研究所于10月10日召开了上海经济学者座谈会，征求对《〈社会主义经济论〉初稿的讨论意见和二稿的初步设想》的意见。

9月12日，国家计委党组决定成立经济理论研究小组，由薛暮桥担任组长，黄松龄、王思华、孙冶方为副组长，要求组员对国民经济的理论进行研究，每月写出一篇文章，每年出一个"大产品"。

10月11日，孙冶方在给《经济研究》编辑部主任秦柳方同志等的信中认为，恩格斯在他的第一篇经济论文中就说过价值是费用和有用效果（或译效用性也可）的关系，而资产阶级经济学者却想"强制地"但是"徒劳地"把以上两个因素（费用和效果）分裂开来。苏联经济学者说恩格斯写此论文时还是人道主义者而不是道地的马克思主义者。几个月前的《经济学》副刊上还发表了一篇文章如此污蔑恩格斯。可是恩格斯自己都并不以为他这见解是人道主义者的见解，他在40年之后，还在《反杜林论》中特别指出，他这见解在马克思写了《资本论》后已经得到充分论证。因此，我们切勿再"强制地""徒劳地"把经济核算（费用）和效果分开来研究。

10月17日、24日和11月21日、22日，孙冶方在上海经济学会和南京经济学会组织的报告会上分别作《关于社会主义政治经济学中若干理论问题》学术报告。他认为在研究社会主义政治经济学问题时，应该把恩格斯关于"价值是费用和效用的关系"的价值理论贯串在全书内。费用与效用的关系，就是以最少的劳动消耗（活劳动与物化劳动的消耗）取得最大的效果。社会主义经济最大的问题，就是只讲费用不讲效果，或只讲效果不讲费用，产生这一问题的根源就在于否认社会主义产品和生产产品的劳动具有二重性，认为社会主义是有计划的投资，但有计划的投资也应该算账，也要算算费用与效用，不仅同一部门内部要比较效果，而且不同部门之间也要比较效果，因此社会主义社会也存在生产价格；认为社会主义经济是高度社会化的经济，它不同于自然经济，因而它除了商品流通以外，还有产品流通；同时，社会主义经济也不同于商品经济，它的生产不是靠商品价值规律、物质刺激规律来"影响"的，而有自己的内在规律。计划经济要用广义的价值规律（即恩格斯所说的到共产主义社会还留下来的价值规律）来说明。计划经济就是要有广义的价值规律，这个价值规律的作用不是通过流通来实现，而是通过价格与价值的符合，通过劳动费用的计算来实现的；认为财政经济管理体制，首先不是中央与地方的体制问题，从政治经济学上来考虑，所谓管理体制，首先是作为国民经济的细胞，作为独立核算单位的企业的管理体制。孙冶方还讲到，社会主义政治经济学要联系着研究上层建筑和生产力来研究生产关系；要通过客观过程的分析来研究生产关系。但表述时要从抽象到具体，从个别到整体，从简单到复杂。就是要用抽象法，要讲概念，要讲范畴，不能概念不清、范畴不清。

11月23日，孙冶方在南京参加江苏省哲学社会科学研究所组织的座谈会，谈无锡早期工人运动和党支部建立时期的情况。

11月，孙冶方、于光远等人出席由薛暮桥主持召开的理论研究双周座谈会第一次会议。

12月20日，孙冶方给何匡同志并《人民日报》理论版编辑部写信，认为该报11月18日理论版刊登《桐城县种双季稻的经验》一文中所举的几个主要数字对文章要宣传的基本论点双季稻的好处未必有利。

1962年1月13日，孙冶方与陈先谈维持简单再生产的固定资产的补偿问题，认为现在一般人把这称为投资问题是不确切的。

1月16日，孙冶方到中国人民大学演讲《关于社会主义政治经济学若干理论问题》，聂真、宋涛等同志认为讲得很好，是为社会主义政治经济学开了一个新的体系。

1月间，孙冶方为张闻天同志组织了几次关于苏联工业管理体制情况、农业情况的汇报会。

1月30日，孙冶方就杨坚白等《对研究简单再生产问题通知的两个意见》的报告，写了"关于维持简单再生产的资金补偿问题"给计委党组的意见书，提出：将基本折旧基金"规定为企业经营管理权范围以内的资金，中央、地方均不应移作别用"。

1—6月（以及1963年上半年），孙冶方在中国人民大学经济系系统讲授《社会主义经济论》，记录稿约15万字（后整理为《社会主义经济论稿》）。

2月2日，孙冶方读某同志写的关于论述工资不是资金的文章，表示不同意文章的观点。

2月10日，孙冶方出席程子华主持的国家计委党组会议。根据中央国家机关党委的布置，会议研究确定了中央扩大的工作会议传达范围是7级以上干部。

2月14日，孙冶方就如何贯彻民主集中制原则、建立中国科学院经济研究所党的领导核心从而对全所实行集体领导的问题给勇龙桂（副所长）等同志写信。

3月1日，孙冶方出席国家计委党组会并发了言，他强调了会计、统计的重要性；强调了分清简单再生产和扩大再生产的必要性和重要性；提出经济二重性——价值平衡、物资平衡不可分离；认为成立财经委员会，计委、经委、工交口与农林水口、财经贸口统于财经委员会是必要的。

3月9日，孙冶方向经济所全所研究人员做关于加强资料工作，特别是学术动态资料工作的讲话。

5月12日，孙冶方参加科学院第2期党员干部轮训班经济所小组会议。

5月26日，孙冶方到总参二部轮训班做《关于社会主义经济建设几个问题的报告》，包括：（1）生产力和生产关系的关系和社会主义社会的长期性问题；（2）等价交换问题；（3）有计划按比例问题。

6月2日，孙冶方写了《关于经济研究所方针任务等问题的报告》。

6月18日上午,孙冶方参加《红旗》编辑部座谈会,提出征公粮和购粮分开,宁可多征,但购粮要按价值、通过经济法则实现等意见。下午,孙冶方出席程子华主持的国家计委党组会议。会议由王光伟汇报工作。薛暮桥、顾卓新、刘岱峰、刘明夫、杨作材、范慕韩、宋劭文、杨英杰、黄松龄、王思华等参加会议。

6月20日,孙冶方出席李富春、程子华主持的国家计委党组会议。会议由范慕韩汇报备战工作。薛暮桥、顾卓新、宋劭文、刘明夫、安志文、杨英杰、王思华等参加会议。

6月21日—8月10日,孙冶方参加科学院第3期党员干部轮训班。他在发言中批评总路线、"大跃进"和人民公社,认为这是"把社会主义建设规律看得太简单了,犯了唯意志论的毛病","过去搞人民公社……是急躁冒进,主观唯心主义的错误,或叫主观唯意志论的错误",并提出对包产到户与借田度荒的组织形式不要轻易否定。

7月10日上午,孙冶方在中国科学院党员轮训班做关于"社会主义经济建设几个问题"的报告。下午,孙冶方在经济研究所内组织了一个小型会议,讨论张闻天同志的《关于集市贸易等问题的一些意见》。

7月19日,孙冶方在轮训班做学术报告,谈了关于生产力和生产关系的关系,等价交换——价值法则、有计划按比例法则、实行按劳分配、反对平均主义和所谓资产阶级法权问题等若干问题。

7月29日,孙冶方与宋涛、黄松龄同志谈在经济学研究工作中,中国人民大学和经济研究所如何合作的问题。

8月11日,孙冶方在经济研究所第5支部(即所在支部)关于"讨论党的生活的几个问题"的支部会上发言,号召大家学习刘少奇同志的《论共产党员的修养》和《论党内斗争》,并批评"大跃进"的错误做法。他说:"高指标、比例失调,为什么会这么久？为什么不易纠正？为什么这么普遍？六中全会以后，逐渐纠正了，但庐山会议以后，为什么又倒过来了？""中国的情况，很易接受'左'的东西，历史上'左'的错误特别难纠正，而右的错误为时较短，也易于纠正。""这几年来，党内也犯有过火斗争的毛病，现在为什么重犯？不是简单的'健忘'，而是有其客观的基础的。"会上，孙冶方还为彭德怀同志鸣不平。

8月22日，孙冶方写出《对一个〈报告（草稿）〉的意见》一文，认为社会主义国家在市场、物价方面出现的一些共同性的问题（如过多地、不适当地采取行政办法），是与社会主义政治经济学中片面强调生产决定流通，因而轻视以至于否定流通过程的论点有关。应强调市场、物价以及整个流通环节对于巩固集体经济、恢复工农业生产的重大作用；认为货币发行量过多与否，不是相对于"商品供应量"说的，而只能是相对于整个市场的商品流通的需要量说的，市场对于货币的容纳量不仅仅决定于生产环节，而且也决定于流通环节自身；认为通货膨胀和通货紧缩对流通、生产都是不利的，货币流通量（发行量）应与商品流通的需要量相适应。应坚持的财政方针是财政平衡；认为把社会主义的计划供应同配给制等同起来，而与自由选购对立起来是不对的；主张开放集市贸易。孙冶方为解决市场物价问题还提出把农产品的征和购完全分开的建议，认为应该在不增加农民负担的条件下，把通过价格杠杆向农民征收的部分直接用公粮形式征收。只有把征和购分开，才能真正贯彻等价交换原则，而使城乡间、工农业产品间的流通畅顺，流通才能很好地为生产服务。

9月4日，孙冶方在经济研究所所务会议上提出全所要积极协助办好《经济研究》的建议，建议本所研究人员对《经济研究》投稿，所属研究组必须组织讨论。

9月5日，孙冶方发起，由《经济研究》编辑部邀请财贸院校和财金贸机关从事理论研究的有关同志召开了座谈会，提出加强流通问题的组稿工作。

10月3日，孙冶方出席程子华主持的国家计委党组会议。会议传达了中央政治局常委会10月2日晚关于计划工作的决定：1963年计划和第三个五年计划编制的轮廓，由常委直接抓。并决定：李先念、谭震林、薄一波、陈伯达、邓子恢兼任国家计委副主任，协助常委抓计划，要求10月份把计划搞出来。之后，召开全国计划会议，提出方案报告中央。薛暮桥、顾卓新、方毅、安志文、王光伟、刘岱峰、柴树藩、刘明夫、王思华等参加会议。

10月11日，孙冶方在给经济研究所几位同志的信中提出，不能把经济核算和经济效果两个问题割裂开来进行研究。认为，如果离开了效果来谈费用，那么费用越少越好，如果离开了费用（经济核算）光谈"效果"，那么就会出现不惜工本追求产量的事情，把产品当作艺术品做了。费用和效果必须在相互比较中看出经济效果的高低或经济核算的高低。

同日下午，孙冶方在国家计委参加计划工作总结讨论会，在发言中提出应以下列6个问题作为总结计划工作的纲：（1）农业为基础的问题；（2）多快好省问题，包括多快与好省不能分的问题、经济效果问题或实效问题；（3）综合平衡问题，包括平衡的内容问题、积极平衡和消极平衡问题、长线和短线问题；（4）体制问题，包括集中与分散、中央和地方与企业的关系问题及计划和合同问题；（5）从6.5亿人民的生活出发问题，人民生活问题；（6）计划方法问题。

11月7日，孙冶方在给康生的信中认为，对于经济所的研究工作真正做好，首先要抓两件事：一是理论与实际结合的问题；二是个人研究与集体研究相结合的问题。只有抓好以上两件事以后，才能抓好研究规划或研究题目的设计。研究题目和研究规划本身是研究的结果，而不是起点，而我们现在的弱点就在于研究太少，基本功不足。经济研究的基本功应包括读书和调查研究两个方面，二者不可偏废。而读书不仅要读经典著作，还要读资产阶级、修正主义著作，读现代作者的著作；调查研究不仅要注意典型调查，而且要注意综合性资料的搜集。离开了这些基本功去抓专著项目是空的。在个人与集体的关系上，存在着自己埋头读自己的书，搜集自己的资料，而对别人的研究，对自己的专题以外的资料和学术动向漠不关心或关心不够的倾向。这里除了时间问题和个人精力问题以外，还有一个某一门学科内部的各个专业研究与整个学科的关系问题。解决这个问题仅靠加强集体主义教育还不够，还必须摸透学科本身的内在联系。

11月22日，孙冶方给李富春同志复信，认为把固定资产折旧费打入财政收入在理论上是不能成立的，因为这是把老本当作了收入，当作了新创造价值。这个做法在实践中主要有以下问题：（1）造成财政收入的虚假性；（2）造成对老企业老设备的"欠账"；（3）企业自己无法考虑设备的彻底翻新和大小修理如何统筹安排，阻碍了技术进步，造成大修理费用的浪费；（4）使上级，特别是中央一级领导机关，直接干预了许多应该由千千万万个企业自己去千方百计操心的简单再生产范围内的事情，而放松了对于新建和扩建企业的管理，即放松了对全社会综合平衡中最重要的环节，使年年的计委会议永远摆脱不了争资金的扯皮局面。对于李富春同志来信中提出的"是否可以把折旧费作为财政收入，而把当年维持简单再生产费用不列入基建费而另列财政项目……"问题，孙冶方认为，只要折旧费作为财政收入就不能改变上述（1）（2）两条毛病，而维持简单再生产必须每个企业根据各自情况对设备的更新做较长远的通盘考虑，不能逐年（当年）零星考虑，因而这办法仍不能去除上述（3）（4）两条毛病。折旧费必须存入各企业在银行所开户头下，由银行和上级业务部门分头根据资金管理制度和技术政策监督支用。

12月24日，孙冶方在经济研究所领导小组会上根据列宁

《论统一经济计划》一文，对不研究具体资料好发空论的研究方法和不愿做资料工作的学风进行了批评。

1963年1月14日，孙冶方在关于经济研究所科研工作的报告中提出9个方面的问题：（1）理论联系实际的问题；（2）经济学研究工作的"基本功"问题；（3）个人研究和集体研究；（4）研究题目的稳定性和临时任务：需要和可能；（5）研究成果问题；（6）政治经济学和部门经济学问题；（7）思想政治工作；（8）关于研究人员的培养、提高问题；（9）必须适当加强和扩大经济学研究队伍，充实科学院经济研究所，并成立科学院和业务部门双重领导的专业经济研究所。他认为，中国科学院经济研究所的任务应该是：根据马克思主义政治经济学基本原理和毛泽东同志的马列主义普遍真理与中国实际相结合的思想，根据毛泽东同志在社会主义政治经济学方面的许多重要指示，在总结中国和其他社会主义国家经济建设经验的基础上，为建立社会主义政治经济学而进行长期的系统的研究，以自己的研究成果——理论著作和系统的资料来为社会主义经济建设和思想斗争服务。以社会主义政治经济学为中心任务，但除此之外并不排除而且必须对资本主义政治经济学、经济史、经济思想史以至于会计、统计等学科进行研究。

1月24日，孙冶方出席程子华主持的国家计委党组会。会议传达了刘少奇1月23日听取国家物资总局关于全国订货会议情况汇报时的指示。参加会议的有薛暮桥、王光伟、刘明夫、宋养初、杨作材、高云屏、范慕韩、宋劭文、黄松龄、吴俊杨、余建亭、刘生标、廖季立、王思华、杨波、张武秀、翟颖、王伟云。

1月31日，孙冶方出席程子华主持的国家计委党组会，讨论《计划工作条例草案（二稿）》。薛暮桥、王光伟、刘明夫、杨作材、高云屏、范慕韩、杨英杰、黄松龄、廖季立、王思华等参加会议。

3月，孙冶方给上级写报告，要求公开翻译出版波兰经济学家明兹的《社会主义政治经济学》一书。

3月3日，孙冶方到友谊宾馆参加于光远召集的会议，讨论经济研究十年规划问题、全国经济学讨论会和成立全国学会问题。薛暮桥、林涧清、姜君辰、何畏参加会议。

3月22日，孙冶方在给康生、陆定一、周扬等人的信中认为，建立社会主义计划经济管理体制的关键不在直接生产过程，而在流通过程和再生产过程。他在信中提出，要争取用十年的时间编写出一部又"立"又"破"的社会主义政治经济学专著。

3月27日，中共中央批转国家计委领导小组关于成立工业交通发展规划委员会、农业发展和农业技术改革规划委员会、物价和劳动工资规划小组、财贸长期规划小组，以及各中央局计委、各省市自治区计委编制长期计划时的主要工作的报告（2月22日国家计委领导小组向周恩来、邓小平并中央提出《关于成立长期发展规划机构的报告》，并转发有关组成名单。其中，工业交通发展规划委员会委员共87人，主任薄一波，薛暮桥、于光远、王思华和孙冶方为该委员会的经济专家委员）。

4月，孙冶方在中国人民大学经济系讲授《社会主义经济论》中的"流通概论"，批判在社会主义政治经济学界流行半个世纪的自然经济观的"无流通论"，认为即使到了共产主义高级阶段，也会存在着不同于工厂内部技术分工的社会分工，有社会分工，就有流通。他指出，我们在研究具体的社会主义公有制形态的流通之前，提出"流通一般"的问题是合理的，也是必要的；要透彻了解社会主义全民所有制内部流通过程（即产品流通），必须具有产品二重性和劳动二重性的思想。认为社会主义政治经济学的任务，不能仅仅限于揭示流通过程的一般规律，而且要对流通过程的组织形式、流通渠道等具体问题加以详细具体研究；建立社会主义计划经济管理体制的问题不是直接生产过程中的问题，而是流通过程中的问题。建立计划经济的关键主要在流通过程。

4月9日，在薄一波主持的工业规划委员会会议上，指定薛暮桥、王思华、于光远和孙冶方4人组成工业规划委员会经济学大组，推荐薛暮桥为组长。

5月8日，孙冶方在归国留学生集训班上做关于当前国内经济形势的报告。

5月13日，孙冶方参加社会主义再生产问题座谈会第一次会议，并发言指出，对于固定资产折旧问题是从实际问题中提出来的，有几种不同意见。过去理论家不重视这个问题，今后最主要的是使这个问题在理论工作中占有一个位置。

5月23日，孙冶方出席李富春主持的国家计委党组会议。李富春对国家计委"五反"运动、学习《农村工作的几个问题》、当前工作部署等做出指示。对于国家计委党组提出的11个整改问题，李富春要求：大家应当认真思考，经党组研究讨论后将结果报告（计划）领导小组。研究这些问题，既是"五反"整改，又是总结经验，也是编制长期规划的纲领，可以把我们的思想提高一步。研究这些问题时，请（薛）暮桥、（黄）松龄、（王）思华、（孙）冶方4位同志——你们是经济学家——出把力，把理论用之于实际。程子华、安志文、王光伟、刘岱峰、柴树藩、刘明夫、杨作材、吴俊扬、王思华等出席会议。

5月，孙冶方以方青笔名在《经济研究》发表《关于经济研究工作如何为农业服务的问题》的文章，指出不能把"农业是国民经济的基础"这一条普遍真理同"农业是当前一切工作中的首要工作""农业在国民经济中的地位和比重"这一在某一国家、某一时代的特殊真理相混淆，否则就会贬低"农业是国民经济的基础"这一普遍真理在理论上的重要意义，不能真正突出农业在当前的重要性。

6月21日，孙冶方出席程子华主持的国家计委党组会。会议传达了上午彭真在中央书记处会议上关于8省阶级斗争情况和问题的讲话精神。参加会议的有方毅、薛暮桥、安志文、王光伟、刘岱峰、柴树藩、刘明夫、杨作材、高云屏、范慕韩、杨英杰、宋劭文、刘卓甫、黄松龄等。

7月22日，孙冶方在社会主义再生产问题座谈会第六次会议上强调指出，关于折旧或简单再生产所需要的固定资产更新资金的管理问题，不是财政问题，而是生产问题，是如何做好设备更新以迅速提高劳动生产率的问题，是如何加强企业的核算制度，特别是固定资产核算观念的问题。问题是怎样才能在集中统一的领导下更好地调动企业的积极性，做到"抓而不死，活而不乱"。

7月30日，孙冶方出席程子华主持的国家计委党组会，听取传达邓小平同志30日上午召集工业决定问题座谈会时的指示。邓小平说，主席指示，三年调整重点是巩固、充实、提高，提高质量，增加品种。要搞两年计划，即明年计划和后年计划的纲要。邓小平要求，研究外资两年以后的变化，要联系国家建设搞个规划。薛暮桥、柴树藩、刘明夫、杨作材、高云屏、杨英杰、宋劭文、吕克白、吴俊扬、廖鲁言、王思华出席会议。

7月，孙冶方看了苏联经济学家涅姆钦诺夫关于"生产资料自由买卖"的建议的资料，认为"生产资料自由买卖不能算修正主义"。

8月5日，孙冶方在社会主义再生产问题座谈会第七次会议上发言，提出占资金20%的折旧归企业掌握（国家也要控制），其余80%归国家掌握。这样，调动企业的积极性，对于国家来说是更合算的。在会上，他还提出了内涵的扩大再生产与外延的扩大再生产的概念。

9月3日，孙冶方写出《固定资产管理制度和社会主义再生产问题》内部研究报告，认为企业管理制度上的最大缺点就在于国家对于新的投资控制过松，而对于不需要国家新投资，只要通过技术改革、设备更新来实现的扩大再生产又控制过严，把同样属于原有固定资产更新范围以内的重建、大修理、技术革新措施等不同的更新办法，分裂为烦琐的制度，由企业和不同主管机关分类掌握。这大大限制了技术进步和生产力的发展，限制了企业的积极性和首创精神。因此必须改革现行的把所有企业的固定资产更新基金（折旧基金）年年打乱重分的办法，贯彻执行核定企业资金的工作，特别是要核定企业的固定资金（不是定实物量，而是定资金量即价值量），把固定资产的全部折旧存入企业在建设银行所开设的户头，根据革新技术、发展生产的需要，在计划机关、主管业务部门上级和银行三方面分头监督下由企业支用。同时还必须执行资金有偿占用的原则。报告还指出，那种认为社会主义只存在有形损耗，不存在无形损耗或者即使存在无形损耗也不计算折旧的观点，是与社会主义经济只承认使用价值、不承认价值和使用价值双重性的自然经济观一脉相承的。认为现在社会主义国家的折旧率很低，折旧年限都很长（二三十年），就是受这种观点的影响。而不承认无形损耗，也就是不承认社会再生产过程中的经济账，不承认技术落后所造成的经济损失。

9月18日，孙冶方写出《社会主义计划经济管理体制中的利润指标》内部研究报告，批判把利润完全作为资本主义经济范畴的观点和认为强调利润指标就有修正主义倾向的观点，认为社会主义利润与资本主义利润有本质的区别，并主张应该提高利润指标在计划经济管理体制中的地位，要恢复社会主义利润指标的名誉。

11月1日，薄一波同志给孙冶方的信中说，要在12月中旬就孙冶方在两个报告中提出的固定资产更新问题和利润问题召开一次讨论会，并要孙冶方参加筹备。在与马洪同志研究后，孙冶方于11月18日召开了部分工业部门的处长、工程师参加的会议，进行筹备工作。

11月9日，孙冶方在哲学社会科学部第四次扩大会议政治经济学分组会上做《关于苏联社会主义政治经济学中几种重要修正主义论点》的发言，批判了机械唯物论、物质刺激论，并分析了商品生产和价值规律的问题、社会主义计划经济管理体制中的利润指标问题、社会主义企业的管理体制问题以及社会主义国家互助合作和国际分工问题。他再次强调利润指标的重要性，指出，"不破不立，不立也不能彻底破，要划清对修正主义的批判和对学术问题的讨论这二者之间的界限"，认为我们应该用入虎穴、入地狱的精神，深入研究马列主义政治经济学，把修正主义观点同学术讨论界限尚不明确的地方划分清楚。

孙冶方大事记

11月，孙冶方审阅杨坚白写的《国民经济平衡和生产价格问题》文稿，认为这是第一篇比较系统地论述生产价格的文章，积极主张发表（后该文发表在《经济研究》1963年第2期）。

12月23日，孙冶方去北京饭店出席了工交会议中央各部小组会。会上薄一波同志让孙冶方负责把各部现有的有关国外托拉斯组织的材料编印成书，孙冶方将此任务布置给世界经济研究组。

1963年冬，孙冶方参加全国计划会议，他不同意把折旧基金下放给省、直辖市的办法，认为："下放给省、直辖市，对企业来说，仍然是把固定资产更新基金当作财政收入上缴而由上级打乱重新分配。这对促进企业职工固定资金核算观念、更重要的是对提高企业职工技术革新的积极性没有好处，反而会促成地方分散主义。"

1964年2月，孙冶方到河北昌黎县犁湾公社探望参加"四清"工作队的经济所的同志，并组织大家就农村两种市场、两种价格问题进行了调查。

1964年春节后，孙冶方到东北进行调查研究，参观了大庆油田、富拉尔基重型机厂以及哈尔滨市、长春市和伊春的几个工厂，收集有关固定资产管理体制问题的材料并征求企业职工对这个问题的意见。

3月22日，孙冶方在赴伊春火车上读毛泽东同志的《矛盾论》有感：（1）关于矛盾的普遍性和特殊性。自然经济论者否定社会主义全民所有制生产关系中劳动的二重性和产品的二重性，认为这些都是商品经济中特有的东西，这是以矛盾的特殊性（资本主义的二重性及其特殊的表现形态）之消失的理由，否定了矛盾的一般性，从而也否定了特殊性自身（全民所有制的二重性及其表现形态）。自然经济论者否定利润也是如此。（2）关于矛盾的主要方面及其转化。社会主义生产的直接目的是满足社会需要，这就是说，使用价值本身是矛盾的主要方面。但是为更好地满足需要，就必须提高劳动生产率。于是价值就是矛盾的主要方面了。但当不是涉及提高劳动生产率、发展生产，而是先解决有无问题之时，特别在军事需要时，就不惜工本，不计成本，主要矛盾又是使用价值了。于光远认为资本主义的生产目的是价值、利润，社会主义的生产目的是使用价值。结论：使用价值是主要矛盾。但毛主席说价值是伟大的学校，而没有说使用价值是伟大的学校。使用价值是商品学。

回京后，孙冶方写出《大庆油田参观学习报告》，强调政治工作和生产（业务）工作要紧密结合；政治工作必须为生产服务，必须围绕生产、通过生产、促进生产；人人要树立生产观点，并向经济所部分同志做《带着政治经济学的问题学习毛主席的〈矛盾论〉》的毛泽东著作学习汇报。

夏季，孙冶方接待日本经济学家访华代表团，并陪同代表团到华南参观。此期间，受广东省经济学会邀请做《带着政治经济学的问题学习毛主席的〈矛盾论〉》报告。

8月10日，孙冶方出席《红旗》编辑部召开的社会主义再生产问题座谈会，并在会上主讲3小时。他开宗明义地表示，"我是主张平均利润和生产价格的",认为"社会主义经济需要资金利润率和生产价格",以"赤膊上阵""打遭遇战"的应战方式,一一反驳了何桂林、薛暮桥、戴园晨、樊弘、朱剑农等经济学家反对生产价格的理由,指出农村调研中发现"重大的'四不清'案件大多都直接或间接同两个市场、两种价格有牵连",生产价格是否是资本主义性质问题"不在于(利润率)平均化,而在于如何达到平均化,由于自觉地计划安排,还是由资本主义自发势力(即自由竞争)来安排的",强调"千规律,万规律,价值规律第一条"。

孙冶方大事记

这些发言后来整理成《在社会主义再生产问题座谈会上关于生产价格问题的发言提纲》和《在社会主义再生产问题座谈会上关于生产价格问题的发言纪要》。孙冶方认为,在社会平均必要劳动量基础上形成的价值规律,以及在价值规律基础上形成的、它的变异形态——资金平均利润率和生产价格,这一切平均化都是做社会经济比较所不可少的标准。社会主义经济也要核算,也要做社会经济比较,因此也不能没有平均化。社会主义的资金利润率和生产价格,是帮助我们在整个国民经济范围内、在各部门之间,做经济比较的工具,是为了更好地完成国家计划,为社会主义经济进一步繁荣开辟道路的。他还指出,工农产品等价交换实际上应该是等量生产价格交换,由于生产价格本身是在价值规律基础上发展起来的,是价值的变异形态,因此工农产品按生产价格交换非但不违背等价交换原则,而且正是这一原则的实现。

孙冶方的生产价格理论在双周座谈会上受到了错误批判。不久,在某全国性会议上孙冶方又受到点名批判,并被取消参加有关会议和阅读文件的权利。但孙冶方十分镇静,声称是"铁板一块""毫不动摇",继续写答辩文章,准备迎击。

9月23日,彭真在中南海怀仁堂主持5人小组(彭真任组长,成员有陆定一、周扬、康生、吴冷西)会议,讨论文学艺术和哲学社会科学界整风问题。会上陆定一就文艺工作和哲学社会科学工作整风问题做长篇讲话,其中批评了杨献珍、冯定、孙冶方、田汉、夏衍、邵荃麟等人。

10月,康生派出70人的"四清"工作队驻经济研究所,以所谓"张(闻天)孙反党联盟"的罪名对孙冶方进行"围剿",孙冶方被撤销一切职务并受到批斗。孙冶方在此情景下毫不"认罪",表示"我给他来一个以不变应万变,稳坐钓鱼台,写我的反攻文章,做我的研究,可不能上他们的当,打扰我的心思,浪费光阴"。

1964年年末,孙冶方在一次"检查"中说:批评我的同志说,主席关于价值法则是一个伟大学校这句话,是在一定时间,对一定问题而说的。是的,主席是在1959年下半年,我们的经济困难极大的时候讲的,是针对着国家和集体,全民所有制和集体所有制(包括家庭副业),以及集体所有制经济内部相互之间的交换关系而说的。从这里应该得出结论,正是在当时这样经济困难极大、供求关系极不平衡的条件下,主席提出了价值法则是伟大的学校和等价交换的原则。从这事实中,我认为只能得出这样的结论:如果在1959年那样经济困难极大,国家能够拿出来向农民交换的工业品那么少的时候,尚且强调价值法则和等价交换,那么经济情况好转,国家掌握的工业品更多的时候,不仅更应该强调价值法则和等价交换,而且也更有可能按照价值规律和等价交换的原则办事了。

1965年,孙冶方在"检查"中陈述他的理论观点:我从1956年起开始系统地研究价值规律,那时研究的直接目的是为了响应中央号召,使计划统计制度(主要是指标体系)跳出第一个五年计划期间从苏联传来的老框框,而使之符合于客观经济规律。因此,自从1959年主席提出价值规律是建设社会主义、共产主义的伟大学校的说法之后,我便十分注意主席、少奇同志和中央其他领导同志以及中央正式文件中对价值规律的提法。我的研究目的，也从计划统计指标体系而转向工农业产品交换和社会再生产问题以及财经管理体制等问题本身。"我觉得主席、少奇同志在不同场合下对价值规律的提法是很不同的。例如，除了在1959年讲过上述伟大的学校等话以外，主席在1960年议论到苏联那本《政治经济学教科书》的时候也说过。1960年时，少奇同志在自己宿舍找我们几个经济学研究工作者谈话提到经济学界在价值规律问题上的争论的时候，也引证了恩格斯的话说，到了共产主义社会，劳动就不再表现为价值了。但是根据我所看到的记录，少奇同志在哈尔滨听取……汇报的时候就说过……而两大部类间，这种等价交换，就是到了共产主义也必须遵守的。如何体会这样明显不同的提法呢？马克思、恩格斯在不同场合下，对价值规律也有过完全不同的提法。我认为毛主席、少奇和马克思、恩格斯在一种场合下讲的是资本主义商品经济的价值规律，在另一场合讲的是社会主义计划经济的价值规律。但现在流行的解释是价值规律就只有一个价值规律，即商品价值规律，在社会主义计划经济中所以还存在价值规律，只是因为还存在商品残余。但是对于资本主义商品经济遗留下的价值规律，主席能把它提得那么高，说是建设社会主义、共产主义的伟大学校吗？再说，少奇同志在哈尔滨所讲的……难道到了共产主义可以不遵守吗？我想不能。一个地区，或一个行业、一个企业在生产过程中所消耗的生产资料和生活资料如果不能得到等价补偿（等价值并非如某些经济学家所说是同等使用价值），那么即使到了共产主义也会如少奇同志所说一样连简单再生产也不能维持的。这也就是列宁在批评布哈林时所说，到了共产主义时代还要有生产资料生产部门和生活资料生产部门之间、积累和消费之间的比例关系。而这种比例关系就是价值规律而不是使用价值规律。但许多经济学家认为我的这种看法是修正主义观点，是曲解了主席的话，甚至一般

孙冶方大事记

地说强调价值规律就是 1956 年苏共二十大以后国际修正主义思潮的反映。我不能同意。"

1964 年 12 月至 1965 年 3 月，孙冶方写出了《要全面体会毛主席关于价值规律问题的论述》一文（后摘要发表于《经济研究》1978 年第 11 期），认为毛泽东在讲"等价交换"和"伟大的学校"时所说的价值法则是指社会主义计划经济的价值法则。但是当毛泽东说价值规律只能作为计划工作的工具，不能作为计划工作的主要依据的时候，则指的是商品经济的市场价值规律。认为把价值法则起作用的范围局限在刮"共产风"的农村基层干部中是不对的，把等价交换、价值法则限制在不同所有制之间的商品交换范围内也是不对的。认为价值规律（指社会主义价值规律）和"有计划按比例规律"并非是对立、不相容的。"有计划按比例规律"指的不是使用价值比例，而是劳动量比例，是价值比例。把"有计划按比例规律"只看作是实物比例或使用价值比例，实际上无异于根本否定价值而只承认使用价值的"自然经济论"观点。1978 年 10 月 30 日，孙冶方在这篇文章发表时又写了几句说明，对于经济学界对价值规律含义的三种理解（一种指的是通过价格的调整，即是通过提价或压价来调节供求关系，从而间接地来调节生产；一种是从工农业产品的等价交换的角度来谈价值和价值规律，强调价格对价值的相符、相一致；再一种指的是时间经济和有计划地分配劳动时间于不同生产部门的规律），认为只有同时承认价值规律的这三种作用，才是正确的、全面的认识。而在这三种作用中，最后一种是最重要的，因为前两种价值规律的作用，不论它今天多么重要，但都是暂时性的，只局限于不同所有制并存的阶段，只局限于存在商品交换的阶段，它们只发生在流通过程，对生产过程的调节作用是通过流通过程间接地发生的。而第三种价值规律的作用则直接发生在生产过程中，它不仅在社会主义的商品生产过程中起着作用，而且在非商品性的产品生产过程中也起着作用。

1965年9月,经济研究所社教运动告一段落,孙冶方被派到北京房山县周口店公社大韩集大队搞"四清",直至1966年5月底。

1966年,"文化大革命"开始后,孙冶方被造反派揪回北京市里进行批斗并游街,并被勒令写交代。

孙冶方大事记

1968年4月5日,孙冶方被公安部以"特务""里通外国"罪名逮捕关进秦城监狱。在狱中,孙冶方坚持真理,继续潜心研究马克思主义经济学。借"交代问题"(狱中没有纸笔,只在写"交代"材料时才给),他反复对经济发展速度进行计算来证实他的理论。他曾在1968年8月4日的"认罪书"中写道:"最近几个月,我在考虑我的别的问题的同时,我也考虑到:我那时以工业年发展25%,农业发展5%为出发点是否的确太乐观了一些。因此,又以每年发展20%甚至10%作了试算。结论是:不论怎样……教科书所说积累不能超过国民收入的25%不是一个定律,是不正确的,25%是可以超过的。""因为在我入狱之前不久,读过《人民日报》上一篇国际时事短评,说日本工业现在已跃居世界第4位,钢铁生产已跃居世界第3位。读了这短评所报道的消息之后,有些不服气,当时我曾写了一张有关发展速度的卡片。因此,这次计算每年增产10%我计算到了40年,每年增产20%我计算了23年。经过计算我不仅对于赶上并超过日本深具信心,而且深信……我们赶上并超过苏、美也不是很遥远的事。"

1972年2月、3月间,孙冶方借"交代"写出3万多字的《我与经济学界一些人的争论》,系统地概述了他的社会主义经济理论,进行了不屈的理论战斗。其中有这样一段深刻的话:"我的经济学思想,不论从其中的错误的成分,即从'毒'方面来看也好,或是从其中的某些有用的成分来看也好,有一点我自己还是多少可以引为自慰的,那就是逻辑上的一贯性和系统性。我的思想的顽固性和改造的困难也在于此。但如果击破了我的要害——价值论,那么整个体系就摧枯拉朽。"这表明了他旗帜鲜明的观点。

10月13日、14日,孙冶方利用"交代问题"的纸和笔写出《对于方海的〈学一点政治经济学〉的一点意见》一文,认为方文对生产关系所作界说(即生产关系包括生产资料所有制形式、人们在生产和交换过程中的相互关系、产品的分配形式三个方面)与恩格斯对生产关系的解释(即生产关系包括生产过程中的关系、交换过程中的关系、由二者所派生的分配关系三个方面)是相悖的。孙冶方指出:"方海文章把恩格斯那么强调的,'各有自己的特殊规律'的'两种不同职能'——生产和交换归并为生产关系的一个方面,而把二者所派生的分配和生产关系的法律用语列为生产关系的两个独立方面,其目的是想突出所有制问题,结果反而把所有制问题从经济基础的范畴变成了一个上层建筑的范畴(法律范畴),同时也是把'人们在生产和交换过程中的相互关系'的主要内容掏空了。"认为方文中"人们在生产和交换中的相互关系是阶级与阶级的关系的反映"的说法是强调阶级观点,但与恩格斯所说的"以往全部历史都是阶级斗争的历史,这些相互斗争的社会阶级在任何时候都是生产关系的产物,一句话,都是自己时代的经济关系的产物"正好完全相反,而与恩格斯这些话所针对着批判的杜林的说法划不清界限了。

1973年年底至1974年年初,孙冶方在狱中写出了《评郭沫若〈中国古代史的分期问题〉》一文,认为郭文(载《红旗》1972年第7期)许多观点不符合唯物史观和广义政治经济学的一些基本原理。如按郭文所列举的事实而论,应该证实的不是郭文的结论,而是与此相反的结论。就是说中国封建社会应该是从西周（公元前1066年）就已经开始，即如毛泽东《中国革命和中国共产党》一文所说的那样已经有3000年的历史，而不是郭文所说的那样是在春秋与战国之交的公元前475年开始，只有2450多年的历史。并指出，何谓封建社会？何谓奴隶社会？不能从"地主"这个称呼来辨别，而要从本质上即从剥削方式或生产关系来研究。

1975年4月10日，孙冶方被无罪释放出狱（但仍留有尾巴）。在狱中的7年零5天里，他打了85遍《社会主义经济论》提纲（3万多字）腹稿，出狱当天，孙冶方就表示，"我一不改志，二不改行，三不改变自己的观点"，并开始进行重新写作《社会主义经济论》的工作。

1976年10月，"四人帮"被粉碎后，孙冶方到贵州、衡阳等地调查"文化大革命"后的生产与社会生活情况。

11月30日，孙冶方在日记中写道：听到驻阿尔巴尼亚记者红鹰的通讯，其中又有"……阿尔巴尼亚人民的'骄傲'"这种概念不清的用语。因此想给宣传口写一个意见书，讲讲"四人帮"统治下所形成的一种新党八股之风。

12月27日，孙冶方在日记中写道，记牢，还有一个错误概念要纠正：把理论队伍和科技队伍对立起来！

1977年3月27日，孙冶方写出《关于"资产阶级法权"——一个被"四人帮"搞混乱了的政治经济学概念》一文（是写给中央宣传部的意见书），认为马克思说"按劳分配"仍然是"资产阶级的权利"，仅仅因为"按劳分配"所遵循的原则仍然是商品等价交换中所遵循的同一原则。我们现在所说的"限制资产阶级法权"，也只有在这个意义上是正确的，那就是把它严格限制在按劳分配的范围以内，不使它扩大为"四人帮"那种封建行帮的非法特权，不使社会各个成员之间的报酬的差距大于劳动的质和量的差距。但是，如果把"限制资产阶级法权"解释为把报酬的差距限制到小于劳动的质和量的差距,那就是违背了"按劳分配"的原则,不利于劳动积极性的发挥,因而也不利于社会主义建设。他指出:马克思、列宁所说的社会主义社会的"资产阶级权利"仅仅是指"按劳分配",而"按劳分配"是政治经济学中所说的分配关系,是生产关系的一种,是唯一能够适应社会主义社会生产力发展的分配关系,就是说,这是社会主义社会的经济基础。"四人帮"叫喊"破除资产阶级法权",也就是破除社会主义的经济基础,破坏社会主义的分配关系。

4月8日,孙冶方写了《关于所谓"下马风"》和《关于"理论队伍"》两篇文章,后者批判了"四人帮"把"理论队伍"与"科技队伍"对立起来的做法,指出:在"四人帮"的概念中,"理论队伍"不科学,"科技队伍"无理论,或不要理论,不准有理论。"理论队伍"这个概念在理论上是不通的,在实践中是有害的。

同日,孙冶方还写了《"四人帮"的极右实质和"左"的外衣》一文,认为加上引号的"左"派,是比公开的右派更危险的一种右派。把"四人帮"称之为"形'左'实右",是既概括而又恰当的说法。为了使我们党不再为"四人帮"这一类骗子所蒙蔽、所欺骗,我们必须总结这个经验教训。揭示出"四人帮"的"左"的外衣,不忌讳"形'左'实右"这个概念,正为的是使今后不再被这些野心家、阴谋家的"左"的外衣所蒙蔽。(1981年2月15日孙冶方眉批:这里几篇东西是和已经收集在文集中的《关于资产阶级法权》一文同时写的,是拟请学部领导转呈当时中央的宣传中心负责人的,但学部领导未送出。)

4月,孙冶方在笔记中写道:读《资本论》第2卷第2篇第17章《剩余价值的流通》"必要的欲望不先满足,任何物都是不能蓄积的;人类愿望的巨流在求享受"。这句话也是"农业为基础"这一真理的论证。紧接上句:"是故,随便在什么时候,社会的财富之量,比较起来,都是微小的。生产与消费,形成一个永久的循环。在莫大数额的年生产与年消费中,这一小撮的现实的蓄积,算不了什么;但人们主要注意的,仍不是巨量的生产力,仅仅是这一小撮的蓄积。这一撮的蓄积,竟在少数人手中,转化成为一种占夺的工具,使其所有者,可以在大量劳动每年反复的生产物中,占夺去一部分。也就因此,对于这少数人,这种工具就变成异常重要的了……"马克思引汤姆逊《分配原理之研究》。以上正是我要在《社会主义经济论》中加上消费一章甚至一篇的理由了。

读《资本论》第2篇第13章《生产时间》。由于农业的生产时间长于劳动时间甚多,固定资金闲搁的时间也长。所以,据记忆,美国每一农业劳动所装备的固定资产远远高于重工业。

4月、5月间,孙冶方先后在上海、南京、杭州等地进行调查研究,6月2日返回北京,始任中国社会科学院顾问。6—11月,孙冶方分别给余秋里、李先念、邓小平、陈云等同志写信并转中央,反映莫斯科中山大学时期党内斗争问题,揭发康生的反革命两面派面目,申请为董亦湘、俞秀松、周达文等同志平反昭雪。

8月,孙冶方给余秋里同志并中央写报告,指出《国家计委关于1977年国民经济计划几个问题的汇报提纲》(以下简称《汇报提纲》)中批判资产阶级法权思想这句话意思不明确。他认为,《汇报提纲》批判的思想应该是指"四人帮"一类封建行帮的"非法特权"思想,而不是指马克思、列宁所说的那个"资产阶级法权"。把社会主义的按劳分配和"四人帮"一类封建行帮的"非法特权"放在一个范畴之内,都称之为"资产阶级法权",这不仅是美化了这些封建行帮的非法特权,而且是丑化了社会主义的分配原则。他指出,《汇报提纲》混淆了"利润"和"积累"这两个不同概念也是不正确的。孙冶方在报告中还希望国家计委和财贸部门在解决调整物价问题时,应考虑到工农业产品等价交换和价值规律的原则。

9月,孙冶方在给邓小平同志并中央的报告中说:"对于个人的恩怨应该忘记,至少对于我来说,生命留给我的时间不多了,不想在这种无谓争论上浪费精力,但是在政治经济学理论问题上,只要我认为是正确的东西,我是寸步不让,一个论点也不放弃的。"

10月,孙冶方给邓小平、李先念同志写了《控诉陈伯达、"四人帮"对社会主义企业利润的诬蔑和对我个人的诬陷》报告,认为中央12号文件和《人民日报》8月27日社论《努力为国家增加积累》有力地批判了陈伯达和"四人帮"散布的亏损有理、盈利有罪的谬论。但文件和社论把利润说成是积累,把经济学中最普通的概念都混淆了,这是不应有的现象。把利润说成积累在理论上是不通的,在政治上和宣传上是不利的。他建议中央出面来抓抓社会科学,抓抓整个政治经济学,抓抓做实际工作和做理论工作这两种人的结合。

11月8日,孙冶方在给方毅同志的信中表示,他出狱后,最关心的还是对马克思列宁主义政治经济学观点的维护。"因为一方面这是我的职责所在;另一方面我觉得陈伯达等人对我个人的诬陷,受害者不过是我个人;但是歪曲诬蔑一个正确的马克思列宁主义的政治经济学观点,例如把我们的社会主义企业利润诬蔑为修正主义的'利润挂帅',那么受害者就不仅是坚持这个观点的个人,而且是党和国家的革命和建设事业"。

11月12日,孙冶方给陈云同志写信,谈剪刀差问题,提出应该"把国家现在通过所谓价格杠杆的办法,即通过工农业产品价格剪刀差途径,从农民那里取得的收入,改为用公粮形式征收,即用直接税代替现在的间接税(剪刀差实际上是对农民征收间接税);就是说,把提高农产品收购价格付出的钱,用增加公粮的办法收回来。在这变革中要做到政府不少收,农民不多出,城市居民生活不受影响"。他认为,"这个变革的好处是可以促进农业生产,尤其可以促进粮食增产。因为在工农业产品剪刀差的情况下,农民多生产农产品就是多缴间接税。所以农民在口粮和征购任务完成之后,对增产粮食就兴趣不高"。信中建议"为使在这一变革中城市居民的生活不受影响,可以采取两种不同办法。一是城市销售价格不变,这样购销价格倒挂,但国家并不遭受损失,因为国家征购的公粮实物量并未减少;二是在销售价格提高的同时,国家按职工口粮标准补发粮贴"。信中还指出,"值得我们深思的是,俄国革命和中国革命都是靠发动农民取得胜利的,而且革命前的俄国和东欧都是粮食出口国。但是斯大林时代的苏联农业没有过关,我们也没有能够使农业过关,我认为工农业产品价格剪刀差是一个重要原因";"我从1956年以来就写文章宣传价值规律,21年来实际上考虑的就是这个工农业产品价格剪刀差问题"。

11月20日,孙冶方又给方毅同志写信,认为《列宁选集》1974年版第4卷第348页的《青年团的任务》一文中的"……我们应当吸取旧学校中的好东西。我们决不能像旧学校那样,用数不胜数的,九分无用、一分歪曲了的知识来充塞青年人的头脑……"这段译文有误。根据1950年版的俄文本《列宁全集》第31卷第262页这段话直译应为"……我们应当吸取旧学校中存在的好的东西。我们不应当从旧学校中吸取那样的东西,那就是青年人的头脑充塞着数不胜数的、九分无用、一分歪曲了的知识……"指出张春桥就是钻了译文的这个空子,断章取义地摘引这句话当作大棒,使旧学校出身的知识分子受到很大压力。孙冶方在信中建议方毅同志在适当的场合把列宁这句话的误译和张春桥钻空子、全面否定旧学校传授的知识的情况宣布一下,以解除许多人的包袱。

12月13—14日,孙冶方同胡乔木、周扬、薛暮桥等同志一起参加了中宣部在钓鱼台召开的社会科学工作者座谈会。

12月19日,孙冶方就关于计委和经济研究所关系问题给胡乔木院长写信,主张经济研究所应与国家计委挂钩。

1978年2月20日,孙冶方接到全国政协委员会通知,政协四届全国委员会第八次会议决定,孙冶方为中国人民政治协商会议五届全国委员会委员。

2月22日,孙冶方参加五届全国政协会议。

2月28日,孙冶方参加中国社会科学院批判("四人帮"炮制的)"两个估计"座谈会并发言。

3月,胡乔木同志征求孙冶方到世界经济研究所去工作的意见,孙冶方提出,一要写书,二不想改行,三不善做行政工作。未同意到世界经济研究所工作。

3月16日,孙冶方《为捍卫马克思主义政治经济学而战斗》的文章刊发在《人民日报》第3版。他指出,"四人帮"炮制的"两个估计",不仅在教育战线、文艺战线,而且在哲学社会科学理论战线,都造成了严重的恶果。对于经济学界,他们下手最早,摧残最狠。孙冶方认为,从经济研究所办所的方针、道路来看,我们执行的是毛主席规定的理论联系实际的方针,走的是同工农相结合的道路,而绝不是陈伯达和"四人帮"一伙所污蔑的什么"理论脱离实际""培养精神贵族"的修正主义道路。他在文中列举了经济研究所从1958—1963年期间坚持捍卫马克思主义的政治经济学理论的事实,特别谈到他写的关于利润问题的报告——明确提出了社会主义利润和资本主义利润以及和利别尔曼修正主义利润之间的几条界线,主张要理直气壮地抓社会主义利润,反对资本主义利润和修正主义利别尔曼的利润。

3月24日,孙冶方就经济学与技术革命的关系和发展、边缘科学等问题给钱学森同志写了一封信(后发表于《经济学动态》

1984年第7期），认为第三次技术革命（或工业革命）不仅应该包括"电脑"和原子能这两个基本上属于劳动工具革命的两个方面，而且要包括原材料革命（是指合成材料代替金属材料），即劳动对象革命这第三个内容。目前自然科学家已经做和正想做的工作（如用工程塑料代替金属材料；用快速生长的微生物析出的酶和太阳能直接生产物质，作为生产塑料用的原材料等）更加证实了生产力三要素论是正确的。信中还指出，第三次技术革命的任务必须由自然科学家和哲学、社会科学家共同来完成。今后应该注意自然科学和哲学社会科学家互相沟通的问题。

4月2日，孙冶方给董谦同志（"中国科学院经济研究所昌黎工作组"组长）写信，告诉他《食堂报告》（即1959年4—5月《关于农村公共食堂的几个问题》的调查报告）已被彻底平反的好消息，并称赞《食堂报告》为经济所理论联系实际、深入调查研究开了一个好头。

4月4日，孙冶方与赵人伟、林青松同志到兰州主持经济学规划座谈会，征求意见。后到成都主持座谈会，会后即去成昆路沿线特别是渡口钢铁基地考察。

4月24日，孙冶方向四川省委党校学员及四川大学、成都大学经济学教员做《要宣传政治经济学》的报告。他讲述了政治经济学的重要性、政治经济学中社会主义部分的争论（生产力、生产关系、人的因素和物的因素关系、社会主义企业的利润）以及理论联系实际等问题。

4月27日，孙冶方在四川省政协礼堂向1300名机关干部做《要宣传政治经济学》的报告。

5月2日，孙冶方参观西昌县的星火大队和新农（兴隆）大队。

5月13日，孙冶方参观攀枝花钢铁公司。

5月17日，孙冶方在四川省渡口市做《关于政治经济学的几个问题》报告,讲述了政治经济学的重要性、政治经济学研究的对象、科学是生产力、利润、按劳分配与商品货币、政治与经济的关系以及"四人帮"搞复辟的性质等问题,并希望带动搞实际工作的同志一起讨论。

5月24日,孙冶方随方毅同志一起参观中国科学院云南热带植物研究所。

5月25日,孙冶方参加中国科学院云南热带植物研究所座谈会。

6月19日,孙冶方到学部向胡乔木同志汇报《新生资产阶级分子调查若干例》的有关问题。

6月21日,孙冶方参加财贸工作会议座谈会。

6月29日,孙冶方出席国家计委经济研究所组织的南斯拉夫、罗马尼亚经济问题讨论会,并做了发言。

7月1日,孙冶方到北京大学经济系做学术报告,提出研究政治经济学的也要懂点自然科学。认为科学可以变为生产力,但不是第四生产力。科学表现为生产力,是通过人、机器、原材料来提高生产力的。认为社会主义政治经济学的研究应从纯粹的社会主义全民所有制生产关系开始,因为这是最本质的关系。认为政治不能为政治服务,政治应该为生产、为业务服务。批判"四人帮"的反动谬论,认为社会主义社会,商品、货币、按劳分配不会产生新资产阶级。

7月10日,孙冶方在院部与胡乔木同志谈解放思想、彻底改进国民经济管理存在的问题。

8月1日,孙冶方出席《经济研究》编辑部召开的关于实践是检验经济理论和经济政策的唯一标准座谈会,并做了发言。

8月11日,孙冶方向胡乔木同志谈对(胡)在国务院务虚会上发言稿的修改意见。建议在胡乔木发言中关于经济学的重要性问题一段加进恩格斯的两段有关论述,并问胡在关于生产力三因素二因素问题上,毛泽东的意见是怎样的。

8月18日,孙冶方写出《要理直气壮地抓社会主义利润》一文(发表在《经济研究》1978年第9期),批驳了陈伯达、"四人帮"一伙在利润问题上所散布的反动谬论,指出他们给社会主义企业的利润抹黑,正如他们否定社会主义社会里还要有商品、货币、价值、按劳分配等范畴一样,是代表反动的封建社会自给自足的自然经济思想。他认为,社会主义企业利润越多越好,指出要纠正"一定的利润"或"合理的利润"以及把利润改称积累(为回避利润这个禁区)等含糊不清、概念混乱的提法,因为这些是违背社会主义经济原则、违背党和国家政策的很不好的宣传。关于价格形成的基础问题,认为产品价格最后应按生产价格来定,这和按价值定价的原则是不违背的。如何解决党中央提出的提高农副产品价格,调整工农产品比价任务,孙冶方认为不在于减少农民对国家财政应有的负担,而在于改变负担的形式,即改变通过所谓价格杠杆取得的那种间接税的形式。在这篇文章中,孙冶方还提出要为"资金利润率"恢复名誉,并分析了采用资金利润率较之采用成本利润率的好处。关于奖金,孙冶方认为他在1963年的《利润》报告中,一般地否定奖金制和企业留成,主张把利润一个不留、全部上缴是错误的,是不利于促进生产的。

孙冶方大事记

8月21—22日,孙冶方应河北省社会科学院邀请到石家庄市做学术报告。

8月24日,孙冶方起草给方毅、安平生同志的《关于扩大热带植物人工群落试验工作的建议》,认为人工群落种植法不过是森林大自然的一种模拟,是符合自然界的客观规律的。对热带植物人工多层群落试验既然还有不同看法,而这个问题对开发利用植物资源又很重要,所以应该进一步进行扩大试验,也就是进行中间试验来研究解决这个问题。

8月，第五届全国政协经济建设组成立——组长郭洪涛，副组长林海云、吴波、陈维稷、薛暮桥、孙冶方、宋劭文、靳崇智。

9月4日下午，孙冶方到国务院第二招待所探望薄一波同志，出了6个题目（并做了"题解"）请薄一波同志解答。6个题目是：（1）财经体制的中心问题是不是企业职权问题，而后一问题的中心又是固定资产的更新和折旧基金问题；（2）速度问题——为什么社会主义国家的速度还没有超过日本；（3）日、德的速度为什么高；（4）积累率能否超过25%；（5）什么是生产关系；（6）什么是生产力。

9月18日下午，孙冶方接待南斯拉夫经济学家西罗德科维奇，并进行了学术交谈。

10月11日，孙冶方给王丙乾同志写信，认为财政部同志的《对〈要理直气壮地抓社会主义企业利润〉一文几点看法》把基本建设投资都算作积累是不对的。因为其中不少是属于原有固定资产的更新，不能作积累看。如果把折旧率过低的因素考虑在内，那么属于更新范围的基本建设远远超过财政收入中的折旧费。他在信中谈了关于"何谓利润"、财政收入是否绝大部分用于消费、农民负担、"资金利润率"等问题。他指出，利润是企业生产经营的一项综合性指标。影响利润的因素是多方面的，除了价格和税率变动等因素外，主要有两个方面：一是增加了生产，因而增加了利润；二是降低了产品成本，因而增加了利润。两者又是相互影响的。目前有些企业领导人只抓生产，不抓成本、利润，因此，强调降低成本的重要性是必要的。但绝不能忽视扩大再生产对增加利润的重要作用。

10月28日，孙冶方写出《千规律、万规律，价值规律第一条》文章（发表在《光明日报》《经济学》专栏第63期），再次强调了价值和价值规律在社会主义经济建设中的作用。他认为，在一切经济规律中，价值规律是最基础的或第一条规律，价值规律也就是时间节约的规律，亦即社会平均必要劳动量的规律，在共产主义社会的社会化生产中，它也仍然存在并起作用。他提出，在社会主义经济建设中，我们应该主动地自觉地按照节约时间的规律即价值规律办事，以最小的劳动消耗取得最大的经济效果。

11月17日，孙冶方给张高仁同志写信，认为他为"北京市实验话剧团"翻案的文章翻案翻得好。他指出，剧团以及一切文艺团体都应该讲究节约，剧团靠卖票维持经费开支并且有了盈余，这正是符合社会主义经济节约的原则、符合毛泽东思想的。

11月21日，孙冶方在给北京医院负责同志的一信中写道：我特别欣赏您对某些高干患者的批评，您说他们作为患者，在看病时还摆官架子，是封建官僚习气。您说得对极了！他们连资产阶级的民主作风也没有，甭说无产阶级民主作风了。从"五四"到"四五"已经半个多世纪了。德先生（民主）和赛先生（科学）还没有真正当家。但愿经过"四五"的洗礼，它们两位能在中国真正当起家来。

11月21日至1979年1月下旬，"中国社会科学院经济学家访问团"出访南斯拉夫和罗马尼亚，宦乡任访问团团长，孙冶方任副团长。访问团考察南、罗两国经济理论与实践问题，与两国经济学家进行广泛的接触并交换意见，深受两国经济学界的尊重与爱戴。

1979年2月4日，孙冶方在全国理论工作务虚会上发言。发言内容刊发在会议秘书组当日编发的《理论工作务虚会——简报》总130期。孙冶方在发言中对毛泽东同志的错误进行了实事求是的批评，并欢迎大家反批评。全国理论工作务虚会由中共中央于1979年1月18日至4月3日在北京召开，旨在总结两年来理论宣传战线的经验和教训，统一思想，并研究全党工作重点转移后理论宣传工作的根本任务。

3月2日，孙冶方在全国经济科学规划会议上再次批判了自然经济论。他指出，经济学上的一切范畴、概念都是代表生产关系的。那种认为社会主义社会的商品、货币、八级工资制同旧中国的商品、货币、工资制差不多的说法是错误的。那种没有交换观念，没有流通观念，要把货币批臭的思想，就是自然经济思想。孙冶方在发言中认为，政治经济学应该研究财政经济管理体制，体制问题是政治经济学的研究对象。认为物资供应体制的问题就是有计划按比例平衡的问题、综合平衡的问题。关于折旧问题，孙冶方仍旧主张应下放给企业，不同意下放给省、直辖市，放到省、直辖市打乱平分，既不能使原有的企业不断更新旧设备，也不能使国家集中资金来开发内地、开发落后地区。这样是既没有集中，也没有给企业独立自主的权力，是最不好的办法。

3月9日，孙冶方在国家经委企业管理研究班做《关于政治经济学和经济管理问题》的报告，认为斯大林对生产关系的定义同马克思、恩格斯不一样，而正确的是马克思和恩格斯。斯大林对生产关系的定义同马克思恩格斯的定义比较有两个特点：一是他突出了所有制，在生产、交换、分配以外来研究所有制；二是他的定义中没有交换。斯大林的定义是集蒲鲁东和杜林的定义的大成。关于生产力的定义，认为斯大林只承认生产力有两个要素，即劳动力和劳动工具，也是同马克思的观点不一致的。孙冶方主张生产力三要素，认为劳动过程的要素就是生产力的要素，即生产力要包括劳动对象。指出我们现行的这一套管理体制、计划统计报表的指导思想，都是50年代从苏联来的，都是在斯大林的突出所有制、否定流通过程（自然经济观）、只重视劳动工具的革新而不重视劳动对象（原材料）革命的思想指导下形成的。我们对过去这一套（包括斯大林的《苏联社会主义经济问题》这本书）应该一分为二，有些保留，有些否定。

4月11日，《文汇报》发表孙冶方的《关于固定资产管理体制改革的一点看法》。孙冶方认为,现在我们的企业,名为独立经济核算,实际上只在一定程度上核算流动资金占用,不核算固定资金。这样就带来了一些问题:企业多要了设备,并不相应地多承担上缴利润的责任;企业对固定资产即设备的管理权是不完全的,具体表现在固定资产折旧基金的管理办法上;固定资产的折旧年限太长(25年)。孙冶方主张固定资产的折旧时间要大大缩短(至少先缩短为10年),原则上全部折旧基金下放给企业(不是省、直辖市),同时企业也承担经济责任。

4月16日至29日,在无锡举行了全国第二次经济理论研讨会,即关于社会主义经济中价值规律作用问题讨论会。4月26日孙冶方在大会上做了《价值规律的内因论和外因论——兼论政治经济学的方法》重要学术报告(后修改发表于《中国社会科学》1980年第4期)。报告批判了多年来传统流行的"价值规律外因论"观点(即认为价值规律是商业经济的规律,对于社会主义社会中的领导经济成分来说,价值和价值规律是一种外在的力量,是强加于它的),指出价值规律外因论观点实际上是自然经济论,它对实际工作的危害主要是:(1)不讲经济效果;(2)不讲等价交换;(3)实际上取消了综合平衡。孙冶方认为价值规律是社会化大生产的客观规律,在社会主义条件下,生产的社会化程度更高,因此价值规律是由全民所有制的生产关系中必然引出来的客观规律,而不是从外部、从不同所有制之间的交换中引进来的。孙冶方把他这种观点称之为"价值规律的内因论"。在这篇文章中,孙冶方还提出不能把计划与市场看作是不相容的,主张把计划放在客观经济规律特别是放在价值规律的基础上,而不赞同"板块论",同时也认为仅仅把计划当作社会主义经济的主要特点也是不对的。认为应改变计划的方法,变自上而下、依靠"长官意志"为自下而上、依靠群众、按照客观经济规律办事。在政治经济学研究方法上,孙冶方主张从全民所有制出发来研究整个国民经济问题。认为全民所有制是社会主义生产关系的本质,它决定着现实中各个生产关系发展的方向。在纯粹的意义上研究清楚了全民所有制生产关系,将会使我们更深刻地认识现实,为我们解决现实问题提供钥匙。他还认为,在研究经济问题时,不能搞规律排队。

在这次会议期间,孙冶方还提交了一份书面发言《在南斯拉夫和罗马尼亚考察时对几个经济学问题的体会》,介绍了南斯拉夫和罗马尼亚两国的企业管理体制,以及与两国经济学界交换对一些重要经济问题看法的情况。关于"用经济办法管理经济"或"按照客观经济规律办事"问题,孙冶方认为,把"用经济办法管理经济"同"用行政办法管理经济"对立起来的提法是不科学的,而光说"用经济办法管理经济"也无疑是"同义语反复"。认为"要用经济办法管理经济,不要用行政办法管理经济"的提法,带有否定一切行政措施的意味。因此建议今后报刊文章不要用或少用"用经济办法管理经济"的提法,而用"按客观经济规律办事"这种比较科学的提法。

4月29日,孙冶方在全国第二次经济理论研讨会闭幕式上发言。他总结了1959年上海经济学理论讨论会到1979年这次无锡经济理论研讨会——20年间经济学界在队伍、理论水平和学风方面的显著变化,并表示作为一个理论研究工作者完全拥护薛暮桥同志关于理论研究要联系实际的重要观点。

5月21日,孙冶方为无锡市连元街小学(原名为竢实学堂)题字:1923年张效良(志和)老师曾在本校(原无锡县立第一高小)开始宣传社会主义,并在这里成立了无锡县第一个社会主义青年团支部。1924年在这里成立了无锡县第一个共产党支部。希望我校师生永远保持共产主义革命传统!

6月5日,孙冶方应上海市社会科学院和上海市社会科学联合会的邀请,在科学会堂做了题为《要宣传政治经济学》的报告。报告对斯大林关于生产关系和生产力的论点提出了不同的看法（后整理成《对斯大林同志关于生产力和生产关系论点的不同看法》刊载在《文汇报》7月内刊《理论探讨》上）。

6月，孙冶方写出《从必须改革"复制古董、冻结技术进步"的设备管理制度谈起》一文（发表于《红旗》1979年第6期），再次批评我国现行的固定资产（主要是技术设备）管理制度。认为这套制度的不合理在于：（1）折旧年限过长；（2）规定设备更新基金要分作三笔互不能通融的独立基金（即日常修理费、大修理费、设备更新费）；（3）规定大修理必须遵守"不增殖、不变形、不移地"的原则。他认为这是一套冻结技术进步的"复制古董"制度；认为我们实现工业现代化应该主要依靠现有的几十万个老企业的技术改造，必须彻底改变那种"复制古董""冻结技术"的设备管理制度。为此必须提高折旧率，缩短折旧年限（折旧年限不能超过10年）；在原则上还必须把折旧基金全部下放给企业，而不是下放给省、直辖市，也不是中央、地方、企业各掌握一部分。

6月12日，孙冶方在上海衡山饭店接受上海党史办公室陆志仁等同志的访谈，谈1923年至1939年亲身经历的党史情况。

6月16日至7月2日，孙冶方出席全国政协五届第二次会议。其间，6月27日，孙冶方出席国务院财政经济委员会召集的北京一些经济部门和经济研究单位负责人会议并发言。这次会议就组织大规模的调查研究进行动员和部署，财经委秘书长姚依林做动员讲话，于光远、邓力群、钱俊瑞等人在会上发言。会议决定分为4个组。第一组是经济体制改革问题的研究，由张劲夫、房维中、薛暮桥负责；第二组是经济结构问题研究，由马洪、孙友余负责；第三组研究引进技术、设备和资金，并与改造现有企业相结合问题，由汪道涵负责；第四组是经济理论与方法研究，由于光远负责。

7月17日，孙冶方在经济研究所党员大会上提出研究人员的定级标准；除学术标准外，还要注意学风，反对风派学风。

7月19日，孙冶方到中财委参加讨论关于实践工作者和理论研究工作者联合调查研究的问题的会议。

7月20日，孙冶方出席姚依林主持的讨论会，讨论《关于提高农产品收购价格以后，合理调整销价，适当增加工资的意见（征求意见稿）》。薄一波、邓力群、薛暮桥、刘明夫以及国家计委经济研究所、中国社会科学院工业经济研究所、物价总局、劳动总局负责物价、工资工作的同志出席了会议。

7月24日，孙冶方到计委参加体制问题调查小组会。

7月31日，孙冶方就《人民日报》7月27日发表的新华社通讯《毁瓜的风波说明了什么?》一文给中央纪律检查委员会写信，建议中央纪委及国家立法部门考虑订立一条法律，凡因干部失职造成国家、社会和群众严重物质损失者必须降职降薪。对于不关心国家、社会和群众物质利益的人，必须给一点物质刺激，即物质处分。

7月，孙冶方写出《论作为政治经济学对象的生产关系》一文（发表于《经济研究》1979年第8期），作为他的《社会主义经济论》第1章《导言》中的两节（初稿）。文章针对流行了20多年的斯大林在《苏联社会主义经济问题》一书中关于政治经济学对象即生产关系所包括的内容，提出了不同意见，认为斯大林的定义是对恩格斯在《反杜林论》中关于政治经济学对象的正确定义的修改，这种修改是不妥当的，对社会主义建设实践已经带来了不良后果。认为斯大林把流通排斥在政治经济学对象之外，把生产资料所有制形式独立出来，作为政治经济学对象的生产关系的三个方面之一，都是有问题的，值得讨论。孙冶方指出：多年来，这种把所有制形式从生产关系中独立出来观察的传统观点，几乎统治着社会主义国家的整个经济理论界，它在实践中造成的危害是显而易见的。认为我国农业社会主义改造步伐过快，原定18年完成的任务在不到两年的时间里，就用三步并做一步走的快速办法完成了，违背了客观经济规律，造成了生产力的巨大破坏。这与离开了生产关系，孤立地从所有制形式上去考察的那种形而上学的或法学的幻想是有关系的。

8月8日，为庆祝中华人民共和国成立30周年，《经济研究》编辑部和《经济学动态》编辑部联合组织召开了经济理论工作者座谈会，孙冶方做了题为《贯彻"双百"方针 开展经济科学研究工作》的发言（后发表于《经济学动态》1979年第10期），认为中华人民共和国成立30年来经济学界的成绩很大。50年代初，在统计工作中遇到问题时，他认识到统计工作离不开政治经济学。制订计划要考虑到价值规律、关于生产价格问题、生产力是二要素还是三要素的问题等争论，经过30年的曲折，经过对"四人帮"的批判，观点愈来愈接近了。虽然对这些问题还要深入研究，进一步开展百家争鸣，但就现有成绩来说是来之不易的。孙冶方还提出，目前还没有一本较系统的、大家公认的社会主义政治经济学的教科书。希望大家共同努力，用10年或者更短的时间写出这样一本教科书或讲义来。他认为，作为经济理论战线工作的同志，应该有"五不怕"的精神，就是不怕撤职，不怕开除党籍，不怕坐牢，不怕杀头，不怕离婚。坚持真理，修正错误，进一步推动政治经济学研究工作的发展。他提出：希望今后真正地贯彻毛泽东同志提出的"双百"方针和"三不主义"（不戴帽子，不打棍子，不抓辫子），认为能如此，经济科学研究工作的步子就可能更快一些，成绩也会更大一些。

8月10日下午，孙冶方出席《经济研究》《经济学动态》编辑部联合召开的各业务部门研究机关负责人座谈会。晚上与来访的青年王立山谈政治经济学。

8月15日，孙冶方主持报告大会，并向5个经济研究所的同志传达了全国政协五届第二次会议的情况。

8月16日,孙冶方到秦皇岛休养并写作《社会主义经济论》。18日突发高烧,即返北京。经检查发现腹内出血,住首都医院治疗。

8月25日,孙冶方向医院请假两小时参加张闻天同志的追悼会。

8月27日,孙冶方修改完调查报告《从耀华玻璃厂在冷修玻璃窑时采取加奖措施看扩大企业权限的必要性》。报告指出:我们现在企业管理的许多条条框框的确是过细、过死,束缚了基层干部和群众的手脚。建议中央对像奖金制度这类问题,只规定一些政策原则(例如必须贯彻按劳分配原则,反对平均主义,必须以增产节约为前提,等等),至于具体条例办法,应该下放给企业自己去解决。孙冶方在8月30日写给中财委、中国社会科学院领导的信中指出:秦皇岛耀华玻璃厂摆脱财务部门规定的原有奖金制度的旧框框,取得提前8天完成玻璃窑冷修工程大胜利的先进事迹对于我们的体制改革,是很有启发的。

8月31日,孙冶方审阅由他提出基本思想、由另外两名同志起草的《马克思主义的人口论和马尔萨斯人口论》一文,认为此文因有承担责任并作检讨的内容,故不能与那两位同志共同署名,应以他个人名义发表,承担这个责任。

9月5日,孙冶方在日记中写道:忽然想到在《什么是生产关系》之后,但是在《生产力》之前要加一节:《无流通论的社会历史背景——小农经济加陶渊明、王衍的清高思想》(要引马克思在《导言》中所说"鲁滨逊思想"不是对现代文明的反感,而正是资本主义私有经济的反映那一段话,但说明无流通论却正是反映小农对流通的反感),但我过去对这认识还不够。无流通论的源泉更在于俄中两国革命,一先一后都经过军事共产主义阶段,中国特长。这是无流通论的一个重要原因(商品、货币、八级工资制与过去差不多之说)。还要加上一段，苏中两国革命取得政权主要由于善于领导农民；为何在领导农业生产上却碰了壁，原因正在于只懂得农民，以农民的自然经济领导农业生产。

9月，孙冶方还做了如下备忘录：

《社会主义经济论》导言中需要增补的部分或材料：（1）社会主义经济思想史中自然经济观点发展史；（2）政治经济学和哲学、史学；（3）马克思恩格斯关于《政经学批判大纲》的评价；（4）恩格斯关于配给的话（《反杜林论》）；（5）列宁批布哈林《过渡时代经济》的语录。

拟写的题目：（1）"大中小并举、土洋并举"的方针不能放弃——兼论引进国外先进技术改造我国现有企业问题，什么是中国式的现代化，资源和人力的充分利用；（2）社会主义社会为什么要关厂或"调整和关并停转"；（3）为马寅初恢复名誉或……（4）从宝钢……谈到内地与沿海的关系问题；（5）用集体大办服务行业；（6）什么是"社会主义"；（7）政治经济学和历史学；（8）沙文汉事（党政分工报告）。

要讲的问题补记：（1）"利用"价值规律，利用与尊重是相对立的；（2）反对孤立地研究各条规律，放在列宁关于 $I(v+m)=Ic$ 一节讲，（3）南罗经济发展快，秘诀之一是农业先过关；（4）价值规律归根到底是价格符合价值的问题；（5）调整价格靠市场机制；（6）把凭证供应说成是计划分配是对计划的讽刺。

同月，孙冶方在病中坚持修改完为平心同志《论生产力问题》一书写的序言《政治经济学也要研究生产力》，赞扬了平心同志反对当时那股"把生产关系绝对化，把生产力简单化"的错误思潮，独立思考、服从真理的科学态度和精神。在生产力三因素和生产力中人的因素及物的因素问题上，孙冶方认为自己与平心的观点是一致的、相通的。同时也认为平心的关于生产力可以

"自己增殖"的观点是不够确切的;还指出平心在谈到生产力内部的"社会联系"时认为分工就是生产力的说法是有些简单化。孙冶方认为,我们只能从转化的意义上来理解分工是生产力。对于平心重论生产力文章中所提出的主要问题,孙冶方认为是政治经济学研究范围的课题,而不是像某些同志所认为的那样,是属于生产力组织学范围的问题。

同月,孙冶方还写出《经济学界对马寅初同志的一场错误围攻及其教训》一文(发表在《经济研究》1979年第10期),对1958年他担任中国科学院经济研究所代所长时,经济研究所主办的《经济研究》杂志发表了10篇对马寅初进行围攻、批判的文章一事,向马寅初表示歉意;同时对人口问题和就业问题提出了自己的意见。认为社会主义制度下节制生育同马尔萨斯主义有根本的区别,那种以为马尔萨斯主义者主张节育,因此只要提倡计划生育就必须对马尔萨斯的人口论重新估价的观点是错误的。同时,认为批判马尔萨斯主义也不能否定计划生育,控制人口增长,指出节制生育在我国有重大的意义。我国现阶段的人口增长速度已和工农业生产增长速度、资金积累和技术发展水平不相适应。如果不实行计划生育,继续保持较高的人口自然增长率,其结果必然是等待就业的队伍越来越长,城市人口倒流到农村去,劳动者的技术装备程度降低,最后造成整个社会的劳动生产率的下降。

9月27日,经开腹检查发现孙冶方患肝癌并有破裂出血,首都医院随即进行了肿瘤切除手术。病中,孙冶方向党中央写了要求为沙文汉同志彻底平反昭雪的申诉报告。

10月,中国社会科学院经济研究所组织7名研究人员,协助孙冶方写书,抢救《社会主义经济论》,孙冶方在病床上口授观点,由助手们记录和录音。从10月至1980年夏,按孙冶方口授观点,助手们起草了《社会主义经济论》大纲20余章,约15万字（其中《导言》大纲20余章，后发表在《中国社会科学》1983年第3期）。

11月21日，《光明日报》记者到医院与孙冶方商量为他写报道稿的事，孙冶方认为原稿过于把他美化了。同时表示同意董辅礽同志对此稿提的意见，即加上张闻天和李富春同志对他的影响。

12月27日，孙冶方在首都医院就"关于沙文汉同志平反问题"给陈云同志并中央纪律检查委员会、宋任穷同志并中央组织部写报告。

1980年1月，孙冶方在《经济研究》第1期发表了《什么是生产力以及关于生产力定义问题的几个争论》（《社会主义经济论》导言中的四节初稿）一文，回顾和评述了我国经济学界对生产力定义问题的争论，阐明了他对生产力定义的一些看法。孙冶方主张生产力三因素论，不赞同斯大林的生产力二因素论，认为生产力三因素论是马克思的观点，并且指出：当前我国经济建设中原材料问题很尖锐，在许多情况下，由于原材料品质低劣、种类不齐、型号不全，还有物资供应体制的不合理，大大影响了生产力的迅速发展。生产力二因素论的观点是妨碍经济科学对生产力问题的研究的。所以，生产力二因素论和三因素论的争论，不仅仅是概念之争，而且有重要的现实意义。

1月20日，孙冶方致信中共中央纪律检查委员会和中共中央组织部，建议调查俞秀松、董亦湘、周达明（文）被害真相，以及留苏学生最早的反对王明宗派集团的斗争经过等。

1月21日，孙冶方与助手们谈《社会主义经济论》导言及全书提纲的写作问题。2月8日下午谈《社会主义经济论》第2章《产品和商品》的提纲。12日下午谈第3章《价值和价值规律》的提纲。21日下午谈第4章《价格和价格政策》的提纲。

2月22日，孙冶方就"基数和速度关系问题"给李人俊同志复信（李人俊同志2月14日写给孙冶方一封信并附委托国家计委经济所搜集整理的一份关于基数和速度关系问题的材料。《李人俊和孙冶方同志关于基数和速度关系问题的通信》后发表于《经济学动态》1980年第5期），认为：材料的结论——"社会经济发展速度既不是递减也不是递增，而是波浪式地向前发展的"是正确的。认为发展速度是由不少互相独立又互相依存的因素决定的。除李人俊来信中提到的不同社会制度和劳动对象等原因外，孙冶方认为积累和消费的比例关系是影响速度的另一个重要因素，而且是永远要起作用的。毛主席说的"生产长一寸，福利长一分"的原则只要能够维持；甚至生产长一寸，福利长三分、四分，只要不减少积累的比例；再排除了原料、能源危机之类的因素，光以科技的进步、管理的不断改善而论，速度是只能递增，不应递减的。

2月25日，孙冶方和助手们谈《社会主义经济论》第5章《货币和劳动券》的提纲。

3月1日，谈《社会主义经济论》第6章《劳动和劳动分配》的提纲。

3月2日，孙冶方与李人俊同志谈关于地区平衡中的一些问题，取得大致相同意见。认为主要是资源情况、交通运输情况和历史社会条件等形成地区间必然的互相依赖。对"独立自主的经济体系"持否定的意见。

3月3日，孙冶方谈《社会主义经济论》中《劳动报酬》的提纲。

3月6日，谈《社会主义经济论》中《企业和企业管理》的提纲。

3月10日，孙冶方写信给章蕴、顺元转黄克诚同志，建议党员十五条守则中加上学理论一条。

3月19日，孙冶方应薛暮桥要求，拟写一篇悼念铁托的文章，构思的文章内容是：（1）铁托是一个反对苏联开始的集中统一的管理体制、扩大企业职权的"自治体制"的创始人。（2）铁托并不自满，认为他们的经济管理体制尚有缺点（他在十一大的报告中还亲自指出了当前存在的缺点：一是消费增长速度快于劳动生产率的增长速度；二是基建战线长是由于工业企业和银行的官僚主义者相互勾结形成的）。（3）在铁托领导下南斯拉夫同志的谦虚态度。他们认为他们的经验不仅不完善，而且是适应他们本国情况的，未必适应别国，因此别国不能照搬。这种谦虚态度值得我们学习。

3月27日，孙冶方与助手们谈《社会主义经济论》的《流通篇》提纲。

3月，孙冶方写出《重视理论 提倡民主 尊重科学——回忆少奇同志的几次讲话》一文（发表于《经济研究》1980年第4期），回顾了刘少奇同志1941年在华中局党校对理论宣传教育工作所做的重要指示，批驳了林彪、"四人帮"给《答宋亮同志》强加的种种罪名。认为由于少奇同志具有很高的马克思主义理论素养，对我国的社会状况和我们党的历史和现状又有深刻透彻的了解，因此他的那些意见不仅具有当时当地的适用性，而且具有深远的指导意义。对我们今天来说，其中最重要的可以概括为：重视理论，提倡民主，尊重科学。孙冶方回顾了中华人民共和国成立以后刘少奇同志对经济理论工作所做的贡献。孙冶方还指出我国经济学界长期否认社会主义条件下存在流通，特别是否认全民所有制经济内部存在生产资料的流通，采取了由物资部门调拨的办法，这实际上是一种在商品经济很不发达的条件下采取的办法，不是产销双方直接见面、谈判成交，不能灵活及时满足生产需要，是有很大弊病的。认为少奇同志1965年提出把物资部门改为生产资料商业部，按照产品流通的客观规律组织生产资料流通的设想，并着手进行这种改组，是一个非常大胆和正确的想法。

4月11日,孙冶方建议写作小组成员用两个星期的时间阅读《资本论》第2卷的一、二两篇,作为写《社会主义经济论》中《流通篇》的准备。

4月26日,孙冶方就"孤岛"文学资料问题致信黄逸峯等同志,对他们拟编辑一套"孤岛文学资料丛书"表示非常赞成,并说这是一件十分有意义的工作。

4月28日,孙冶方出院。

5月,在海军大院海军第一招待所继续写《社会主义经济论》。

5月21日,孙冶方与助手们(写作组成员),讨论《流通篇·资金循环》章的提纲。

5月30日,孙冶方给胡乔木同志写信,指出近30年来,由于对"理论联系实际""从概念到概念"这两个问题的片面解说,这两句话变成了对于社会科学的两道紧箍咒。挥舞这两道紧箍咒的同志不懂得,逻辑与推理就脱离不了"从概念到概念",没有了它,就连形式逻辑也谈不上,一切问题就在于所说的概念能否正确地反映或概括客观生活。正因为如此,所以就必须用苦功抠一抠概念。可是"抠概念"又成了社会科学工作者的另一道紧箍咒,结果造成了"十年浩劫"时代极端的"概念混乱",其余毒至今没有消失。所以,我在我的尚在怀胎中的《社会主义经济论》的《导言》结尾专门设了一节叫作"抠概念"。

同日夜,孙冶方致信胡乔木同志,建议寻找当时还尚存的留苏同学,并召开一次座谈会,回忆王明宗派集团形成的经过等历史情况。胡乔木同志回信,建议党史研究室召开关于"二十八个半布尔什维克"问题调查会。

6月7日,孙冶方口述《经济学家谈四个现代化》一文。

6月15日,孙冶方读了当日《人民日报》程钧的《让下面掌握自己的命运》一文,认为"反对包办婚姻"(指物资供应、基建投资等）提得很好；但文章末尾提出的利润分成办法，即新投资分一部分归企业的办法则是不对的，这办法是南斯拉夫一度发生、后来为铁托反对掉的绝对自由化！

6月21日，孙冶方约杨培新同志谈银行问题，为《流通篇·银行》一章收集资料。

6月23日，孙冶方访杨岩、范培琦同志，请他们帮助找关于大西北开发（开垦）每一亩地及自内地迁每五口之户所用投资的资料。

7月1日—8月11日，孙冶方修改完《社会主义经济论》导言大纲。

7月24日，孙冶方致信胡乔木，反映当时深圳经济特区一些官僚主义拖沓扯皮的现象。

8月26日，孙冶方与助手们谈劳动力个人所有制之说是否成立，《国民收入的分配和再分配》章内容要点以及《外贸》章内容要点。

8月，孙冶方写出《关于改革我国经济管理体制的几点意见》（发表在《经济研究》1980年丛刊《关于我国经济管理体制改革的探讨》上），认为经济民主化须由政治民主化来保证；认为实行三种价格（固定、浮动、自由）作为一种过渡性的办法是可以的，但价格最终要由生产成本加平均利润来定，与生产价格相符；认为权力扩大的界限应以简单再生产为限，即在原有的资金范围内的经营管理权，折旧全部留给企业，扩大再生产部分，即新的投资应由国家管，不应该建立把折旧费和新投资混在一起的生产发展基金；认为在物资问题上，品种应统统下放给企业，由企业自己进行产、供、销平衡，国家只管差额平衡，经济管死管活的关键不在于国家管全部产品还是管主要产品，而在于"自下而上"还是"自上而下"。

9月4日，孙冶方修改《货币和劳动券》一章提纲稿。

9月11日,孙冶方读薛暮桥在1980年9月2日《人民日报》发表的《为什么生产形势很好,财政会有赤字》一文,感慨颇多。认为文章所引数字很多,暮桥对实际情况也熟。但认为薛暮桥现在极力主张的资金有偿使用论,就是他当年受到批判的"资金利润率"或"生产价格"的理论。认为薛把银行贷款代替财政拨款,看作是医治基本建设战线扩大病的对症良药,而他在《南罗考察报告》中早已说过,采用银行贷款法仍存在基建战线扩大之弊。

10月1日,孙冶方改写《价格和价格政策》第1章第5节。

10月,孙冶方参加宪法修改座谈会,13日,孙冶方给胡乔木同志并转宪法修改委员会写报告,建议取消1978年全国人大第一次会议通过的宪法总纲部分第二条:"中国共产党是全中国人民的领导核心。工人阶级经过自己的先锋队中国共产党实现对国家的领导。中华人民共和国的指导思想是马克思主义、列宁主义、毛泽东思想。"并谈了三点理由(详见报告)。孙冶方认为,修改这一条宪法有利于恢复宪法在人们心目中的威信,有利于改善党对政权的领导和转变党员的工作作风。11月经党中央书记处批转宪法修改委员会。

此期间孙冶方还向有关部门提出《关于加强统计工作,改革统计体制的提案》及说明(后以《加强统计工作,改革统计体制》发表于《经济管理》1981年第2期和以《关于加强统计工作和改革统计体制的意见》发表于《经济学动态》1981年第3期)。他列举了1958年全国粮食总产量、大炼钢铁等虚报数据的事实,指出"以统计数字不准和统计内容不全为例,党政领导人干预统计数字,搞虚报瞒报之风迄今并没有根本解决"。他认为,我国统计工作长期落后。如果统计工作搞不好,情况不明,国家对国民经济的领导和监督就是一句空话。建议尽快加强统计工作:(1)提高统计工作的社会地位;(2)改革统计工作的管理体制；(3) 建立强有力的统计系统；(4) 完善统计法规。

11月12日，孙冶方致信陈云同志，谈了两个问题：一是关于对我党建党初期的三个老党员俞秀松、董亦湘、周达明（文）同志平反的问题；二是建议国家当时采用工农业产品剪刀差的途径从农民那里取得的收入改为用公粮形式征收，以促进农民进行粮食增产的积极性。

11月，孙冶方写出《社会主义经济论》的《流通概论》一章（发表于《财贸经济》1981年第1期）。他认为社会主义政治经济学仍然应该按照《资本论》的叙述程序，在讲完了直接生产过程之后，接着就讲流通过程。然后再讲全社会的总生产过程。没有流通过程，仍然不能把千千万万个企业的生产联合成一个全社会的总生产过程，所谓计划性和自发性的差别，主要就表现在流通过程中，而不表现在直接生产过程中。我们社会主义计划经济的优越性，主要表现在流通过程的计划性，即是如何科学地来组织流通。文章批判了社会主义政治经济学中的无流通论，认为"无流通论"在中国的社会根源就是封建的自然经济关系，指出了"无流通论"的错误在于：把社会共同占有生产资料的社会主义全民所有制经济看作是一个大工厂，把工厂之间的社会分工同工厂内部技术分工等同化；混淆了"交换"与"分配"，混淆了政治经济学中所说的"分配"和实物"配给"——混淆了这样几种不同的概念和不同的社会职能，把"配给"当作分配并且代替了"交换"，从而取消了流通。指出"无流通论"否定等价交换原则，不按客观经济规律办事，使流通与生产、消费不相适应，给社会主义经济建设造成了严重的危害。认为流通过程对生产过程、对整个社会经济起着重大作用，在流通与生产的关系中，流通不仅仅是被动的、被决定的，流通组织得好坏，对生产可以起促进或促退的作用，对公有制可以起巩固或瓦解的作用。流通与生产之间存在着对立和统一的关系。

12月19日，孙冶方在全国统计局长会议上做《关于加强统计工作和改革统计体制问题》的讲话，强调统计的独立性和统计资料的客观性、准确性。

12月23日，一位青年找孙冶方谈政治经济学问题，主张把全民所有制企业都改为集体所有制企业。孙冶方认为这是异想天开的"解放思想"，由此可见反"左"不能不防右。

同日，中国价格学会在北京举行成立大会。大会聘请于光远、孙冶方、刘明夫、刘岱峰、许涤新、季龙、骆耕漠、张翼飞、段云、廖诗权为顾问。

1981年1月1日，孙冶方给国务院副总理、国家计委主任姚依林同志写信，进一步说明《加强统计工作，改革统计工作领导体制》的提案并解释说并非对计委任何个人有什么不信任，而是认为这种体制（旧体制）使统计部门处于附属地位，统计数字难免受长官意志左右。他希望姚依林副总理能对该提案有较全面的理解。

1月8日，孙冶方在国家计委经济研究所、中国社会科学院经济研究所和辽宁省计委经济研究所联合发起召开的国民经济综合平衡理论问题讨论会上提交了题为《谈谈搞好综合平衡的几个前提条件》的录音发言（后发表于《经济研究》1981年第2期），认为社会主义经济的主要优越性之一还在于它的计划性。所谓计划经济或计划工作，它的主要内容就是搞好综合平衡。把不平衡搞成平衡，这是计划工作的起码要求。认为要搞好综合平衡，首先必须改变现行的价格结构，调整实际上存在着的不合理的价格；其次要有准确的统计资料；最后还应该区分开资金量的简单再生产和扩大再生产。

1月9日，孙冶方应《光明日报》之约写了《法庭判决只是清算了刑事罪责》一文，批判了林彪、江青反革命集团破坏社会主义经济建设的罪行以及他们所散布的极"左"的经济思想、所推行的极"左"的经济政策。他指出,林彪、江青反革命集团给社会给经济战线造成了极其严重的"内伤"。在探索经济管理体制改革方向和形式的过程中,我们必须进一步肃清极"左"的经济思想,才能真正科学地总结中华人民共和国成立以来经济和经济工作的经验教训,使国民经济真正走上健康的发展轨道。

1月10日,孙冶方读了当日《光明日报》所载介绍1980年11月在贵阳市召开的中国生产力学会第一届学术年会讨论内容的文章,认为所谓生产力经济学(不外是生产力因素问题,生产力配置问题和企业的合理组织问题)无一不是政治经济学所应研究的问题。当年经济研究所设立了生产力配置组、工业组等具体经济学研究组,而中宣部科学处的那些权威们认为这是政治不挂帅,是业务政治经济学。他们的政治经济学是离开了生产力问题来研究的政治经济学,是驾空了政治经济学。孙冶方认为,有的同志提出共产主义社会的政治经济学就是生产力经济学,而不是生产关系经济学的观点是不对的,认为持这种观点的同志还未完全搞清生产力和生产关系的关系问题和政治经济学的对象问题。孙冶方认为,生产力经济学和工业经济学、农业经济学等部门经济学或具体经济学一样,是政治经济学原理在某一部门或专门问题上的具体化应用,作为它的一个分科是对的,但不是与它并列的一门学科。

1月13日,一位留美进修生向孙冶方请教去美留学应注意什么,孙冶方认为:(1)美国企业管理有可取、可学之处,但由于制度不同、立场不同,应不忘马克思恩格斯政治经济学基本理论,才能辨别资产阶级企业管理经验中何者可学、何者不可学;(2)应特别注意企业的折旧更新制度问题。

1月29日,孙冶方就"老企业的挖潜改造问题"致周传典同志的信中认为,现在美国的某些工业(如汽车)已经竞争不过日本，至少原因之一是旧设备成了包袱，舍不得丢掉（到了应丢掉，或更确切些说，应改造或应更新的时候，舍不得改造或更新）。同时也指出：一切要算账，是改造合算，还是更新合算，要看经济效果。

2月11日，孙冶方在和有关同志谈积累和消费问题时认为，离开了其他条件一般地反对高积累、高速度是形而上学的提法。

2月22日，武衡同志向孙冶方提出搞专利的理论根据问题，孙冶方认为，社会主义社会搞专利的理论根据是：（1）按劳分配的原则——发明创造是复杂、熟练劳动的成果；（2）搞试验要投资；（3）鼓励推广。

2月26日，孙冶方参加了在人民大会堂召开的由于光远同志发起的经济、社会发展战略讨论会。

3月2日，孙冶方在给一位同志的信中写道："我一向强调价值规律，但我一向反对一定要把社会主义社会的价值规律和商品挂钩，像时下所流行的提法那样。因为到了共产主义社会不是商品经济了（是产品经济），然而也不是'自然经济'，还要讲各企业的独立经济核算，还要讲等价交换，但这是产品经济规律。从今天全民所有制企业的相互交换关系来说，本质上已是产品价值规律，而不是商品价值规律。""我不认为一切比例关系都是价值关系。例如电力部与煤炭部，又如棉和纱和布三个行业的关系等都是技术定额比例，而不是价值比例关系。我们的计划工作（例如发展速度），就是考虑技术定额的比例即使用价值的比例关系多，而考虑需要较多，考虑可能性较少。"

3月3日，孙冶方给邓力群同志写信，建议在新党章草案中加上党必须对政府、群众团体实行领导，但党的领导是靠政策及党员的以身作则，党员不能依势压人……

3月4日，孙冶方到中南海出席国务院经济研究中心召开的会议，讨论国民经济长期计划的方法问题。

3月12日，孙冶方为全国经济效果理论讨论会讲话录音，并整理成书面发言《讲经济就是要以最小的耗费取得最大的效果》（发表在《经济研究》1980年丛刊《国民经济的调整和经济体制的改革》上），认为社会主义政治经济学教科书，要讲经济，要表现出它不同于历史唯物论、不同于哲学的特点。而讲经济就是以最小的耗费取得最大的效果，以最小的耗费取得最大的效果是社会主义政治经济学的红线。我们讲"最小最大"，讲经济效果，就必须要彻底破除和批判自然经济的思想。

3月21日下午，孙冶方到北京大学经济系主持召开座谈会。

3月24日，国家计委经济研究所、国家建委经济研究所、河南省计委和河南省建委联合发起召开经济效果理论问题讨论会（31日结束）。会议播放了孙冶方《讲经济就是要以最小的耗费取得最大的效果》的录音讲话。

3月29日，中国经济学团体联合会在杭州举行第一届理事会，经团联常务理事会邀请，孙冶方等为中国经济学团体联合会顾问。

4月10日，孙冶方的文章《国民经济的综合平衡》刊发于当日的《全国经济学团体通信》。

4月23日，孙冶方读《经济研究》第4期《国民收入范畴的重新考察——兼论"国民生产总值"指标的理论依据》一文，认为文章观点是最近相当流行的一种观点，它把马克思主义关于物质生产与非物质生产的界线抹掉了，把依靠再分配收入维持的服务行业同生产国民收入的物质生产部门混为一谈了。故准备撰文进行商榷。

4月，孙冶方参加中国统计学会在北戴河召开的第二次全国统计科学讨论会并发言，题目为《按照马克思主义原理确定国民收入的科学范畴》，谈了对社会主义制度下生产劳动与非生产劳动、国民收入范畴以及社会经济统计学的中心问题的一些意见。

5月4日,孙冶方在日记中写道:忽然想到的——"区分政治错误与学术问题、思想问题的界限"(见宋一平的报告《做党中央和国务院忠实的得力的助手》,1980年5月29日),此话现已为大家所接受,我也欣赏过。但是仔细一想,把政治、思想、学术(或科学)三者并列提对不对?如承认是对的,那就承认政治可以是无思想或非思想的,可以是不学无术或非科学的,而思想和科学则是超政治的。问题出在何谓"政治问题",根据一般含义,"成了政治问题"即是"违反党纪国法的问题",这是对政治的曲解。

5月12日,孙冶方写道:今日把许多功夫时间花在《老残游记》上了。我这次重读此书,一是为的寻找一句著者的名言:"眼前的路,都是过去的路生出来的;你走两步,回头看看,一定不会错了。"此句,前两天已找到。但记得刘鹗此书还有一句名言,是说清官而瘟,比贪官还坏,因为清官是以为清白,不贪赃,所以做起"瘟"事来更有恃无恐。这同我们的思想不解放者,比打砸抢分子更难对付是一个道理。因为他们所执行的是没有"四人帮"的"四人帮""左"倾路线,甚至是以反"右"的面目出现的。

5月24—25日,孙冶方在北京医院做《关于生产劳动和非生产劳动、国民收入和国民生产总值的讨论——兼论第三次产业这个资产阶级经济学范畴以及社会经济统计的性质问题》录音讲话(后发表于《经济研究》1981年第8期,并以《生产劳动只能是物质生产的劳动》为题目发表于《经济动态》1981年第8期),作为提交中国统计学会召开的第二次全国统计科学讨论会的发言。在讲话中,孙冶方批评把科、教、文、卫等非物质生产领域的人员作为生产劳动者和把他们的收入计入国民收入的观点,主张科、教、文、卫等部门,不要和作为经济部门的商业服务行业混杂在一起。认为社会经济统计是介于数理统计和政治经济学之间的一门边缘科学，有定性和定量两个方面，而定量计算是在定性指导下进行的，如果定性定错了，例如把精神生产的劳动当作物质生产劳动统计了，把再分配收入当作初次分配的收入了，把消费支出当作生产收入统计了，那么这个统计数字即使算得很精确，也是非但无用而且是有害的。

5月29日，孙冶方接见意大利《新日报》记者并进行会谈。

6月6日，孙冶方出席国务院技术经济研究中心会议并发了言，对财政部的单纯财政观点进行了批评。

6月11日，孙冶方给无锡县委宣传部和无锡地方志编纂委员会写信，讲述无锡地下党的历史情况。

6月30日，孙冶方给孙世铮同志（中国社会科学院经济研究所研究员）写信，说自己正在重写关于生产劳动和非生产劳动、国民收入和国民生产总值问题的文章，拟在刊物上发表。他想就文中涉及的高等数学请教同事。

7月6日，孙冶方给邹依仁写信，未同意担任上海申江经济管理学院名誉院长，但同意作为发起缘起的赞助者。

7月14日，孙冶方写出《忘记过去，就是背叛》一文（发表于7月20日《人民日报》），认为提倡个人崇拜是和迷信思想、蒙昧主义不可分的，十一届六中全会的《关于建国以来党的若干历史问题的决议》的伟大历史意义就在于，它破除了对毛泽东同志的个人崇拜，把毛泽东同志从一个假想的神变成为一个有血有肉的人。认为我们不应否定或低估我们建党60年来对国家民族的贡献，不应对社会主义丧失信心，同时对于"文化大革命"期间我们的国民经济遭到严重破坏的事实也不应采取不承认主义。我们应该采取十一届六中全会决议的态度：承认我们犯了错误，承认客观事实，承认我们落后了。但是这是由于我们主观上犯了错误，而不是社会主义制度没有优越性。相反，我们对社会主义的优越性和赶超资本主义是有充分信心的。这是唯一正确的态度。

7月26日—8月2日，孙冶方出席了国务院学位委员会评议小组首次会议。

8月初，孙冶方写出《知难，行亦不易——研究工作者如何防止骄傲》一文，认为从毛泽东同志晚年所犯他自己在前期曾经严厉批评过、而且批评得那么透彻的那些错误——"逐渐骄傲起来、逐渐脱离实际和脱离群众、主观主义"这些事实看来，我们必须承认"知难，行亦不易"。"个人专断作风"会使人骄傲自满，冲昏头脑，会腐蚀人的思想，毒化人的判断力。只有实行集体领导，遵守民主原则，实行法治，把自己放在集体之中，才能防止骄傲自满、独断专行、犯主观主义错误。这不仅对于党的领袖，而且对于任何一级的领导干部以至于每一个党员也是值得吸取的宝贵教训。对于不担任党和行政职务的研究工作者来说，骄傲自满同样是妨碍我们继续前进的大敌。

8月3日，孙冶方给湖北财经学院刘叔鹤教授写信，请教关于资本主义国家中央统计局的历史情况以及与统计相关的法律规定。

8月4日，孙冶方给宋涛同志写信，请他搜集一份关于中国及各国大学的文、理科比例的资料，准备就此事给中央写个报告，对这次学位委员会的看法提些意见。

8月21日，孙冶方出席了由他建议召开的"'二十八个半布尔什维克'问题调查会"。他在发言中指出，王明宗派集团是在反对中共中央代表团和镇压"中大"大多数学生群众的斗争中形成的。只有搞清这段历史才能搞清六届四中全会到遵义会议这段党史，王明宗派集团曾经把他们在莫斯科"中大"搞的"残酷斗争，无情打击"这一套党内斗争扩大化的做法带到中共党内来，他们甚至把不同意他们意见的人投进监狱，进行迫害以至肉体消灭。"文化大革命"时林彪、"四人帮"搞的一套完全是从王明宗派集团那学来的，不过是"青出于蓝而胜于蓝"而已。发言中孙冶方认为，他40年代整风时，曾把莫斯科"中大"学生的两派斗争说成是无原则斗争（因为当时斗争双方所争论的问题不是中国革命的战略策略问题，而是学校内部的具体工作问题），那种估计是错误的。现在看来，"中大"学生的风潮就是反对王明宗派集团的最初的一场斗争。

8月27日，孙冶方写了《关于中共旅莫支部》一文（载《中共党史资料》1982年第1辑），指出20年代的中国共产党莫斯科支部有两个重要的错误倾向，一是轻视以至反对党员的理论学习；一是家长制作风和在党内组织生活中不谈思想政治问题，不谈大事，而只注意生活琐事，并提倡党员之间互相打"小报告"。这两个倾向在我们党内很久没有消除，是应引以为戒的经验教训。

9月3日，孙冶方出席了在大连市召开的全国经济团体联合会首届年会，并在大会上以《也谈理论联系实际和百家争鸣问题》为题发表了讲话（后载于《财贸经济丛刊》1981年第6期），认为要推进经济科学的发展，还是要提倡读马列主义的经典著作，特别要提倡读《资本论》；还应当提倡调查研究。主张经济理论工作者要深入农村、工厂、商店，同农民、工人、店员特别是同做财务会计工作、做计划统计工作的同志交朋友，体验实际生活，做些典型调查。他还主张在学术问题上要提倡开展点名的批评与反批评，认为要提高整个经济学界的科学水平，就应该来个大点名、大批评、大反批评。

9月4日，孙冶方在大连写出《调整、改革与速度》一文（发表在1981年9月14日《世界经济导报》），认为经济发展的快慢是表现在速度高低上，高速度与浮夸风、瞎指挥并无必然联系。认为我们"一五"时期已达到过的速度（工业发展速度是年均18%）并不是可望而不可即的"高指标"。而目前我们速度上不去的重要原因，就在于调整、改革还没做好。而调整、改革之所以没有做好，则在于人心没有那时候齐，就在于某些领导班子因"十年浩劫"搞得不团结了。因此，要做好经济调整和体制改革，既要反对"左"倾，又要反对右倾自由主义。

经济团体联合会议结束后，孙冶方抱病在大连市进行调查研究。

9月18日，孙冶方出席大连市哲学社会科学学会联合会召开的座谈会并发言，题目是《坚持理论联系实际 推动经济体制改革》（后发表于《财经问题研究》1982年第1期）。他主要讲了坚持理论联系实际、流通体制应该改变、要重视挖革改、缩短基本建设战线的好方法等几个问题。

9月25日，孙冶方读了刘国光为全国《资本论》讨论会所写的论文《关于马克思的生产劳动理论的几个问题》，认为此文也把他对于马克思经典著作中关于生产劳动问题著述的理解表达得很清楚了。

10月4日，孙冶方和许涤新给中国社会科学院党委写信，指出近一时期在经济学界，特别在一些青年人中，存在一种忽视马列主义经济理论、甚至认为《资本论》过时的倾向，这是值得注意的现象，必须采取相应的措施。认为对派到国外学社会科学的留学生，必须要求在国内用马列主义打下一定的基础，否则，可能最后学会一整套的西方经济学理论，实际等于培养了与马列主义格格不入的理论工作者。那将对我国马列主义理论的发展，以至于对我国的整个社会主义制度都会造成极大的危害。即使是学习经济管理或经济计量学这些比较技术性的课程，也要注意这一点。

10月7日，孙冶方读了熊映梧所写的《用发展观研究〈资本论〉》一文，认为这篇文章有水平，它指出了《资本论》对百余年来新发展的实际未预见到、而应创造新的发展的几点意见。

10月16日，孙冶方出席《科技导报》编辑部召开的座谈会。

10月21日，湖北青年程抱全请孙冶方对他的《论质量管理的必要性》一书写作提纲提意见。该书共19章，要对13个行业的质量管理都定出"特、高、中、下"四等质量标准。孙冶方认为，首先，这不是经济学问题，而是商品学问题；其次，他一个人不可能精通13个行业的工业产品的"质量"问题。由此孙冶方劝程放弃这个写作计划。

11月14日，孙冶方和刘瑞龙同志谈农业经济理论问题。孙冶方认为，人类最早的生产部门不是农业，而是采集业、渔猎；农业仅指种植业。包括林、牧、副、渔在内的所谓广义农业应称农村经济。所谓狭义农业、广义农业之说并不确切，应称为农业经济及农村经济。

11月22日，孙冶方在人民大会堂出席《中国经济年鉴》编委会议。

12月2日，政协分组讨论五届人大四次会议《当前形势和今后的方针任务》的报告，孙冶方对报告中强调老企业改造的方针做了发言。

12月14日，孙冶方修改完《为什么调整？调整中应该注意的一个重要问题——兼论按资金量区分简单再生产和扩大再生产问题》一文（发表于《经济研究》1982年第2期），认为基本建设战线过长是近年物价上涨的主要原因，为紧缩财政开支，消灭赤字，制止物价上涨，就必须抓这个大头——压缩基本建设线。要压缩基本建设战线，必须：（1）清除"左"的思想。今后基建规模再不能以主观意志为依据而必须以实际掌握的人力、物力、财力为依据。（2）严格控制银行信贷。基建投资和定额流动资金全部采用银行贷款形式，但银行对这两项资金的使用必须具有监督检查权，而不再是财政部门的一个单纯的出纳机关。（3）基建投资应归中央和省、直辖市集中掌握。孙冶方在文章中还提出了一个防止基本建设战线过长的具体建议，即建议国家定立一个制度，规定每一个工矿企业在兴建之前都必须签定四种合同：（1）经营单位与建筑企业的合同（必须有投产日期的规定）；（2）经营单位与设备（建设中所必需的设备）供应单位的合同；（3）经营单位同投产后的动力和原材料供应单位的合同（后者保证企业如期投产时按质按量供应动力和原材料）；（4）经营单位与产品承销单位的产品销售合同。认为有了以上四种合同，并且在法律上规定没有以上四种合同，不得动工兴建任何企业，如果各方不履行合同都要按法律规定赔偿有关方面的损失，在这种条件下，基建战线过长的问题就能够得到根本的解决。

1982年，孙冶方接受采访时，回忆了在莫斯科中山大学的一些历史情况，对当时留苏的俞秀松、董亦湘、周达文同志被杀害一事的处理表示怀疑。

1月29日，孙冶方邀请北京经济理论界一些同志到家中，主持召开了学习陈云同志1月25日关于"坚持以计划经济为主　市场调节为辅"问题讲话的座谈会。孙冶方在发言（后整理成《坚持计划经济为主　市场调节为辅》发表于2月13日《中国财贸报》和《财贸经济》1982年第4期）中表示完全拥护陈云同志的重要讲话，并指出：近几年来报刊上常出现的"计划与市场"或"计划经济与市场经济"的提法是不确切的，因为它是把计划与市场割裂开来，作为两个对立的概念来提的。这种提法表示着计划不管市场，而市场是没有计划的。孙冶方认为，市场是买卖关系的总和，即流通过程。社会主义社会的经济之所以被称为计划经济，归根到底，在于流通过程的计划化，在于社会通过供、产、销关系的计划化（即所谓"综合平衡"），把千千万万个企业结合成了一个有计划的整体。因此，把"计划和市场"或把"计划经济和市场经济"作为两个对立或并立的概念来提是不确切的。

1月，孙冶方写出《要加强哲学社会科学理论学习——重读刘少奇〈答宋亮同志〉》一文（发表于1982年1月19日《人民日报》），认为建国30多年，我们党的理论准备仍然不够，理论水平仍然不高，这除了由于我们建设社会主义社会的经验不够以外，还在于长期存在着"过分强调实践，轻视理论的重要性，轻视理论对实践的指导作用"这样一种偏向。提出我们不应忘记马克思主义的理论是我们建党立国的思想基础，全党要加强对马克思主义理论的研究。除了要重视系统学习哲学社会科学理论以外，也要重视学习业务，学习文化。建议我国建立一种定期的干部考核制度，注重干部的学历。

2月，孙冶方因肝癌扩散，又入北京医院进行治疗，未能出席中国生产力经济学研究会首届年会，但为大会写了书面发言，衷心祝贺生产力经济学首届年会的召开。孙冶方认为，政治经济学研究工作者必须研究生产过程中的一切具体问题，包括所谓生产力问题在内，生产力和上层建筑也包括在政治经济学的研究对象之内。不同意把研究生产力的经济学作为研究生产关系的政治经济学之外的、独立的或与研究生产关系的政治经济学相并立的一门科学。认为生产力经济学像其他部门经济学一样，不过是研究生产关系的政治经济学（或叫理论经济学）在某一具体部门中的具体化而已。生产力与生产关系不可能截然分开，如果离开了生产关系去研究生产力经济学，那就会把生产力经济学变成一门纯技术科学，而不再是一门社会科学了。

同月，孙冶方在北京医院为全国数量经济学第一次讨论会录音并写了书面发言（后以《在经济计量学年会上的书面发言》发表于《经济研究》1982年第4期）。他认为，研究经济学，运用现代数学、运用经济数学是非常必要的。但经济计量学必须在马克思主义政治经济学指导之下来运用。如果认为光是经济数学就能解决社会主义计划经济中的一切问题，就能解决国民经济综合平衡的问题，如果想以经济数学代替马克思主义的政治经济学，那就是错误的。他指出：经济数学和一切现代高等数学的成就，对于经济学来说只是一个工具，我们只能利用经济计量学的数学方法，还要按照马克思主义政治经济学的基本原理来运用这许多方法。如果背离了这个原则，那么我们就会不知不觉地把资产阶级的经济学一同学来，就会在各式各样的资产阶级的经济模式中间迷了路。

3月8日，孙冶方写出《坚持以计划经济为主市场调节为辅》一文（发表于《财贸经济》1982年第5期），认为我们的社会主义计划经济之所以还需要以市场调节为辅助因素，是因为：第一，还存在不同的所有制，特别是保留有个体经济成分；第二，我们的计划方法还不够完善；第三，我们的商品储备还不够充足。文章再次指出"计划与市场"或"计划经济与市场经济"这个最早发生在东欧、近年来在我国经济学界流行的提法是不确切的，它在概念上是不清楚的，是一种"板块论"的提法。

3月22日，孙冶方在北京医院写出《不是要不要抓速度，而是如何抓速度》一文（发表于1982年4月5日《世界经济导报》），答复了上海读者寿端人来信提出的对《调整、改革与速度》一文的不同意见。他指出，来信中对我国1950—1980年各年速度的分析及其看法（即不能把速度是否上得去作为调整与改革是否搞得好的唯一标志）是只注意了历年速度的"量的规定性"，而没有分析它的"质的规定性"，因而不能得到科学的解释。认为国民经济的增长速度是社会主义经济制度优越性的重要标志，社会主义的一切其他优越性最终必须在也必然会在国民经济发展速度上表现出来。他指出，问题绝不在于要不要速度，要不要强调速度；而在于如何抓，如何强调。如果用自上而下、一级又一级摊派指令性指标的办法，用压指标的方法去抓，那么不仅18%的速度抓不出来，即使抓出一个8%的速度，也会是充满了水分的。抓速度要从企业经营管理的改善着手,要从抓企业技术改造着手;而且不能停留在一般号召上,而是要按行业做出规划,要一抓到底,一个企业又一个企业地抓。

4月12日,孙冶方就国家计划法在起草和征求意见时对计划名称的选择问题,写信回复国家计委经济法办公室。他认为,计划法中对计划名称的选择,决定于计划法的内容。如果计划法所涉及的范围,仅限于现在国家计委所管辖的范围,即仅限于与经济(国家预算)有关的社会发展计划,那么就称作国民经济计划亦无不可。如计划法所涉及的范围包括到社会事业的各个方面,如包括不直接牵涉到经济问题的科、教、文、卫本身的业务计划,则称作《经济和社会发展计划》比较好。

4月,孙冶方写了一篇书评《介绍一本描写地下工作的好小说〈在密密的书林里〉》(发表于《文艺报》1982年第5期),批评至今仍在党内同志中存在的一种偏向——否定或轻视另一种革命斗争的形式,即白区党的地下工作的必要性和重要性。他指出,最早的革命武装是白区的党组织起来的,最早的根据地也是白区的党开辟的;没有白区党和人民的配合,革命是不可能取得胜利的。为了教育后代,除了继续总结我们党的武装斗争经验和根据地工作经验以外,还必须总结党在白区工作的经验。

5月25日,孙冶方在北京医院写了给中国商业经济学会成立大会的贺信(后以《我们的经济计划要符合社会需要》发表于《财贸经济》1982年第8期)。他说,只强调商业要有生产观点,不强调生产要有商业观点(即能卖出去),是片面的。商业是流通的代理人,它代表消费者的利益,它应当为消费者服务,而不能为仓库服务。他认为要解决现在商业库存积压的现象,必须要改变由上面"往下敲""往下压"指标的计划方法,经济计划必须要符合社会需要。孙冶方还提出要克服轻商思想,指出轻商思想的根源是残存的封建农业社会的自然经济思想,应该肯定商业职工的劳动是生产性劳动。

5月,孙冶方在医院进行化疗已不能控制肝癌扩散,又开始接受放射治疗。在身体很虚弱的情况下,他不顾同志们的劝阻,仗义执言,又写了影评《也评〈天云山传奇〉》(发表于《文艺报》1982年第6期),批评《文艺报》第4期袁康、晓文一文的观点,认为《天云山传奇》是一部宣传落实党的政策的好电影,并非是毁坏党的形象的"资产阶级自由化思潮"。影片的某些艺术表现手法的成功更加深了《天云山传奇》的良好政治效果,因为它的成功的表现手法使我们中的绝大多数人将会牢牢记住:今后我们再不能重犯"把同志当敌人"的错误了!孙冶方的这篇影评立刻博得了文艺界同志的好评,夏衍同志7月12日在给孙冶方的信中写道:"在《文艺报》上看见了您写的文章,文艺界反映极好,我认为这是评《天云山》的最公正、最有力(说服力)的佳作。"

6月19日,孙冶方在给一位同志信中写道:我觉得现在经济学家们的问题提法是从过去的完全否定社会主义社会的商品流通,而走向另一偏向,把一切改革都归因于商品之存在。因此问题又归结到50年代末讨论过的什么是商品这个问题。有的经济学家认为凡是用于交换的都是商品。按此说,则我们的一切活动都是商品,我们的劳动也是商品,到了纯粹的共产主义社会,仍然是商品经济,而且是更高级发展的商品经济了;因为那时分工更细,人们交换活动更频繁了。关于什么是商品的问题,我是拥护斯大林的定义的:凡是不同所有制之间的交换是商品交换,在同一的全民所有制内部的交换,则是产品交换。因此,未来的共产主义社会不是商品经济而是产品经济……社会主义计划经济还存在一个更根本性的理论问题和实际问题,那就是全民内部、国营企业之间的生产资料流通问题。过去我们根本否定这是流通问题,因此实行的是高度集中的实物配给制(名义上称之为分配,实际这是歪曲了政治经济学上的"分配"这个概念)。而要弄通这个问题,必须弄通什么是商品,以及没有了商品要不要"流通"等一连串问题。

7月,孙冶方临时出院到青岛疗养,但他仍抱病坚持写作。

8月15日,孙冶方写出《效益与速度的统一:有计划地抓好企业技术改造》一文,认为抓好现有企业的技术改造,能够出高效益,能够出高速度,这二者是完全统一的。

8月18日,孙冶方给李德华同志写信,认为写文章开展对《天云山传奇》剧(电影)的讨论好极了。这些意见不仅涉及文艺问题,更涉及思想政治问题,涉及对党走过的曲折道路是隐藏起来好,还是告诉群众(包括通过艺术形象)接受教训以防止再犯的问题。

8月,孙冶方带病写成《对〈论作为政治经济学对象的生产关系〉一文的批判者的答复》(发表于《经济研究》1982年第10期),批判了为斯大林的无流通论辩护的观点。认为以斯大林的"生产过程中人们互相交换其活动"这样一句话来代替独立的流通过程,就会滑向杜林的纲领(即交换或流通只是生产的一个项目)而不自觉;批判了为斯大林的定义辩护、坚持把所有制从生产、交换、分配中独立出来的观点,认为如果生产、交换、分配的全部生产关系都说明了,所有制问题也就完全明白了。如果离开了生产、交换、分配等生产关系想去说明所有制问题,那就如马克思所说的那样,会走入法学或形而上学的幻想。孙冶方还认为,马克思在《论蒲鲁东》一文中的一段话(《马克思恩格斯选集》第2卷第142页)"这是什么财产?——对这一问题,只能通过批判地分析'政治经济学'来给予答复。政治经济学不是把财产关系的总和从它们的法律表现上即作为意志关系包括起来,而是从它们的现实形态即作为生产关系包括起来"中的"包括"二字译文不准确,认为那段话应译作:"什么是财产?——对这个问题,只能通过'政治经济学'的批判性的分析才能答复。政治经济学不是在财产关系的法律表现上,即作为意志关系来把握,而是在财产的现实形态上,即作为生产关系来把握。"在这篇文章中,孙冶方还批评了那种"不点名的'批判'或'批评'或'评论'"的学术讨论中最忌的方式,认为那种方式杜绝了读者进一步去研究并讨论的可能;从而无从知道所引的文字的上下文如何,更没法知道引者是否曲解以至篡改了被引者的原话。建议报刊不要采取这种方式来进行学术讨论,而应当采取公开点名商榷,引证对方原话也都注明出处的正当的学术讨论态度。

9月,孙冶方参加中国共产党第十二届代表大会,并当选为中央顾问委员会委员。在党的"十二大"上,孙冶方着重讲了速度和效益问题,并再次呼吁改革我国统计体制,建议将国家统计局在政权系统划归人大常委会管辖,与法院、检察机关一样具有独立性。在党内统计局归中央直接领导,与中央纪律检查委员会直接挂钩。靠不正确统计数字或估计数字指导经济工作那是要上当的,希望引起全党重视。会后,孙冶方因发烧和胃出血又住进北京医院。

11月初,孙冶方肝癌已发展到晚期,因肝糜烂出血不止,血色素很低。在重病中,孙冶方仍念念不忘国家经济建设,在老战友和同志们的鼓励下,他躺在病床上以口述的方式完成了《20年翻两番不仅有政治保证而且有技术经济保证——兼论"基数大,速度低"不是规律》一文(发表于1982年11月19日《人民日报》)。他认为,无论发展农业还是工业,都是既要靠政策,又要靠科学技术。党的十二大提出的20世纪末力争使工农业的年总产值翻两番,特别是其中工业部门要实现翻两番多的任务,主要就是抓好对现有近40万个企业的技术改造,而不能再走过去那种一讲发展生产,就想到搞基建、铺新摊子,在原来设备、技术、材料、产品、工艺基础上扩大生产能力的老路子。新建企业只占很少数，原有企业才是汪洋大海。如果我们今后生产的增长不只是靠新建的那么一点点企业，而是主要依靠占绝大多数的原有企业进行技术改造，那么，发展速度就能快，经济效果就能高，速度和效果就真正统一起来了。过去，苏联几十年工业发展的历史，我国30年来工业发展的历史，都是发展速度减慢，因而造成"基数大、速度慢"的错觉。实际上，出现上述情况的一个重要原因，是经济管理体制把原有企业的技术革新和改造卡死了，结果占绝大多数的老企业生产踏步不前，只能靠新建、扩建一些企业来增加生产能力，这自然使发展速度逐渐慢下来。为了有重点有步骤地搞好对现有几十万个企业的技术改造，孙冶方建议：逐步提高固定资产折旧率，第一步先从原来的4%左右提高到10%左右，把折旧基金基本上下放给企业搞设备更新，并且从经济管理体制上使企业具有进行技术改造的动力和压力。

11月23日，国务院总理赵紫阳到北京医院探望了孙冶方，并对他说："你的研究工作很有成绩，中央是充分肯定的……你对翻两番的意见是很好的，对'基数大，速度低'的观点的批判是有力的。中央开会讨论五年计划时，陈云同志特别提到你的观点，耀邦同志也很重视你的文章。你为党做了许多工作。"国务院总理赵紫阳临走前，孙冶方再一次呼吁："希望中央重视统计工作，统计工作一定要独立，才能可靠。"

11月底，陈云同志委托秘书打电话，向孙冶方表示亲切慰问。

12月8日，孙冶方在北京医院受《统计》杂志社之邀写了笔谈《统计要独立》，刊发在该刊1983年第1期。他写道，我在党的十二大讲了统计工作的问题。我主张统计要独立。国家统计局在党的工作方面由党中央直接领导，在行政工作方面受全国人民代表大会常务委员会领导，并应同党的纪律检查委员会挂钩。这样，统计数字才能可靠，统计工作才能更好地发挥监督作用。

12月9日,孙冶方亲笔写就遗言:"我死后,我的尸体交医院作医学解剖,不举行遗体告别仪式,不留骨灰,不开追悼会。但不反对经济所的老同事,对我的经济学观点,举行一次评论会或批判会,对于大家认为正确的观点,希望广为宣传;但同时对于那些片面的,以至错误的观点,也希望不客气地加以批判,以免贻误社会。"

12月16日,中国共产党中国社会科学院机关委员会全体会议决定,授予孙冶方模范共产党员的光荣称号。时任中国社会科学院院长胡乔木12月22日给孙冶方写信,对他被授予模范共产党员的称号表示热烈祝贺,并鼓励孙冶方安心疗养,以便继续为党和人民做更多的贡献。

不久,国务院总理赵紫阳在《关于第六个五年计划的报告》中再次表扬了孙冶方,肯定了孙冶方对我国社会主义经济建设所提出的宝贵建议:"最近,著名经济学家孙冶方同志,在重病中仍然十分关心社会主义建设,并就翻两番必须主要依靠技术改造的问题,写了一篇很好的文章,发表于11月19日《人民日报》。他指出,'基数大,速度就低',不是社会生产发展的规律,而主要是忽视对现有企业进行技术改造的结果;只要不再'冻结技术''复制古董',有重点有步骤地把几十万个现有企业的技术改造做好了,生产发展的速度就一定会快起来。他建议,应该逐步提高固定资产折旧率,缩短折旧年限。国务院认为,这些论点是正确的。今后,应该根据国家财力的可能,采取积极的态度,逐步提高折旧率。国务院已责成国家计委、国家经委和财政部共同研究,提出具体实施方案,以便使企业逐步拥有更多的财力来进行设备更新和技术改造。"

这一时期,报刊纷纷刊登文章,赞颂孙冶方对我国社会主义经济理论的贡献。《光明日报》为此设立"孙冶方颂"专栏。在一片颂扬声中,孙冶方深感不安。1983年1月18日,他亲自给

《光明日报》并中宣部写信，提出对他的经济理论可以进行宣传和评论，但不要对他个人进行宣传赞颂。

1983年初，孙冶方在病危中嘱咐助手继续整理和写作未完成的《社会主义经济论》，并为《社会主义经济论》导言（大纲）写了附记。

孙冶方病重期间，由他的老战友、老朋友倡仪并发起成立"孙冶方经济科学奖励基金委员会"。他们捐出了自己多年微薄的积蓄和刚刚补发的工资，作为基金会的启动资金。

2月22日下午5时零6分，孙冶方在北京医院逝世。

3月4日，首都经济学界和理论界在人民大会堂小礼堂举行孙冶方同志纪念会，宋任穷、杨尚昆、邓力群等同志出席了会议。梅益、薛暮桥、钱俊瑞、于光远、马洪、宋任穷等同志先后发言，高度评价了孙冶方革命的一生和他对社会主义经济建设所做出的重大贡献。

3月14日，孙冶方的亲属和战友，将孙冶方的骨灰撒入无锡太湖。

6月19日上午，"孙冶方经济科学奖励基金委员会"和"评奖委员会"在北京政协礼堂举行了成立大会，近30名基金会发起人出席了会议。会议通过了两个委员会的首届成员名单，并决定在1984年首次评奖。

9月16日—23日，中国社会科学院经济研究所和《经济研究》编辑部遵照孙冶方遗言，在江苏省无锡市召开"社会主义经济理论讨论会"，200多人参加了会议，薄一波同志致信表示祝贺。大家一致认为，广泛地宣传孙冶方正确的经济理论，并把它运用到社会主义经济建设中去，对实现党在"十二大"提出的20世纪末经济发展战略目标有极其重大的意义。